BIBLIOTHÈQUE MORALE

DE

LA JEUNESSE

—

1re SÉRIE GR. IN-8º JESUS

L'Irlandais approcha hardiment.

LES ÉPAVES

DE

L'OCÉAN

PAR

Le capitaine **MAYNE-REID**

Traduit de l'anglais par E. DELAUNEY

AVEC GRAVURES DANS LE TEXTE

ROUEN

MÉGARD ET Cie, LIBRAIRES-ÉDITEURS

1883

Propriété des Éditeurs,

LES

ÉPAVES DE L'OCÉAN.

I.

L'ALBATROS.

A l'aube d'un beau jour de printemps, un albatros à l'immense envergure, de l'espèce que certains naturalistes appellent le vautour des mers, planait au large sur les flots de l'Atlantique. Soudain, il arrêta son vol majestueux : quelque chose au-dessous de lui avait attiré son attention.

C'était un radeau, dont la surface n'excédait guère celle d'une grande table. Il était formé de trois ou quatre planches, reliées entre elles par des traverses et par-dessus lesquelles avaient été jetés sans art et sans méthode des lambeaux de toile goudronnée ou de voiles arrachées.

Si frêle que fût sa structure, si restreint que fût son contour, le radeau servait de refuge à deux individus : un homme et un enfant. Ce dernier, à demi roulé dans les replis de la toile, semblait endormi. L'homme se tenait debout. Sa main protégeait ses yeux de la réverbération du soleil, tandis que son regard interrogeait anxieusement la surface unie du flot.

A ses pieds, on apercevait un anspect, une paire d'avirons et une hache. Rien autre chose n'était visible sur ce pauvre radeau désemparé.

L'oiseau reprit son vol vers l'ouest.

Quelques lieues plus loin il s'arrête de nouveau dans son calme et puissant essor, et son regard s'abaisse et se fixe.

Un second radeau est en vue ; mais quelle différence avec le premier ! Ils n'ont de commun que le nom. Celui-ci est au moins dix fois plus grand que l'autre. Construit avec les mille débris d'un navire, il est plus solide et tient mieux le flot. Il est rendu plus léger à la course par une certaine quantité de tonnes vides attachées à ses flancs. Une voile grossière relie entre eux deux mâts à peine assujettis. Des barils, une caisse défoncée, des avirons et divers objets spéciaux à la marine gisent épars sur les planches. A l'entour se trouvent groupés une trentaine d'hommes dans les attitudes les plus diverses, debout, couchés, assis.

Quelques-uns sont immobiles et comme endormis ; mais leurs poses abandonnées et l'expression tourmentée de leurs physionomies trahissent plutôt le sommeil de l'ivresse qu'un bienfaisant repos. D'autres, par leurs gestes immodérés et leurs vociférations décousues, ne laissent aucun doute sur leur état d'ébriété complète. Du reste, rien d'étonnant. Le gobelet d'étain toujours plein de rhum circule de main en main et se vide avec une rapi-

Le grand radeau.

dité croissante. Seul le petit nombre est en apparence de sang-froid. Mais, hâves, pâles, affamés, ces hommes attachent un long regard vers l'immensité où le ciel et l'eau se confondent dans une désolante monotonie, et l'on sent qu'un morne désespoir les envahit.

L'oiseau des mers peut à bon droit les couver du regard. Son instinct carnassier l'avertit qu'avant longtemps il aura là une proie assurée et un riche banquet.

Quelques centaines de brasses encore, et là-bas, vers l'ouest, l'albatros a découvert autre chose d'insolite. A cette distance, on ne saurait rien distinguer du radeau. L'œil même de l'albatros n'a discerné qu'une tache indistincte, quoiqu'en réalité ce soit un petit bateau, une chaloupe dans laquelle six hommes sont assis. Point de voiles à cette embarcation, ni même la possibilité d'en tendre une. Des avirons oisifs reposent près des rameurs découragés. Comme les deux radeaux précédents, cette embarcation subit les effets d'un calme plat, et, comme eux, abandonnée sur la vaste solitude de l'Océan, elle semble vouée à un sort inévitable et fatal.

Pour peu que l'albatros fût doué de la faculté de raisonner, il conclurait aisément qu'il plane sur le théâtre d'une catastrophe. Ou bien un bâtiment a fait eau ici et y a sombré, ou il a pris feu et sauté.

En effet, un peu à l'est du plus petit radeau se trouvent les traces irrécusables du désastre, des poutres calcinées indiquent suffisamment que la tempête lui est restée étrangère, et les débris de toute nature dispersés sur une circonférence d'un kilomètre de diamètre établissent clairement qu'il y a eu incendie, et que l'incendie s'est terminé brusquement par quelque terrible explosion.

Sur les flancs du canot est tracé ce nom : *Le Pandore*. Nous le retrouvons sur les barils fixés au grand radeau et sur deux des traverses du petit radeau.

Sans nul doute c'est le nom du navire perdu.

Le *Pandore* était un bâtiment anglais s'occupant de la traite des noirs. C'est dire que son équipage se composait d'hommes de sac et de corde, de ces gens dont on a coutume de dire qu'ils ne craignent ni Dieu ni diable. Leur dernière campagne les avait conduits sur les côtes de la Guinée. Après y avoir embarqué cinq cents misérables créatures destinées aux marchés du Brésil, ils avaient repris la mer et se rendaient à destination.

En pleine mer, et par suite d'une négligence, le navire prit feu. Dans la précipitation inséparable du lancement des embarcations dans un pareil moment, la pinasse ne put fonctionner et dut être abandonnée. Le grand canot à peine à l'eau fut rendu inutile par la chute d'une caisse qui le défonça et obligea de le laisser couler. Seule la chaloupe put être mise à flot; mais le capitaine, le second et quatre autres hommes de l'équipage s'en emparèrent à l'insu de tous, et, à force de rames, disparurent dans l'obscurité : pas si promptement toutefois qu'ils ne pussent entendre les imprécations de l'équipage lorsqu'il s'aperçut de cette lâche désertion.

Ceux qui restaient, une trentaine d'hommes environ, livrés à leurs seules ressources, parvinrent à se construire un radeau.

Bien leur en prit. A peine y étaient-ils depuis quelques secondes, qu'une flammèche embrasée tomba dans la soute aux poudres et abrégea la durée de ce grandiose et terrible spectacle.

Durant ces péripéties, qu'était devenue la malheureuse cargaison humaine du navire ?

Il se trouva dans cet équipage un cœur généreux, un seul. Malgré le trouble et le tumulte général, un enfant songea à briser les écoutilles derrière lesquelles ces infortunés se tordaient en vain sous l'étreinte suffocante de la fumée ou sous les premières morsures des flammes. Mais quoi ! Rendre cette liberté tardive à ces infortunés semblait seulement leur donner le choix entre deux morts affreuses, la mort par asphyxie à l'air libre ou par asphyxie dans les flots. Pourtant il n'en fut rien. Il en surgit une troisième, horrible, épouvantable. Ces centaines d'êtres de tout âge et de tout sexe furent sans exception dévorés par des requins accourus en foule vers le lieu du sinistre.

Au moment où débute notre histoire, quelques jours s'étaient écoulés depuis la catastrophe. Nous savons déjà pourquoi la chaloupe avait intérêt à se tenir à l'écart du grand radeau ; mais ce que nous ignorons, c'est la raison qui faisait faire bande à part aux deux infortunés relégués sur le petit radeau, triste épave que le premier vent de tempête devait disperser sans retour.

Il faut d'abord que nous les présentions au lecteur.

Ben Brace était le meilleur matelot et le plus brave cœur de l'équipage du négrier. La seule chose dont on pourrait s'étonner à bon droit, c'est qu'il y fût mêlé à un titre quelconque. Hélas !

les meilleurs d'entre nous ont de ces inconséquences. A la suite d'une injustice dont il avait eu à se plaindre au service de son pays, Brace avait juré de se venger. Il se vengea en effet en se faisant inscrire comme matelot sur le livre de bord du négrier. Si jamais vengeance tourna contre celui qui s'était promis de la savourer, ce fut celle-là, et le repentir n'avait pas tardé à la suivre.

L'histoire du jeune garçon son camarade était à peu près identique. L'enfant avait voulu voir du pays, et il avait abandonné la maison paternelle pour cette brillante carrière de la marine vers laquelle l'entraînaient ses goûts, ses aspirations et surtout ses rêveries d'enfance. Par suite d'un concours fâcheux de circonstances, ce fut vers le *Pandore* que le dirigea sa mauvaise étoile. Les traitements cruels qui lui furent infligés à bord lui firent bien souvent regretter la désobéissance première qui le livrait sans défense aux mains de ses persécuteurs. Son existence eût été tout à fait intolérable et même en danger, sans la protection toute paternelle et l'amitié de Ben Brace, son unique recours. Ni l'un ni l'autre n'étaient faits pour se trouver liés à de pareils scélérats, et depuis longtemps ils méditaient un plan de fuite simultanée.

La destruction du bâtiment n'avait pas facilité l'exécution de leur projet, Bien au contraire, cela les mettait dans la nécessité de resserrer leurs rapports avec d'indignes camarades, afin de partager avec le reste de l'équipage les chances de sauvetage qu'offrait le grand radeau. Si incertaines qu'elles fussent, elles étaient de beaucoup préférables à celles que leur réservait leur frêle embarcation. Il est vrai que, grâce à elle, ils avaient pu s'éloigner du navire incendié ; mais ils n'avaient pas tardé à faire force de rames pour rejoindre le grand radeau et y avaient amarré le leur.

Ils passèrent ainsi plusieurs jours et plusieurs nuits à la merci des brises changeantes qui les portaient tantôt en avant, tantôt en arrière, et le plus souvent les laissaient stationnaires dans un de ces calmes des tropiques où le flot semble uni comme une glace. Au moins partageaient-ils le sort et les ressources de l'équipage.

Quelle circonstance imprévue les avait donc déterminés à rompre ces relations que la prudence conseillait d'entretenir à tout prix? Pourquoi Ben Brace et son protégé étaient-ils revenus à leur solitude sur quelques planches mal jointes?

Hélas ! c'était pour une raison majeure. Oserons-nous bien l'écrire ? C'était pour empêcher l'enfant d'être dévoré par ses compagnons que Ben Brace avait dû le soustraire à leur férocité. Encore lui fallut-il user de stratagème et risquer sa propre existence pour l'arracher au sort cruel qui lui était réservé.

Le peu de provisions sauvées à la hâte au moment de la catastrophe s'étaient vite épuisées. L'équipage, réduit à souffrir les horreurs de la faim, avait tout d'une voix réclamé la mort du mousse, sans même le soumettre à l'épreuve préalable du tirage au sort. Seule la voix de Ben Brace s'éleva pour protester. Mais que pouvait-il contre tous ? Il était décidé que William devait mourir, et tout ce que son protecteur put obtenir fut un sursis jusqu'au lendemain matin.

Ben Brace avait un plan en tâchant d'obtenir un délai. Durant la nuit, les radeaux flottaient de conserve comme à l'ordinaire sous une fraîche brise. Les ténèbres étaient profondes. Ben Brace, qui s'était à l'avance muni pour cela, coupa le filin qui reliait les deux embarcations, laissant celle qu'il occupait avec William, et qui n'avait point de voiles, rester en arrière. Quand ils furent assez loin pour ne plus courir le risque d'être entendus, ils firent usage de leurs rames, afin d'accroître la distance.

C'était la fatigue de ces efforts prolongés qui avait vaincu le jeune garçon.

Toute la nuit ils ramèrent contre le vent. Ce ne fut qu'au matin qu'ils songèrent à prendre un peu de repos. La mer était calme. Leurs ennemis n'étaient plus en vue, et ils avaient bien mis dix milles entre les deux radeaux.

C'était la fatigue de ces efforts prolongés, survenus après des émotions pénibles et bien des nuits d'insomnie, qui avait vaincu le jeune garçon. Il s'était laissé tomber sur le canevas, et un sommeil de plomb l'avait immédiatement saisi. C'était l'appréhension d'être poursuivi qui empêchait Ben Brace de suivre son exemple et le faisait rester debout, malgré la fatigue à promener son regard inquiet à tous les points de l'horizon.

II.

PATER NOSTER.

Après avoir attentivement scruté l'horizon, surtout dans la direction de l'ouest, le marin, un peu rassuré, tourna son regard vers son compagnon endormi.

— Pauvre enfant! il a bien de quoi se sentir brisé. Après une semaine aussi épouvantable, devenir la victime de pareils scélérats! Il y avait de quoi le tuer de frayeur, pauvre petit! Enfin c'est fini! Il l'a échappé belle; mais nous ne sommes pas au bout. Si nous ne voulons pas courir la chance d'être rattrapés, nous devrons encore jouer des rames. Ah! s'ils s'emparaient de nous maintenant, c'est alors qu'ils n'en feraient qu'une bouchée et que ma vieille peau serait bien sûre d'y passer.

Le marin s'arrêta. Il réfléchissait aux probabilités de cette poursuite à si bon droit redoutée.

— Il est certain qu'ils ne viendront jamais relancer notre catamaran contre le vent; mais voilà ! c'est que nous sommes en calme plat, et ils pourraient bien avoir l'idée de nous rejoindre à la rame. Ils sont si nombreux; il leur est si facile de se relayer. Pour sûr nous courons encore le risque d'être distancés et repris.

— Oh ! Ben ! cher Ben ! à mon secours, sauvez-moi !

Ces mots s'échappaient des lèvres de l'enfant encore endormi.

— Il rêve, pauvre enfant! dit le marin. Il croit que l'on vient le saisir comme la nuit dernière ; c'est un cauchemar. Il vaut peut-être mieux que je l'éveille ; car un pareil sommeil n'est pas un repos. Et pourtant ça me fait pitié ; il n'a pas eu le temps de se refaire un peu.

— Ils vont m'achever ! Ben ! Ben ! à mon secours !

— Non, mon garçon, ne crains rien. Je suis là. Lève-toi, petit, lève-toi !

Et il secoua légèrement le jeune dormeur, qui ouvrit les yeux d'un air égaré.

— O Ben, est-ce bien vous ? Et où sont-ils ces monstres ?

— A bien des milles derrière nous, mon enfant. Tu en as rêvé seulement, et c'est pour cela que je t'ai secoué.

— Je suis bien content que vous m'ayez réveillé. C'était si affreux ! Figurez-vous qu'il me semblait que c'était déjà fait.

— Quoi fait, William ?

— Vous savez bien.

— Ah ! n'aie donc pas peur de cela. Tu n'es pas encore en

leur pouvoir, et ils ne sont pas prêts à te manger. Il faudrait qu'ils eussent d'abord raison de moi ; car, moi vivant, je te protégerai envers et contre tous.

— Oh ! cher Ben ! vous êtes si bon ! Vous avez risqué votre vie pour sauver la mienne. Comment pourrais-je jamais vous témoigner toute ma reconnaissance ?

— Ne parlons pas de ça, petit. J'ai du reste grand'peur que cela ne nous mène ni l'un ni l'autre bien loin. Enfin, si nous devons mourir, tout, plutôt que ce genre de mort. J'avoue que j'aimerais mieux devenir la proie des requins que celle de mes semblables ! Pouah ! Rien que d'y penser, cela me donne des haut-le-corps de dégoût. Allons ! enfant, gardons-nous de désespérer. Si sombre que nous semble l'avenir, il faut placer notre confiance dans la Providence. Qui sait si elle ne nous prendra pas en pitié et si en ce moment même elle ne s'occupe pas de notre salut ? Je voudrais bien m'adresser à elle comme il convient, mais on ne m'a jamais appris de prières, ou du moins je les ai oubliées. Mais toi, en connais-tu quelqu'une, petit ?

— Je sais l'Oraison dominicale, cela suffit-il ?

— Oh ! oui, sans doute. J'ai même entendu dire que c'est la plus belle. Eh bien ! à genoux, alors. J'ai dû la savoir autrefois, et je vais tâcher d'en retrouver quelques mots.

Ainsi encouragé, l'enfant commença la sublime prière des chrétiens. Le rude marin à la figure basanée avait joint les mains dans une attitude d'éloquente supplication, et, le regard tourné vers le ciel, il écoutait attentivement.

Leurs voix s'unirent dans l'*Amen* final, et ils se relevèrent moins abattus. Ben semblait animé d'une énergie nouvelle. Il s'empara d'un aviron et engagea son camarade à en faire autant.

— Encore un petit effort, lui dit-il d'une voix encourageante ; gagnons quelques nœuds dans l'est. Si nous ramons une couple d'heures avant que le soleil soit haut à l'horizon, ce sera autant de fait, et nous serons à peu près certains d'en avoir fini avec ces monstres à face humaine.

Bien qu'il n'eût que seize ans, William était très fort. De plus, il était dès longtemps passé maître dans l'art de manœuvrer la pagaie. C'est pourquoi il pouvait combiner son mouvement avec l'élan vigoureux de Ben Brace, un peu contenu du reste pour qu'il y eût unisson parfait.

Ainsi mené d'un accord énergique, le radeau, sans faire le chemin d'une embarcation plus légère, avançait à raison de deux ou trois nœuds à l'heure.

Il n'y avait pas longtemps que les deux camarades pagayaient avec un redoublement de courage, lorsqu'une fraîche brise de l'ouest vint faciliter leurs efforts et les pousser dans la direction où ils avaient tant intérêt à aller. On eût cru qu'aidés d'un auxiliaire aussi favorable, ils eussent dû être au comble de leurs vœux. Hélas ! l'homme est ainsi fait. A partir de ce moment, l'expression du marin redevint inquiète, tourmentée.

— Voilà qui ne fait vraiment pas notre affaire ! grommela-t-il entre ses dents. Que cela nous pousse à l'est, je le veux bien, mais cela les y pousse également ; et avec leur énorme voile, ils pourraient fort bien regagner l'avance que nous avons sur eux et fondre sur nous à l'improviste.

— Ne pourrions-nous également tendre une voile? demanda le jeune homme.

— C'est précisément la question que je me pose. Nous avons bien ce vieux prélart et le grand foc ; mais que faire sans filin ? Ah! j'y songe, les écoutes sont encore après. Nous devrons sacrifier nos rames, et il ne nous restera que la barre de vireveau. Mais comment faire ? Il faut dresser nos avirons ici et là, et nous tendrons autant de toile que notre embarcation en peut porter.

Et, joignant l'action à la parole, le matelot avait rapidement dégagé le canevas, fixé verticalement ses deux mâts et hissé le prélart, qui offrit bientôt prise au vent favorable sur une largeur de plusieurs mètres carrés.

Puis il ne lui resta plus qu'à guider la marche du radeau pour qu'il ne déviât pas de sa course. Pour cela, il se servit de l'anspect comme de gouvernail, et il eut bientôt la satisfaction de voir que le résultat répondait parfaitement à ses désirs. Le radeau filait à raison de cinq nœuds à l'heure, ce qui était une vitesse très raisonnable. Il était à peu près certain que le grand radeau ne le dépasserait pas. Tout danger semblait en conséquence conjuré.

Une fois cette certitude bien ancrée dans son esprit, le matelot n'accorda plus une pensée au péril que son jeune camarade et lui venaient d'affronter. Leur situation toutefois était trop grave pour que l'idée leur vînt d'échanger des félicitations, et pendant longtemps leur silence ne fut interrompu que par le bruit argentin des petites vagues qui clapotaient sur les bords de leur modeste embarcation.

La brise soufflait si légèrement, qu'à peine elle ridait la surface du flot; et au bout d'une heure, elle tomba. Aussitôt la mer reprit son aspect de vaste miroir uni, au milieu duquel le radeau faisait une tache à peine perceptible.

Sa voile lui devenait pour le moment inutile ; mais elle servait encore à atténuer la brûlante chaleur du soleil, qui, sous ces régions tropicales, atteint dès les premières heures de la matinée une intensité redoutable.

Ben n'excitait plus son camarade à reprendre la rame, bien que, grâce à ce calme plat, le danger eût reparu plus imminent que jamais.

Soit que son énergie eût été vaincue par la fatigue et le sentiment de l'horreur de leur position, soit qu'à la réflexion il reconnût la poursuite moins à redouter, il est certain qu'il ne témoignait plus la même préoccupation d'avancer. Après avoir une fois encore inspecté l'horizon, il s'allongea morne et silencieux à l'ombre du prélart. Sur son conseil, William l'y avait précédé et dormait déjà d'un lourd sommeil.

— Je suis bien aise que le petit puisse dormir. Il faudra bien qu'il passe par les tortures de la faim comme moi; au moins, tant qu'il dort, il ne souffre pas. Oh! que j'ai faim! Je me contenterais de la première chose venue pour calmer cette angoisse. Mon estomac se tord. Déjà quarante-huit heures depuis notre dernière distribution de ration, et depuis rien, rien à se mettre sous la dent. Oh! si seulement je pouvais dormir une heure! Mais non, rien ne trompe la faim. Il y a bien encore nos souliers; mais ils sont si imbibés d'eau de mer, qu'ils nous feraient plus de mal que de bien. Cela augmenterait notre soif. Elle est bien assez tourmentante sans cela. Dieu bon! rien à manger, rien à boire, c'est affreux! O Dieu! ayez pitié de nous! Exaucez la prière de cet enfant! donnez-nous aujourd'hui notre pain quotidien, ou nous dormirons bientôt de l'éternel sommeil.

Le monologue de l'infortuné se termina par un gémissement, qui réveilla l'enfant du sommeil agité dans lequel il cherchait l'oubli de ses maux.

— Qu'y a-t-il, Ben? demanda-t-il en se soulevant sur le coude, pour mieux interroger la physionomie du matelot.

— Rien, rien, mon enfant, répondit le brave marin, qui ne voulait pas ajouter aux tristesses de son camarade.

— Je vous ai entendu gémir pourtant. Je ne me suis pas trompé, et j'ai cru que vous aviez aperçu les autres.

— Il n'y a rien à craindre de ce côté-là. Ils n'auront guère envie de se remuer par cette chaleur et ce calme plat, surtout tant qu'il restera une goutte de rhum à bord; et quand il n'y en aura plus, ma foi! ils ne seront guère en état de ramer. Ce n'est pas eux qu'il faut redouter, William, crois-moi.

— Oh! Ben, que j'ai faim! Je mangerais je ne sais quoi.

— C'est comme moi, mon pauvre enfant.

— C'est vrai, vous souffrez aussi. Vous devez même avoir plus faim que moi, car vous m'avez toujours donné plus que ma part, et j'ai eu bien tort de l'accepter. Pauvre Ben !

— Ce n'est pas un morceau de plus ou de moins qui ferait grande différence. Cela ne changera rien à ce qui doit arriver.

— Qu'est-ce qui doit arriver? demanda l'enfant, frappé de l'expression plus sombre de son camarade.

Le marin ne répondit pas. Trop loyal pour proférer un mensonge, il détourna les yeux et se renferma dans un silence prudent.

— Je crois que je vous comprends, reprit William ; oui, c'est cela, vous pensez que nous allons mourir.

— Non, non, mon garçon, ce n'est pas cela. Il y a peut-être encore de l'espoir. Tant de choses peuvent arriver. Ta prière sera peut-être exaucée ; pourquoi pas? Tiens, William, tu devrais la recommencer. Je pourrais te suivre mieux que la première fois ; car je l'ai sue, moi aussi, il y a longtemps, bien longtemps, quand je n'étais pas plus haut que cela. Elle m'est revenue à la mémoire en t'écoutant. Allons, à genoux, mon enfant.

Le jeune homme ne se le fit pas répéter, et tous deux récitèrent lentement, avec solennité, les demandes de cette divine oraison qui ne les avait peut-être jamais si fort impressionnés.

Quand ils eurent fini, le marin se leva pour examiner l'horizon.

Un rayon d'espérance illuminait sa figure basanée. Il croyait réellement qu'il surviendrait à l'improviste quelque voile amie, quelque chance inattendue de salut. Mais cette lueur dura peu. Rien ne vint charmer son regard; la mer immense et bleue se mariait seule à l'infini du ciel.

Il retomba chancelant à la place qu'il avait quittée, et tous deux, étendus côte à côte, se laissèrent gagner par une torpeur qui engourdissait au moins leurs souffrances.

Combien de temps restèrent-ils ainsi? Nul ne s'en rendit compte.

Une sorte de nuage irisé qui s'interposa entre l'azur et leur rayon visuel finit par attirer leur attention. On eût dit une série de flèches d'argent, aux reflets nacrés, lancées à toute vitesse par-dessus le radeau. A première vue, on eût pu croire que c'était un vol d'oiseaux au brillant plumage; mais le marin ne s'y trompa point.

— Un banc de poissons volants, dit-il sans s'en déranger autrement.

Puis, tout à coup, les voyant se succéder si rapidement et si bas, qu'ils effleuraient le prélart, un espoir vint lui donner la force de se redresser.

— Si je pouvais en abattre un! s'écria-t-il. Où est l'anspect?

Mais déjà l'ancre était entre ses mains, et il la levait pour frapper.

Peut-être eût-il pu réussir par ce moyen à atteindre un ou deux de ces nageurs ailés qui, poursuivis par l'albatros ou le bonite, voltigeaient autour du radeau; mais il n'en eut pas le temps. Un engin non moins meurtrier et auquel il ne songeait pas se trouvait derrière lui ; c'était le prélart. Au moment où le matelot faisait tournoyer son bâton, quelque chose de brillant passa devant ses yeux et alla s'enchevêtrer dans la toile distendue. C'était un des poissons qui, d'un bond désespéré, retomba sur la figure de William, tout étourdi du choc, et de là sur le radeau, où il continua à s'ébattre dans l'espoir de regagner son élément.

« Un bon tiens vaut mieux que deux tu l'auras, » dit un vieux proverbe. Se conformant à la sagesse de ce dicton, Ben jeta l'anspect, et, loin de tenter un autre coup peut-être hasardeux, borna tous ses efforts à la capture de l'infortuné qui s'était volontairement, ou plutôt, pour être véridique, involontairement offert en victime à son appétit.

La lutte était vive. Le poisson visait ouvertement à fausser compagnie à l'équipage du radeau. S'il atteignait son extrémité, c'en était fait : il avait gain de cause. C'était ce que redoutaient le plus William et Ben Brace, et les deux compagnons, accroupis sur le plancher, n'avaient pas trop de toute leur adresse et de toute leur célérité pour prévenir cette éventualité.

A une ou deux reprises, William, souple et adroit comme un véritable mousse qu'il était, était parvenu à s'en saisir ; mais la glissante créature, armée de nageoires épineuses, était toujours parvenue à s'échapper de ses doigts.

Ben et l'enfant se demandaient avec terreur s'ils réussiraient dans leur chasse ou s'ils étaient destinés à souffrir le supplice de

Tantale devant une proie insaisissable qui, pouvant apaiser les tortures de leurs estomacs en révolte, ne ferait que les redoubler.

Cette crainte légitime décuplait l'énergie de Ben. Il était bien résolu à suivre le poisson jusque dans la mer, s'il le fallait, plutôt que de s'en voir dépossédé, sachant que l'exocet, tout étourdi de la lutte, serait assez facile à prendre immédiatement après avoir regagné son élément. A ce moment s'offrit une occasion propice de terminer le combat, et il n'eut garde de la négliger.

Ben eut la présence d'esprit de replier le canevas sur le captif.

Le poisson n'avait pas cessé de bondir et de se débattre sur la toile grossière qui recouvrait presque entièrement le radeau, et il approchait de son extrémité quand Ben eut la présence d'esprit de s'emparer de la lisière du canevas et de le replier sur le captif. En vain celui-ci renouvela-t-il ses tentatives pour reconquérir sa liberté. Une pression énergique y mit un terme rapide ; et quand on jugea à propos de relever la toile qui la couvrait, on trouva la scintillante et vive créature morte et aussi plate qu'un hareng fumé.

— Voilà la réponse à ta prière, William. Celui qui nous envoie cette nourriture inattendue peut aussi apaiser notre soif et nous envoyer de l'eau pure au milieu même des flots amers. Avant de toucher à cette proie si bien gagnée, rendons grâce à la divine Providence ; et puisque nous ne savons que le *Pater*, redisons-le cette fois par reconnaissance.

III.

L'EXOCET OU POISSON VOLANT.

Les poissons volants figurent en première ligne parmi les merveilles de l'Océan. Nous leur devons bien quelques lignes de présentation auprès du lecteur, désireux de se familiariser avec ce monde d'enchantement et de surprises.

C'est toujours avec un nouvel étonnement que, dans tous les temps, l'homme s'est trouvé en face de ce phénomène non seulement singulier, mais inexplicable. Comment expliquer en effet qu'une créature faite pour vivre dans les profondeurs de la mer puisse s'élever à des hauteurs considérables dans un autre élément et s'y maintenir pendant un temps plus ou moins long?

Un pareil fait est de nature à intéresser le simple curieux comme l'observateur et le naturaliste ; mais les poissons volants étant spéciaux aux latitudes chaudes, ceux qui n'ont pas voyagé sous les tropiques n'ont eu que peu d'occasion de les voir voler.

Il serait facile d'établir à quelle espèce ces bizarres amphibies appartiennent, s'il n'en existait qu'un genre. Malheureusement il en existe plusieurs, dont nous n'aurons pas à nous occuper aujourd'hui.

Deux de ces espèces appartiennent au genre trigla ou grenaut, auquel M. de Lacépède a donné la dénomination de dactylopterus.

Brochet.

L'une se trouve dans la Méditerranée, et les pêcheurs en apportent des spécimens de trente à quarante centimètres de longueur, assez recherchés sur les marchés de Malte, de la Sicile et quelquefois de Rome. L'autre espèce de grenaut fréquente les parages de l'océan Indien et les mers de la Chine et du Japon.

Le vrai poisson volant, celui de l'Océan proprement dit, appartient à une toute autre famille que les grenauts. Il rentre dans la catégorie des exocets et offre de nombreuses analogies avec le brochet commun.

Il vit et se reproduit aux abords des tropiques, et, bien qu'on en rencontre des types isolés jusque sur les côtes de Cornwall en

Poissons volants.

Europe et de Terre-Neuve en Amérique, ce n'est que par exception, et on ne les voit jamais se livrer à leurs ébats aériens en dehors des régions que nous avons signalées plus haut.

Les naturalistes ne s'accordent pas sur le caractère de leur vol. Les uns prétendent que ce n'est même pas du tout un vol, mais un bond puissant, un saut prodigieux qu'ils exécutent sous l'empire d'une folle terreur. Cette opinion prévaut encore aujourd'hui dans l'esprit du plus grand nombre, et voici la raison qu'on en donne :

Tant que le poisson est dans l'air, aucun mouvement des ailes ou nageoires pectorales n'est visible. (Ce point mérite encore confirmation.) De plus, après avoir atteint la hauteur à laquelle le porte son premier élan, il lui devient impossible de s'élever de nouveau, et il retombe plus ou moins lentement dans son véritable élément.

Ce raisonnement n'est ni très concluant ni très clair.

Le pouvoir de se maintenir dans l'air sans le mouvement des ailes appartient, c'est reconnu, à un grand nombre d'oiseaux, tels que le vautour, l'albatros, le pétrel, et bien d'autres. En outre, il est difficile de concevoir un bond de vingt pieds de haut et de deux cents mètres de long, et le vol de l'exocet a cette étendue, quand ce n'est plus.

Il est probable que ce mouvement participe du saut et du vol ; qu'il commence par un bond hors de l'eau (tous les poissons ont la faculté d'en sortir ainsi), et que l'impulsion une fois donnée est continuée par les nageoires étendues, agissant dans l'air comme parachutes. On sait que le poisson peut alléger de beaucoup la pesanteur spécifique de son corps par le gonflement de sa vessie natatoire, qui, lors de son parfait développement, remplit presque entièrement la cavité abdominale. Il existe, en outre, dans sa bouche une membrane qui peut être gonflée à l'aide des ouïes. Ces deux récipients sont susceptibles de contenir au besoin un volume d'air considérable, et comme le poisson a la faculté de les emplir ou de les vider à volonté, ils jouent, sans aucun doute, un rôle dans le mécanisme de ce mouvement aérien. Une chose certaine, c'est que le poisson volant tourne dans l'air et peut dévier dans sa course; ce qui indique certainement plus que la seule puissance de sauter. En outre, ces ailes produisent un bruit perceptible au dire de gens dignes de foi, une sorte de bruissement sonore, et on les a vues s'ouvrir et se fermer dans les airs.

Un banc de poissons volants peut très bien être confondu au premier abord avec un vol d'oiseaux blancs; mais leurs mouvements rapides et le scintillement de leurs écailles, surtout si le soleil les dore, détrompent vite l'observateur en lui révélant leur véritable nature.

Rien n'est aussi propre à délasser l'œil et l'esprit du voyageur fatigué de la monotonie d'une longue traversée que l'apparition de ces êtres charmants; aussi est-elle considérée comme une fête aussi bien par le vieux loup de mer qui l'a vue dans vingt occasions différentes que par le novice qui la salue de son naïf enthousiasme pour la première fois.

Les poissons volants sont peut-être les créatures de l'Océan qui ont à redouter le plus d'ennemis. Dans leur élément, ils ont à se défendre contre les dauphins, les albicores, les bonites, etc.

Ils s'élancent, comme nous l'avons vu plus haut, pour échapper à ces poursuites, et c'est le plus souvent pour tomber dans le bec des oies sauvages, des fous, des albatros et des autres tyranneaux emplumés qui écument incessamment la surface des mers.

Toutefois n'allez pas trop vous apitoyer sur le sort de ces déshérités. Ne leur concédez pas toutes vos sympathies comme à d'innocentes victimes injustement traitées. Ainsi que leur congénère le brochet, ces persécutés sont d'impitoyables persécuteurs ; et avec la voracité de poissons plus grands, ils se jettent sur tout ce qui est à leur portée et le dévorent sans témoigner plus de merci qu'ils n'ont eux-mêmes à en attendre.

IV.

DE L'EAU !

Le poisson volant tombé si à propos entre les mains de nos pauvres affamés appartenait à la famille des exocets. Son corps était d'un bleu d'acier avec des teintes olives et blanc d'argent en dessous, et de grandes nageoires pectorales d'un joli gris clair. C'était un des plus beaux individus de l'espèce. Il avait plus de dix-huit centimètres de longueur et pesait environ une livre.

Ce ne fut qu'une bien maigre chère pour des estomacs depuis si longtemps à jeun. Cependant cela les réconforta un peu, et son arrivée opportune, ou, comme ils le disaient, providentielle, sur le radeau, eut le salutaire effet, non seulement de les restaurer au physique, mais de leur remonter le moral.

Inutile d'ajouter qu'ils ne pouvaient songer à cuire leurs aliments. Il leur fallut manger leur poisson cru. Mais ce qu'ils auraient en d'autres moments considéré comme impossible s'accomplit là sans la moindre difficulté. Loin de se montrer dégoûtés, ils savourèrent certains morceaux; et quand ils eurent fini, ce fut de la quantité qu'ils se plaignirent, et non de la qualité.

Bientôt, toutefois, il sembla que le soulagement momentané apporté à leur faim n'eût fait qu'aviver une torture plus intolérable peut-être et qu'ils n'avaient point encore ressentie dans toute son horreur : la soif. Sans doute l'eau salée, mêlée à la saveur âcre du poisson, avait déterminé cette recrudescence. Peu de temps après avoir terminé leur repas, les deux infortunés commençaient à souffrir cet horrible martyre.

Une soif extrême est en toutes circonstances bien cruelle à endurer; elle ne l'est jamais tant qu'au milieu de l'Océan. La vue de cette eau scintillante que vous ne pouvez boire, sa proximité même exaspèrent vos souffrances plus que le sable brûlant du désert. Vous ne pouvez résister longtemps à la tentation. Vous ne voulez d'abord que rafraîchir vos lèvres parcheminées, votre langue qui s'attache à votre palais. Vous portez vos doigts à ce liquide trompeur qui surexcite vos désirs. Décevante illusion ! Si peu que vous en avaliez, c'est un feu dévorant que vous avez versé dans vos veines. L'humectation momentanée de la bouche et de la langue est suivie d'un dessèchement instantané des glandes salivaires, et votre tourment s'est accru du soulagement que vous avez voulu y apporter.

Ben Brace le savait bien. Aussi chaque fois que William,

puisant l'eau à pleines mains, la portait à ses lèvres, il avait la précaution d'intervenir pour l'en détourner, afin qu'il n'en résultât pas pour lui un redoublement de souffrances.

Ben avait trouvé dans ses poches une balle de blomb, qu'il donna à l'enfant en lui conseillant de la tourner et de la retourner dans sa bouche en la mâchonnant. Par ce moyen la sécrétion de la salive était facilitée, et William en obtenait un léger adoucissement à sa torture.

Le matelot lui-même portait fréquemment la hachette à ses lèvres, et, tantôt en passant sa langue sur le fer, tantôt en s'essayant à ronger l'extrémité de la lance, il cherchait à obtenir le même résultat.

Mais tout cela n'était que de bien pauvres palliatifs pour remédier à cette soif épouvantable qui absorbait maintenant toutes leurs facultés. Boire était devenu leur seule pensée. Craintes, désirs, espoirs, rien n'avait plus prise sur eux. Leur faim même, qui était loin d'être satisfaite, était oubliée dans cette préoccupation ardente, unique : éteindre le feu dévorant qui les consumait.

La faim est beaucoup moins difficile à supporter que la soif, et cela se comprend. La première affaiblit le corps de telle sorte, que le système nerveux engourdi, comme paralysé, devient presque insensible à la douleur. La soif, au contraire, laisse à l'organisme toute sa vigueur, toute sa vitalité, et par conséquent toute sa faculté de souffrir.

Ils languirent pendant plusieurs heures dans un silence

presque absolu. Les paroles d'encouragement que de prime abord le matelot adressait assez fréquemment à son jeune camarade devenaient de plus en plus rares. Elles n'auraient plus eu le pouvoir de communiquer une espérance, regardée comme chimérique par celui-là même qui en faisait montre. D'heure en heure cependant, Ben se levait encore pour scruter l'horizon. Après chaque nouveau désappointement il se laissait plus lourdement retomber à sa place et s'abandonnait avec moins de résistance à l'envahissement d'un sourd désespoir.

Il fut soudain tiré d'un de ces accès par un incident bien indifférent en apparence, car il n'avait pas fait la moindre impression sur le jeune homme. C'était tout bonnement le passage d'un nuage sur le globe éblouissant du soleil.

William s'étonna intérieurement qu'un fait aussi simple pût produire un pareil effet sur un homme de l'âge et du caractère de Ben Brace. Une transformation subite s'opéra dans la physionomie du marin. Ses yeux, mornes un instant auparavant, avaient retrouvé leur éclat. Sa haute taille, si courbée par l'abattement, se redressait à vue d'œil. Vraiment le nuage qui avait obscurci le soleil semblait avoir illuminé la bonne figure du marin et avoir ramené l'espoir dans son cœur.

— Qu'y a-t-il donc, Ben? demanda enfin William d'une voix rauque et saccadée. Vous avez l'air tout joyeux. Auriez-vous aperçu quelque chose?

— Rien autre que ce que tu peux voir là-haut, répondit le matelot en indiquant le ciel.

— Mais quoi? Je ne vois rien absolument que cette grande nuée qui a passé sur le soleil. Qu'a-t-elle de particulier?

— C'est justement ce que je me demande, petit. Mais je crois bien ne pas me tromper en te prédisant la venue de ce dont nous avons le plus grand besoin.

— De l'eau! soupira William, dont les yeux s'allumèrent. Croyez-vous que ce nuage annonce réellement la pluie?

— J'en suis presque certain, mon enfant. J'en ai rarement vu de pareils qui ne fussent accompagnés de torrents d'eau; et si le vent les amène de notre côté, nous serons sauvés. O Dieu! ayez pitié de nous et envoyez-nous cette eau bienfaisante.

L'enfant se joignit de tout son cœur à cette ardente invocation.

— Vois, petit, le vent nous les apporte ces nuages, et il en monte encore beaucoup de l'ouest. Et tiens, voilà la pluie! Elle commence là-bas; je le reconnais à ce brouillard qui se déroule de ce côté. Elle est encore loin, mais qu'importe? Si le vent continue, elle sera bientôt par ici.

— Mais encore, Ben, quel bien cela nous fera-t-il? demanda l'enfant d'une voix mal assurée. Nous ne pourrons guère en profiter, puisque nous n'avons rien pour la recueillir.

— Et nos habits? et nos chemises, garçon? Si la pluie vient, et elle ne saurait tarder, elle tombera ainsi qu'elle tombe toujours sous ces latitudes, comme si on la versait à travers une passoire. Nous serons littéralement trempés en moins de cinq minutes, et nous n'aurons plus qu'à tordre notre linge pièce à pièce.

— Et où recueillerons-nous l'eau que nous en extrairons, Ben ? Nous n'avons rien pour la mettre.

— Et nos bouches donc ?... Mais ensuite, c'est vrai, nous n'avons rien, et c'est grand dommage. Nous ne pourrons pas en conserver une goutte. Je n'y avais pas songé ! Enfin, l'important, c'est de nous désaltérer une bonne fois. Nous verrons après.

Joignant l'exemple à la parole, Ben commençait à se déshabiller, quand un objet frappa ses regards.

Nous pourrions toujours tenir quelque temps. Je crois que nous pourrions de nouveau attraper quelque poisson, si nous étions seulement tranquilles du côté de l'eau. Oui, oui, voilà la pluie ; regarde ces gros nuages noirs et l'éclair qui les sillonne. Cela, c'est un signe certain. Etendons vite notre linge, afin de ne pas perdre une goutte de ce qui va tomber.

Et, joignant l'exemple à la parole, Ben commençait à se déshabiller, quand un objet frappa ses regards et l'arrêta court dans ses préparatifs.

— Le prélart ! s'écria-t-il avec un geste joyeux.

William le regarda avec surprise.

— Ah ! tu dis, toi, petit, que nous n'avons rien pour recevoir l'eau. Que fais-tu donc de cela ?

— Oh ! dit le mousse, saisissant au vol la pensée du matelot, vous voulez....

— Je veux en faire un réservoir qui tiendra bien une cinquantaine de litres.

— Et vous croyez que l'eau y restera ?

— Si je le crois ! Et pourquoi donc l'aurait-on rendu imperméable ? C'est moi-même qui l'ai goudronné il y a huit jours, et je n'y ai épargné ni le goudron ni la peine. C'est bien fait, j'en réponds. Il suffira que nous en maintenions les bords relevés de manière à former un grand creux dans le milieu. Hourra ! William, voici la pluie ; préparons-nous : à bas la grande voile, largue les écoutes. Allons ! du courage, et plus de mollesse !

William était déjà debout et rivalisait de zèle avec son compagnon pour détacher les cordages par lesquels le prélart était assujetti entre les deux rames.

Cela ne leur prit que quelques secondes. D'abord le marin avait pensé qu'ils devraient eux-mêmes tenir la toile tendue ; mais, en y réfléchissant, il vit l'inconvénient de ce système qui paralyserait leurs mouvements pour un temps plus ou moins long, et

42 LES ÉPAVES DE L'OCÉAN.

ne leur permettrait pas de jouir de l'ondée comme ils avaient si grand besoin de le faire.

Avec le secours du clin-foc, embarqué par hasard sur le radeau, ils parvinrent à former une circonférence dont l'élégance laissait peut-être beaucoup à désirer, mais qui n'en répondait pas moins exactement à leurs besoins. Ils jetèrent dessus leur canevas goudronné en prenant garde d'en assujettir soigneusement les bords et en formant au milieu une cavité profonde, capable de contenir bien des litres.

Tous deux s'agenouillèrent pour regarder approcher les nuages.

Il ne restait plus qu'à examiner leur canevas, pour s'assurer qu'il n'y avait point de déchirures par lesquelles le précieux liquide eût pu s'échapper. Ce fut fait avec tout le soin que réclamait un point si important, et par bonheur tout allait bien. Quand le marin se fut assuré qu'il avait fait tout ce qui lui était matériellement possible de faire, il prit la main de son jeune compagnon, et tous les deux s'agenouillèrent, la figure tournée vers l'ouest, pour regarder approcher ces nuages, messagers de miséricorde qui leur apportaient une promesse de vie.

V.

SAUVÉS.

Ils n'attendirent pas longtemps. L'orage arrivait avec rapidité, et, à leur immense satisfaction il éclata avec toute la furie des régions tropicales. On eût dit que les cataractes du ciel s'étaient ouvertes sur leurs têtes.

En moins d'une minute le creux du prélart se remplit suffisamment pour leur permettre d'y puiser à longs traits, et l'on peut se figurer avec quel ravissement ils y plongèrent leurs lèvres, aspirant cette eau délicieuse presque aussi vite qu'elle tombait.

Ils restèrent ainsi longtemps, courbés, savourant ce frais breuvage si directement reçu du ciel, et qui leur paraissait le plus exquis auquel ils eussent jamais goûté. Plusieurs minutes s'écoulèrent avant qu'aucun d'eux songeât à s'arracher à cette jouissance.

Quand ils se redressèrent enfin, ils étaient mouillés jusqu'aux os, car la pluie des tropiques a cela de particulier qu'elle tombe en gouttes larges et pressées qui ont bientôt fait de traverser tout ce qui s'oppose à leur passage. Mais cette aspersion complète, bien loin de leur sembler un inconvénient, ajoutait à leur sensation de bien-être en rafraîchissant tout leur corps, depuis si longtemps desséché par les rayons d'un soleil torride.

— William, mon garçon, ne t'avais-je pas dit que Celui qui nous a envoyé si à propos de la nourriture pouvait également soulager notre soif? Regarde : nous voici approvisionnés d'eau pour plusieurs jours.

— Oh! mon cher Ben, je crois maintenant, quelque danger qui nous menace, que Dieu nous délivrera toujours. A combien de périls ne venons-nous pas d'échapper d'une manière miraculeuse!

— J'éprouve la même confiance que toi, reprit le marin, dont la physionomie avait repris sa belle humeur. Après tout ce qui nous est arrivé, nul ne pourrait penser autrement sans ingratitude. Mais il ne faut pas oublier, mon garçon, que nous ne devons rien négliger pour contribuer à notre salut. La bonne Providence nous a fourni l'eau; maintenant c'est à nous de la conserver, de la ménager. Si nous étions capable de la gaspiller et de la laisser perdre, nous mériterions de mourir de soif, et ce serait notre faute, et non la sienne, pas vrai?

— Comment faire, Ben, pour éviter cela? Pensez-vous que nous pourrons réussir à la conserver ?

— C'est ce qui me tourmente le plus en ce moment. La pluie ne va pas tarder à cesser. C'est une de ces violentes ondées de l'équateur qui durent pendant une demi-heure tout au plus. Puis le soleil reparaîtra plus brillant que jamais et nous tarira notre provision d'eau en moins de temps qu'il n'en a fallu pour la faire. Dans une heure notre prélart sera aussi sec que le duvet d'un fou, si nous ne parvenons pas à l'en empêcher.

— Oh! Ben, que faire pour éviter un semblable malheur ?

— Laisse-moi réfléchir, dit le matelot en se grattant la tête d'un air embarrassé.

Et il s'enfonça dans ses réflexions, tandis que William, au comble de l'anxiété, cherchait inutilement une solution à cette question vitale :

— Comment empêcher cette eau de s'évaporer ?

Ne la trouvant pas, il examinait avec inquiétude la physionomie expressive du marin pour tâcher de préjuger le résultat de ses recherches.

Bientôt une expression joyeuse se répandit sur les traits hâlés de Ben Brace, apportant dans le cœur de l'enfant un immense soulagement : Ben avait donc trouvé.

— Je crois que j'y suis, petit. Même sans tonneau, nous garderons notre liquide en dépit du soleil et de ses ardeurs tropicales.

— Oh ! vraiment, Ben ! Et comment cela ?

— Voici. Le prélart n'en laisse pas échapper une goutte, tu peux t'en rendre compte. Du reste, c'est moi qui l'ai goudronné, et tu sais que je ne fais jamais mon travail à demi. C'est un mauvais calcul d'économiser sur sa peine et de faire mal ce qui a besoin d'être bien fait. Tu en vois la preuve ici, mon petit. Suppose que la toile eût été goudronnée sans soin, où en serions-nous aujourd'hui ?

— Vous avez raison, Ben, ce serait bien malheureux.

— Que ça te serve de leçon, mon enfant. La besogne bien faite n'a jamais fait tort à personne et a quelquefois tourné à la louange de son auteur, comme dans le cas présent. Mais, vois-tu, ce que j'avais prédit s'est réalisé. Voici le soleil revenu avec ses rayons dévorants ; nous n'avons pas une minute à perdre. Allons, viens boire une bonne lampée avant que je mette le bouchon à la bouteille.

Sans bien s'expliquer le sens de ces dernières paroles, William ne se fit pas prier pour obéir à l'injonction de son vieil ami. Il but de nouveau presque aussi copieusement que la première fois, et Ben menaça de vider le réservoir dans son puissant estomac.

Puis il donna à l'enfant les instructions nécessaires pour qu'ils pussent agir de concert dans la tâche si importante qui leur restait à accomplir sans retard.

Le plan du matelot était fort simple en vérité, mais présentait certaines difficultés d'exécution. Heureusement que William était plein de bonne volonté et de prudence. Il s'agissait de réunir les bords du prélart de manière à en former une sorte d'outre. Il y fallait d'extrêmes précautions pour ne pas répandre le précieux liquide, un faux mouvement pouvant tout compromettre.

On suspendit la poche au sommet d'un des mâts.

Tandis que Ben maintenait les extrémités de la toile, William passa à l'entour un nœud coulant et serra le filin en s'aidant pour tirer dessus des rames dressées en forme de mâts sur le radeau.

L'outre fut bientôt suffisamment comprimée pour libérer les mains de Ben Brace, qui vint alors donner son coup d'épaule pour assurer la fermeture hermétique de l'inappréciable colis. Le prélart ainsi étendu sur le plancher avait maintenant la forme de l'estomac d'un gigantesque animal. Pour plus de sécurité et pour empêcher que l'eau ne trouvât pour s'enfuir quelque fissure dans les plis supérieurs de cette poche immense, on la suspendit au sommet d'un des mâts, hors de la portée de tout ce qui aurait pu nuire à sa sûreté.

VI.

LE REQUIN.

Cette délivrance miraculeuse d'une des morts les plus affreuses qui puissent menacer l'homme, avait inspiré au matelot une confiance sans bornes pour l'issue finale de leur situation. Soutenu par cet espoir, il résolut de ne plus se laisser abattre, et de ne rien négliger de ce qui pouvait contribuer à assurer leur salut.

Ils avaient maintenant une provision d'eau qui, ménagée avec soin, pouvait leur durer des semaines. Qu'ils réussissent à se procurer de la nourriture à proportion, et ils avaient la possibilité d'attendre le moment où quelque navire les rencontrerait et les recueillerait à son bord, seule espérance qu'ils pussent raisonnablement entretenir.

Penser à la nourriture, c'était assurément penser à la pêche, unique ressource qu'ils eussent pour se procurer quelques aliments. Certes, il n'en manquait pas dans le vaste réservoir sur lequel le radeau flottait au gré de la brise; mais le difficile c'était d'amorcer et de capturer ces vives et alertes créatures que l'on voyait aller et venir dans tous les sens.

Les pauvres gens ! ils ne demandaient pas une pêche miraculeuse, ils n'y comptaient pas ; mais avec les moyens imparfaits dont ils disposaient, arriveraient-ils seulement à la possession d'un seul habitant des mers? C'était pour le moins chanceux ; mais Ben ne voulait plus douter ; aussi se mit-il courageusement à la besogne.

La première chose à faire, c'étaient les lignes et les hameçons. William trouva heureusement quelques épingles restées à sa veste, et l'on put fabriquer ces derniers très grossièrement, il est vrai, mais encore pas trop mal. Les lignes furent plus faciles à faire : on détordit un morceau de filin, et avec un de ses brins, on refit une ficelle de la grosseur voulue. On organisa un flotteur avec un éclat de bois convenablement aminci, et la balle à laquelle William avait si inutilement demandé un soulagement à sa soif, trouva un emploi qu'elle remplit avec plus de succès, en servant à faire filer la ligne au fond de l'eau ; enfin les arêtes et les nageoires de l'exocet furent soigneusement disposées comme amorce. C'était peu, car il ne restait rien après ; mais Ben comptait sur la voracité bien connue de quelques-uns des habitants de l'Océan qui se laissent prendre même sans autre appât qu'un morceau de chiffon.

La pluie avait cessé. La brise ne ridait plus la surface de l'eau, qui était si transparente, que l'on voyait au travers à une grande profondeur. Il était donc aisé de suivre la proie de l'œil. Ben d'un côté du radeau, William de l'autre, y concentraient toutes leurs facultés.

Ils restèrent longtemps immobiles et muets, se lamentant intérieurement de l'insuccès de leurs efforts. Ce n'était vraiment pas encourageant. Il ne s'était pas trouvé un seul poisson assez mal avisé pour daigner accorder à leur amorce un simple regard, fût-ce de curiosité.

Plus d'une heure s'était écoulée, quand une exclamation joyeuse du mousse signala l'apparition d'une victime possible et fit détourner la tête au marin. William s'empressait de lancer sa ligne dans toutes les règles de l'art, et s'attendait à voir partager son plaisir et ses émotions par son sympathique camarade. Il n'en fut rien, et ce fut un vrai désappointement pour l'enfant de voir au contraire s'assombrir la figure du matelot.

— Tu n'as pas besoin de te déranger pour celui-là, mon pauvre garçon. Il a autre chose à faire que de s'occuper de notre amorce.

— Pourquoi donc?

— Parce que je parierais que son maître n'est pas loin d'ici.

— Comment nommez-vous ce poisson, Ben?

— Le pilote. Vois-tu, il s'est détourné, il va rendre compte à celui qui l'a envoyé.

— Envoyé ! Qui donc pouvait l'avoir envoyé, Ben ?

— Un requin, bien sûr. Tiens, ne te l'avais-je pas dit ? Regarde ! En voilà deux gros comme je n'en ai jamais vu. Quelles nageoires ! On dirait des voiles de tréou. Le pilote est allé au-devant d'eux pour les guider. Que je sois pendu si ce n'est pas vers nous qu'ils se dirigent.

Requin.

William regarda dans la direction indiquée et aperçut deux nageoires dorsales qui faisaient saillie à plusieurs pieds au-dessus du fil de l'eau. Il les reconnut pour appartenir à l'espèce dite du requin blanc, car il avait déjà eu à plusieurs reprises l'occasion d'apercevoir ces monstres redoutés.

Ben confirma d'un air préoccupé, qui ne lui était point habituel, les remarques de son jeune ami. Il suivait de l'œil les mouvements du pilote, élégante créature à la forme élancée, vêtue d'un bleu d'azur strié de bandes transversales plus foncées qui l'entouraient comme autant d'anneaux. Après s'être avancé à une vingtaine de brasses du radeau, le poisson avait fait volte-face, se dirigeant vers les squales, et, après les avoir rejoints, il avait repris une avance de quelques mètres, comme un guide prévoyant aurait pu le faire. Il n'y avait pas à s'y méprendre, il nageait vers l'embarcation.

William fut frappé du son de voix de son camarade. Il comprit que celui-ci pressentait un danger dans la proximité de ces hideuses créatures. Et c'était vrai. Sur le pont d'un navire, Ben n'eût pas seulement pris la peine d'y arrêter un instant sa pensée, mais sur ces quatre planches mal assujetties, leurs pieds étant presque au niveau de la mer, il se pouvait que les requins, avec leur sûr instinct de carnassier, prissent fantaisie de les attaquer. Ce n'était pas la première fois que pareille chose s'était vue, et l'expérience du matelot l'avertissait qu'il y avait tout à redouter d'une attaque dans des conditions de défense aussi défavorables.

Il n'était déjà plus temps de calculer les moyens de parer à cette grave éventualité, ou de se concerter avec William sur ce qu'il y aurait à faire en pareil cas.

Le plus avancé des deux requins s'élançait au même instant, et d'un coup formidable de sa queue fourchue donnait au radeau une secousse telle, qu'il faillit chavirer. Le second requin, de son côté, attrapa l'extrémité de la baderne des mâts majeurs et d'un seul coup de mâchoire broya un morceau de l'espar comme s'il se fût agi d'un sucre d'orge. Il l'avala presque aussitôt, et, se retournant dans l'eau, parut s'apprêter à recommencer l'attaque.

Ben et le jeune mousse avaient laissé tomber leurs lignes. Le premier s'empara instinctivement de la hache et William s'arma de l'anspect, et tous les deux se tinrent également prêts à soutenir le nouveau choc de l'ennemi.

Ils n'eurent pas longtemps à attendre. Le premier agresseur revint à la charge avec la rapidité d'une flèche et s'élança à demi, projetant sa hideuse mâchoire jusque sur le radeau. La frêle embarcation fut pendant un moment en danger d'être chavirée ou coulée, mais ses occupants ne perdirent pas l'équilibre. Ils n'étaient pas gens à se rendre sans combat; ils avaient le projet de vendre chèrement leur vie, et le coup porté par Ben Brace à son antagoniste en fut la meilleure preuve.

Passant d'un geste rapide son bras autour du mât pour s'assurer d'un point d'appui, et levant sa hache d'une main qui ne tremblait point, il frappa l'ennemi. La lame tomba juste au milieu des naseaux et fendit la chair cartilagineuse à une profondeur de plusieurs centimètres, mettant l'os à découvert.

L'endroit n'eût pu être mieux choisi; car, si massif et si vigoureux que soit le requin blanc, un seul coup bien asséné sur le museau suffit pour le tuer. Il en fut ainsi pour l'adversaire de Brace. Aussitôt blessé, le monstre roula sur le dos, et, après une ou deux secousses de son énorme queue et un long tremblement de tout son être, il ne flotta plus que comme une épave.

William n'avait point été aussi heureux dans la lutte qu'il avait acceptée, bien qu'il eût réussi à éconduire l'ennemi. Frappant un peu au hasard avec son instrument, il l'avait lancé imprudemment entre les mâchoires du monstre, juste au moment où celui-ci avançait la gueule ouverte pour saisir ce qu'il convoitait sur le radeau.

Passant son bras autour du mât, et levant sa hache d'une main,
Ben frappa l'ennemi.

Se trouvant prévenu, le requin serra l'anspect entre sa triple rangée de crocs, et d'un brusque mouvement l'arracha des mains de notre William. Il le broya et le réduisit ensuite en petits fragments qu'il avala comme du pain. Ce jeu ne dura pas longtemps. Satisfait peut-être de ce maigre banquet, ou rendu plus circonspect par le sort de son camarade, le vorace personnage disparut tout à coup, sans laisser de traces; ce que voyant, Ben et William ne purent retenir un hourra d'allégresse pour célébrer leur victoire.

Le requin, frappé à la gueule, continuait à flotter près de l'embarcation, et on l'eût dit encore vivant, tant ses énormes nageoires s'agitaient convulsivement. Mais Ben n'était pas homme à s'y tromper. Il lui était trop souvent arrivé de se livrer à cette pêche (peu fructueuse, du reste) pour ne pas être parfaitement au courant des habitudes des squales et des particularités qui les caractérisent, eux et leurs congénères.

Il avait vu entre autres un requin pris par un volumineux hameçon d'acier fixé dans son estomac. Lorsqu'il fut amené sur le pont du navire, on lui ouvrit le ventre et on en retira les intestins, et néanmoins, après ce traitement barbare, lorsqu'il fut rejeté à la mer, ses nageoires remuaient encore, et il s'éloigna de quelques brasses du navire. Un requin peut être coupé en deux, avoir la tête séparée du corps, et donner des signes non équivoques de vie dans chacun de ses tronçons, et cela pendant des heures entières. Sa vitalité serait donc, d'après cela, beaucoup plus grande que celle de l'anguille et des chats, dès longtemps passée en proverbe; nous l'avons dit, l'endroit vulnérable du requin paraît être le museau.

— L'ai-je bien attrapé où il fallait, tout de même! s'écria Ben triomphant. En voilà un qui ne nous fera plus de misères, le coquin! Où est passé l'autre?

— Disparu ! répondit William en indiquant la direction prise par le plus petit des requins. Il m'a arraché l'anspect des mains et l'a mis en pièces comme un fétu. Voyez plutôt ce qu'il en a laissé.

Anguille.

— C'est heureux que tu aies lâché prise, mon garçon ; car s'il t'avait entraîné, c'eût été ta perte. Je ne pense pas qu'il revienne après l'accueil qu'il a reçu de nous. Quant à l'autre, il a son compte, je t'en réponds. Ma parole, je crois qu'il enfonce déjà ! Ah ! mais, ça ne se passera pas ainsi. Vite, William, lance-moi la corde, que je l'empêche de nous fausser compagnie. Quel morceau ! Et puis l'on parle de la pêche à la ligne ! En voilà une pêche qui enfonce ton menu fretin. Si nous pouvons l'empêcher de couler à fond, nous aurons de quoi manger un carême. Allons ! nous y sommes ! Place-toi de l'autre côté du radeau pour me faire contrepoids. Là ! c'est bien.

Tout en bavardant gaîment avec son entrain habituel, Ben s'occupait à faire un nœud coulant à l'extrémité du cordage que William s'était empressé de lui présenter. Il le jeta autour de la mâchoire de l'animal, l'y fixa convenablement, puis attacha l'autre extrémité du cordage au mât, ce qui obligea la carcasse à suivre la marche de l'embarcation.

Pour plus de sûreté, Ben reprit sa hache et frappa les naseaux du monstre jusqu'à ce qu'il fut bien certain que celui-ci ne risquait plus de lui échapper.

— Allons, William, cette fois nous pourrons manger notre cœur content ; je vais te tailler un morceau de filet dont tu me diras des nouvelles. La partie la plus tendre est là-bas, près de la queue. Tire un peu sur la corde pour l'amener à nous, afin que je puisse en approcher.

L'enfant obéit avec intelligence et précision, et bientôt il put voir Ben détacher une longue tranche suffisante pour un repas copieux. Inutile d'ajouter que ce fut mangé cru ; mais c'était un bien petit inconvénient pour des gens sur le point de mourir de faim. Eussent-ils eu la possibilité de se procurer du feu, encore n'est-il pas certain qu'ils eussent pris le temps de faire cuire leur poisson. Ce qui les pressait le plus, c'était d'apaiser les tiraillements de leur estomac. Ils burent ensuite longuement, avec délices, et se sentirent tout réconfortés et rafraîchis, lorsqu'ils reprirent leur poste d'observation sur le radeau.

Pleins de confiance dans l'avenir, ils se réjouissaient de l'intervention de la Providence ; intervention bien marquée dont ils ne doutaient plus. Pour eux le poisson volant, la pluie, les requins n'étaient point l'effet du hasard ; ils étaient la réponse directe à leurs prières.

Ils recommencèrent à discuter leurs chances de salut. Sans doute ils sentaient combien leur situation était grosse de périls de toute nature. Qu'une tempête ou seulement un coup de vent s'élevât, et leur outre trop rudement ballottée courait le risque d'être crevée, leur embarcation de se disperser aux quatre vents des cieux.

A quelques degrés plus au nord ou plus au sud, là où les bourrasques sont fréquentes, ils n'eussent pu espérer résister seulement huit jours. Heureusement que Ben savait où il se trouvait ; c'était dans cette région connue des premiers navigateurs espagnols sous le nom de « latitude des chevaux », à cause du grand nombre de ces animaux morts de soif qu'on était obligé de jeter par-dessus bord, durant les calmes plats qui y retiennent quelquefois un bâtiment plusieurs semaines. Aujourd'hui, ces mêmes Espagnols lui ont donné un nom plus poétique. Ils l'appellent « la mer des dames, » par allusion à ces brises si douces et à ces flots si paisibles, qu'on n'y connaît ni roulis ni tangage.

Ben Brace n'était pas d'une nature à rester longtemps inactif. Fidèle à son principe que qui veut être aidé doit commencer par s'aider soi-même, non-seulement il se tint prêt à tenter tout ce qui pourrait ou devrait être tenté, mais il chercha à faire naître les occasions de travailler à leur délivrance.

La chair du requin et la provision d'eau devaient, bien ménagées, assurer leur alimentation pour plusieurs jours ; il était seulement indispensable pour cela d'en rendre la conservation certaine. Telle était donc maintenant la juste préoccupation des deux abandonnés.

Il semblait qu'ils eussent déjà fait pour le liquide tout ce qu'il y avait à faire. Ben ne trouva plus qu'une seule précaution à prendre ; il recouvrit le prélart de plusieurs doubles de la toile à voile qui leur restait de libre, afin de diminuer d'autant l'action desséchante du soleil.

Quant à la chair du requin, c'était autre chose : laissée à elle-même, elle ne tarderait pas à se corrompre et à devenir une nourriture nauséabonde et malsaine, même pour des hommes qui, sous l'empire de la faim, n'y regardaient pas de si près.

Que faire pour éviter une catastrophe qui pouvait compromettre peut-être leur salut? Ils tinrent conseil et résolurent la question d'une manière satisfaisante.

Puisque l'on fait sécher au soleil un certain nombre de poissons, tels que la merluche et le hareng, pourquoi n'emploieraient-ils pas le même moyen, le seul au reste qu'ils eussent à leur disposition? Il ne s'agissait que de dépecer l'animal en tranches peu épaisses, que l'on étendrait à l'air libre, et ce même soleil torride dont ils redoutaient à juste titre l'influence pour leur boisson se chargerait de la préparation de leur viande. Traitées par ce procédé peu coûteux, leurs provisions pourraient se conserver intactes des semaines et même des mois.

Aussitôt cette décision prise, ils s'occupèrent de son exécution. William fut de nouveau chargé d'amener la lourde carcasse à portée du radeau à l'aide du filin qui l'amarrait, tandis que Ben, armé de son couteau, taillait des tranches longues et si minces, qu'on voyait le jour au travers.

VII.

LE SUCET.

L'opération marchait à souhait. Le matelot avait achevé de dépecer tout un côté et s'apprêtait à entamer l'autre lorsqu'une exclamation de joyeuse surprise lui échappa.

William, tout heureux de voir renaître la confiance sur la figure de son compagnon, s'approcha aussitôt et l'interrogea.

— Qu'y a-t-il encore, Ben ?

— Regarde ici, mon garçon, répondit le matelot, en appuyant la main sur la tête de l'enfant pour l'amener au niveau du radeau, afin qu'il pût voir dans la mer, regarde bien et dis-moi ce que tu vois.

— Où donc ? demandait William.

— Là, ne vois-tu pas quelque chose de particulier attaché au flanc du requin ?

— Ce que je vois, s'écria le mousse, c'est un petit poisson dont la tête presse le ventre du requin, il n'a guère qu'un pied de long. Que fait-il donc là, Ben, le savez-vous ?

— Il est attaché au requin.

— Attaché au requin ? Voyons, ce n'est pas possible.

— Possible ou non, c'est un fait. Il est fixé là aussi solidement qu'une barnache à la coque d'un navire ; qui plus est, il n'y a pas de danger qu'il s'en détache avant que je me charge de cette besogne pour lui, et cela ne va pas tarder. Vite une corde, enfant.

William tendit à son compagnon ce qui lui était demandé. Ben refit ce qu'il avait déjà fait pour le requin. Il lança adroitement son nœud coulant autour du petit poisson, adhérant au ventre du requin avec une telle force, qu'il fallut pour l'en détacher que Ben employât toute la force de ses bras musculeux.

Il y réussit néanmoins, et d'un vigoureux effort amena le parasite tout frétillant sur le radeau. Il ne permit pas à ce dernier de continuer longtemps sa gymnastique désespérée ; on avait trop à redouter de lui voir regagner sa demeure transparente, et Ben trancha ses jours en le clouant au plancher d'un coup de couteau.

— A quelle espèce appartient-il ? demanda William, qui l'examinait avec intérêt.

— C'est un sucet.

— Un sucet ? Je n'avais jamais entendu parler de cela. Pourquoi l'appelle-t-on ainsi ?

— Parce qu'il suce apparemment, répondit le matelot.

— Mais qu'est-ce qu'il suce alors ?

— Le requin. N'as-tu pas vu que j'ai arraché celui-ci de la mamelle? continua Ben en éclatant de rire devant l'expression inimitable de la physionomie de l'enfant.

Celui-ci, voyant que le marin jouissait de sa mystification, s'y prêta de bonne grâce.

— Allons, Ben, renseignez-moi ; vous pensez bien que je n'en crois pas un mot.

— Je ne veux pas te taquiner plus longtemps, mon garçon, et voici tout ce que je sais à ce sujet : c'est que ces poissons s'attachent aux squales, mais seulement à la variété des requins blancs ; quant à ce qu'on dit qu'ils les tettent et qu'ils se font nourrir par eux, ce n'est pas vraisemblable, bien que leur nom vienne de cette croyance populaire ; et voici pourquoi je n'y crois pas : j'en ai vu d'attachés de la même manière au doublage de cuivre des bâtiments et aux rochers sous-marins, qui ne pouvaient cependant leur fournir grand'chose à titre de nourriture, n'est-ce pas ?

— C'est évident.

— D'autre part, j'ai vu ouvrir l'estomac d'un certain nombre, et je les ai vus remplis de reptiles d'eau. Je parie que si nous ouvrions celui-ci, c'est encore ce que nous y trouverions.

— Mais alors pourquoi s'attache-t-il indifféremment à un requin ou à un navire ? Il doit avoir une raison pour le faire. La connaissez-vous, Ben ?

— Oui. Et l'explication qu'on en donne est beaucoup plus logique que de dire qu'il les suce. Dans le dernier cuirassé où j'ai servi deux ans, il y avait un docteur qui savait, ma foi, tout ce qui a trait à ces sortes de choses. Il nous disait que le sucet est très mauvais nageur — cela se voit, du reste, par la petitesse de ses nageoires — et que s'il s'attache ainsi à un navire ou à un requin, c'est pour se faire transporter sans peine d'un lieu à un autre. Quand il est las de cette vie nomade, il se cramponne à un roc pour se reposer ; si pendant le cours de ses pérégrinations il aperçoit une proie qui lui convienne, il se dégage rapidement, fond sur elle et revient aussitôt s'accrocher à son remorqueur.

— Et c'est sans doute avec cette singulière machine qu'il a sur la tête qu'il arrive à se retenir ?

— Parfaitement. Et ce qu'il y a de curieux, c'est que si tu essayais de le décrocher en tirant dessus ou en arrière, tu n'y réussirais pas en y employant toute ta force et moi la mienne. Tu le mettrais plutôt en pièces. Il faut le pousser en avant, comme tu me l'as vu faire.

— Je vois, reprit William, qui examinait curieusement l'animal, il y a des rangées de petites dents sur cette singulière excroissance, toutes tournées vers la queue. C'est probablement ce qui l'empêche de céder à une pression exercée à l'arrière.

— Sans aucun doute. Mais laissons cela pour le présent. Finissons d'abord de sécher le requin ; et quand l'appétit nous reviendra, nous partagerons le sucet ; je te garantis que c'est un fin morceau. J'en ai souvent mangé dans les îles de la mer du Sud, où ils atteignent des dimensions beaucoup plus grandes. J'en ai vu là de trois pieds de longueur.

Et, ce disant, Ben reprit l'opération interrompue. Nous allons terminer par quelques détails complémentaires.

Le poisson qui venait de tomber si singulièrement entre leurs mains était bien, en effet, le sucet, scientifiquement parlant, l'échénéis remora, une des plus curieuses créatures de l'Océan, pas tant peut-être par son extérieur, qui n'est pas beau, que par l'originalité de ses habitudes.

Le corps est noir et uni, la tête hideuse, les nageoires courtes et larges ; la bouche est énorme, avec la mâchoire inférieure dépassant de beaucoup la supérieure : c'est un des traits caractéristiques de ce vilain animal ; les lèvres et les mâchoires sont garnies de dents ; la langue, le palais et le gosier sont hérissés de courtes épines. Les yeux sont noirs et placés d'une manière disgracieuse. La protubérance formée par le suçoir est composée de plusieurs lames osseuses disposées de manière à former un disque ovale dont l'extrémité est armée de petites tentacules ou dents, comme William l'avait observé.

Ce poisson est dépourvu de vessie natatoire, et ses nageoires ne lui permettant qu'un exercice très limité, on s'explique pourquoi il a été doué d'un appareil compensateur. Il s'attache de préférence aux requins blancs, dont les mouvements sont plus lents, et qui se prêtent mieux que les autres grands habitants des mers à ses fonctions de véhicule. Un seul requin compte souvent un certain nombre de ces bizarres satellites.

Le sucet s'attache également, mais en proportions moindres, aux vaisseaux, aux baleines, aux rochers, aux tortues et aux grandes espèces d'albaçores. Sa nourriture se compose de crevettes, de mollusques et autres choses semblables. Il a de nombreux ennemis, principalement les diodons et les albaçores; mais le requin ne l'attaque jamais. On en connaît une variété d'un blanc parfait que l'on qualifie d'albinos.

Tortue.

Quand un requin choisi par eux comme remorqueur est capturé et amené sur le navire, les sucets suivent ce navire dans toutes ses évolutions pendant des semaines. Ils sont alors faciles à pêcher avec l'appât le plus vulgaire. Mais il devient nécessaire de retirer la ligne très rapidement quand ils ont mordu, autrement ils se dirigent en toute hâte vers la coque du bâtiment et y adhèrent si fortement, qu'ils sont perdus pour les pêcheurs.

Il existe plusieurs espèces de sucets. La plus grande, à laquelle Ben avait fait allusion, est l'échénéis australis, dont les contours sont moins disgracieux que ceux que nous venons d'indiquer.

L'échénéis était connu par les navigateurs espagnols sous le

Arrivée de Christophe Colomb en Amérique.

nom de remora. Les indigènes de Cuba et de la Martinique, lors de l'arrivée de Christophe Colomb, en entretenaient un certain nombre apprivoisés et dressés à la chasse de la tortue. Ils attachaient une corde de palmier à un anneau passé autour du corps du poisson, au-dessus de la queue, tandis que l'autre extrémité de la corde était assujettie à un arbre ou à un roc. On lâchait ensuite le captif. Celui-ci, laissé libre, allait, suivant son habitude, à la recherche de quelque grande tortue, après laquelle il se cramponnait de temps en temps. Le pêcheur regardait sa ligne, et, quand une certaine tension se produisait, il tirait à lui jusqu'à ce que les deux animaux fussent à proximité. D'un coup de bâton il occisait le chélonien, qui était, paraît-il, en aussi grand honneur auprès des caciques qu'auprès de nos gourmets modernes.

Des tortues d'un poids considérable se peuvent prendre ainsi, car le tirage s'exerçant sur la queue du remora, c'est-à-dire en arrière, le sucet ne saurait être détaché.

Le même procédé est encore en vigueur sur les côtes du Mozambique, et c'est d'autant plus extraordinaire, que les peuplades qui en font usage n'ont jamais eu de communications avec celles de l'Amérique.

Une plus petite espèce de sucet fréquente les eaux de la Méditerranée.

Le sucet était bien connu des anciens, et la légende s'était emparée de lui et lui avait attribué toutes sortes de vertus extraordinaires. On lui supposait la puissance d'arrêter net la marche d'un navire en s'attachant à sa quille et en le tirant dans une direction contraire.

Une autre superstition très populaire était celle-ci : que si un criminel réussissait à faire manger de la chair de ce poisson à son juge, le verdict de sa condamnation ne pouvait être rendu avant un laps de temps considérable.

VIII.

LA VOIX MYSTÉRIEUSE.

Ce ne fut que peu de temps avant le coucher du soleil que les deux travailleurs eurent fini leur besogne. Le radeau avait complètement changé d'aspect. Plusieurs cordes avaient été tendues entre les deux mâts, et dessus s'étalaient les longues tranches minces, soigneusement disposées, de manière à former de loin comme une sorte de voile. Elles en tenaient lieu en réalité ; car, par leur réunion, elles formaient une surface assez vaste pour donner prise au vent du soir.

La brise s'était levée en effet, et, sous son influence, le radeau filait avec une vitesse relativement considérable, sans qu'on tentât de le gouverner.

Il était hors de question pour nos marins de chercher à atteindre la terre. Le salut ne pouvait leur venir que fortuitement de la rencontre d'un navire ; et comme un bâtiment pouvait apparaître aussi bien à l'est qu'à l'ouest, peu importait vers lequel des trente-deux points du compas le hasard les guiderait.

Le radeau avait complètement changé d'aspect.

A première vue cela semblait ainsi. Cependant, à la réflexion, Ben reconnut que le calcul était faux. Il importait beaucoup au contraire d'éviter cette direction de l'ouest dans laquelle à une distance inappréciable, mais à coup sûr fort limitée, errait encore le grand radeau avec son sinistre équipage.

Et qui pouvait dire ce qui s'était déjà passé à bord de ce repaire de scélératesse et d'ivrognerie? Il était fort possible qu'ils fussent encore sous l'empire de ces deux mauvaises conseillères, la faim et la soif, à moins qu'un des leurs n'ait subi le sort auquel la généreuse amitié de Ben avait soustrait son jeune compagnon.

Il ne fallait à aucun prix s'exposer de nouveau à leur haine et à leur ressentiment exaspéré par la souffrance. On ne s'étonnera donc pas que le vieux marin, en sentant la brise s'élever, interrogeât d'un air soucieux le soleil couchant pour savoir de quel côté ils étaient emportés par elle. Une expression d'immense soulagement se répandit bientôt sur sa physionomie.

— Nous allons bien décidément vers l'est, dit-il, et c'est de la chance. J'ai rarement vu le vent souffler de l'est sous ces latitudes. Cela ne durera pas bien sûr. Mais peu importe! Profitons-en avec reconnaissance, tant qu'il ne nous jouera pas de mauvais tours.

William comprit fort bien la pensée de Ben. Il n'avait pas perdu le souvenir de ce danger qui l'avait si profondément ébranlé et qui devait pendant longtemps encore hanter jour et nuit son imagination. Excepté peut-être pendant son rapide combat avec le requin, il n'avait pas, malgré la faim et malgré la soif, cessé d'être poursuivi par la hideuse vision des forcenés acharnés à sa perte, et vingt fois son regard avait erré vers l'ouest, non dans l'espoir de découvrir le bâtiment sauveur, mais dans la crainte d'y voir apparaître une tache sombre, indice précurseur d'un sort fatal.

Après l'achèvement de leur tâche, l'homme et l'enfant étaient extrêmement las, et le matelot cependant restait debout à surveiller l'horizon.

William, épuisé, s'était laissé tomber sur les planches du radeau.

— Petit, dit le rude marin d'une voix qui se faisait presque tendre, étends la voile sous toi et dors en paix. Il est inutile que nous nous tenions tous les deux éveillés. Je veillerai jusqu'à la nuit noire, puis je suivrai ton exemple. Allons, obéis-moi, petit, et fais un bon somme.

William était trop fatigué pour émettre une objection : il suivit le conseil de Ben.

Comme on pouvait s'y attendre, à peine avait-il adopté la position horizontale, que le sommeil fermait ses paupières.

Le marin demeura en sentinelle, jetant sans cesse sa muette interrogation à l'Océan, qui ne lui répondait que par son calme infini. Il ne renonça à sa faction qu'à la tombée du crépuscule, toujours très court sous ces latitudes.

La nuit s'annonçait sans lune. Quelques rares étoiles brillaient faiblement et aidaient seules à distinguer l'endroit où le ciel se confondait avec le flot. L'obscurité était complète; un bâtiment, même toutes voiles dehors, eût pu passer inaperçu, à une demi-encâblure des naufragés.

Il était superflu de s'obstiner à une veille inutile. Le matelot s'étendit à côté de son compagnon, et comme lui trouva bientôt le repos dans un sommeil réparateur.

Ils restèrent ainsi pendant plusieurs heures, également

oublieux des périls passés et de ceux qui les menaçaient encore. Ils reposaient avec autant de sécurité et de bien-être que s'ils eussent été sur une couche moelleuse, sous un toit ami, et pourtant ils allaient à la dérive au milieu de l'Océan sans limites, sur quelques planches dont la plus longue n'avait pas le double de la longueur de leur corps.

La brise s'était maintenue douce et les poussait toujours à l'est; le léger clapotement que les vagues produisaient autour du radeau, loin de troubler leur sommeil, les berçait au contraire.

Le mousse s'éveilla le premier, calmé, rafraîchi, rendu à son état normal. Les larges gouttes d'une pluie d'orage, en tombant sur sa joue, l'avaient rappelé au sentiment de la réalité. Il se souleva et regarda autour de lui; il ne vit rien. Le ciel et la mer étaient également sombres; seul, un éclair hâtif en stria la profondeur, puis tout retomba dans des ténèbres plus épaisses encore.

Ni l'éclair ni les nuages menaçants n'étaient de nature à effrayer William. Il n'en était plus à redouter une douche, qu'elle vînt du ciel ou de la mer, qu'elle se nommât pluie ou embrun. Il se préparait donc à reprendre sa place sur son dur oreiller, quand un bruit étrange le fit tressaillir et le frappa de stupeur. Etait-ce l'appel de la mouette, la plainte de la frégate ou la note rude du nelly?

Non. Le jeune mousse connaissait trop bien les cris des différents oiseaux de mer pour s'y tromper. Ce qu'il avait entendu, c'était une voix, et une voix d'enfant qui paraissait parler avec tristesse ; toutefois c'était si improbable, si impossible même ! Il ne pouvait avoir été que le jouet d'une illusion, et il recommençait à rappeler à son souvenir tous les cris d'oiseaux qu'il connaissait, sans en trouver un seul qui produisît à son oreille l'équivalent de ce qu'il venait d'entendre.

Devait-il éveiller son compagnon et lui en parler ? Mais si ce n'était qu'une hallucination passagère de son esprit troublé par le réveil, n'était-ce pas affreux d'interrompre le repos du brave marin qui en avait un si pressant besoin ?

Certes, il ne se fâcherait pas d'avoir été dérangé pour rien ; mais ne raillerait-il pas avec raison son protégé de se croire poursuivi par des jeunes filles, des sirènes ? Que sais-je encore ? Non, décidément il valait mieux ne rien dire, et il se tut.

A peine avait-il replacé la tête sur l'oreiller, tout en cherchant à se convaincre qu'une inexplicable fantaisie remplissait son cerveau de bruits absurdes, que la même voix retentit de nouveau, et cette fois plus distinctement, comme si elle s'était rapprochée.

Il n'y avait plus de doute possible, et Ben devait être prévenu immédiatement.

— Ben ! Ben !

— Oh ! oh ! pourquoi tout ce tapage ? Il n'est pas encore temps de prendre le quart. Quoi ! c'est toi, William ? Que me veux-tu ?

— Ben, j'ai entendu quelque chose.

— Et quoi d'étonnant, petit ? Je faisais un beau rêve ; je me revoyais sain et sauf sur la vieille frégate. Ah ! j'aimerais encore mieux être de quart à son bord que capitaine ici. Mais enfin, pourquoi m'as-tu réveillé?

— Parce que c'est une voix que j'ai entendue, Ben, j'en suis presque assuré.

— Une voix humaine?

— Oui, tout à fait comme celle d'une petite fille.

— Pour le coup, mon pauvre petit, tu déménages. Il ne nous manquerait plus que cela ! Malheureux, où veux-tu la prendre cette petite fille, pour l'entendre parler ?

— Mais j'en suis certain, Ben ; croyez-moi, je ne vous aurais pas dérangé pour rien.

— S'il n'y avait pas les mouettes, les fous, les poules qui jacassent et babillent comme des enfants, je pourrais m'étonner de ce que tu me contes là, mon garçon ; mais tu as confondu, à moins que ce ne soit une sirène qui ait pris cette voix pour te séduire et te…. Ciel ! un homme !

Et, en proférant cette exclamation d'un accent terrifié, le marin, mû comme par un ressort, s'était dressé et interrogeait à son tour le silence de la nuit.

— Nous sommes perdus, William ! c'est la voix de Legros ! Le grand radeau est à portée de nous avec sa cargaison de maudits ! Ah ! mon enfant, je te croyais sauvé, et il ne nous reste plus qu'à mourir !

IX.

BOULE-DE-NEIGE.

De jour, Ben et William ne se fussent pas laissés aller à une alarme aussi vive et à des craintes aussi chimériques, parce qu'ils auraient distingué un objet ou plutôt une collection d'objets qui, loin de les repousser, les eût certainement attirés.

Ce n'était pas le grand radeau qui dérivait sous le vent. Ce n'était par conséquent pas la voix de Legros et de ses acolytes qui avait frappé leurs oreilles, bien que ce fût la seule pensée rationnelle qui pût aborder l'esprit des malheureux fugitifs, enveloppés dans une obscurité profonde.

Sans cette obscurité, ils eussent vu passer à quelques brasses d'eux d'autres épaves, poutres noircies par le feu, fragments d'espars flottant avec des lambeaux de voiles et de cordages, çà et là des caisses ou barils ayant peine, à cause de leur poids, à conserver leur ligne de flottaison, des débris informes se mêlant à des choses en parfait état, avirons, chaises, anspects, instruments de toutes sortes, dispersés sur un espace de plus d'un mille carré. Ils eussent d'un coup d'œil reconnu au milieu de quelles épaves le ciel propice les avait dirigés, et eussent manœuvré de manière à en approcher pour choisir, dans le nombre de ces objets bien connus, ce qui pouvait contribuer à améliorer leur position.

Mais ils eussent peut-être passé au milieu de tout cela sans rien voir, sans rien remarquer, car au centre se trouvait une épave d'un bien autre intérêt pour eux, et vers laquelle ils eussent assurément fait force de rames.

C'était un radeau, guère plus spacieux que le leur, mais présentant un aspect fort différent. Il était formé de planches noircies par le feu, au milieu desquelles étaient amalgamés un sofa de bambou, une chaise et quelques autres menus objets de première nécessité. Tout cela réuni n'aurait pas contribué à faire une embarcation bien supérieure à la leur comme qualités nautiques, si l'on n'eût eu la précaution de lier sur ses bords un certain nombre de tonneaux vides, parfaitement bouchés, qui maintenaient la lourde machine au-dessus du niveau de la mer et la mettaient à même de supporter sans inconvénient un poids relativement considérable. On remarquait un plus petit baril, solidement amarré à une de ses extrémités, mais qui n'était sans doute pas destiné à augmenter la légèreté du radeau, car il était lui-même aux trois quarts submergé par son propre poids.

Evidemment, après le coup d'œil d'ensemble, on cherchait un être vivant au milieu de ce lourd mais ingénieux appareil, et l'on était tout surpris de l'extérieur étrange de l'être que l'on y découvrait.

Qu'on se figure, en effet, un nègre du plus bel ébène. Sa tête était recouverte d'une laine si courte et si frisée, qu'on eût cru à un feutre épais plus volontiers qu'à une chevelure. Une paire d'immenses oreilles, en forme de contrevents, devait donner prise à la brise et offrir certains avantages à l'occasion. Ajoutez à cela une bouche largement fendue et ornée de lèvres extrêmement protubérantes, et vous comprendrez aisément que ce type amenait involontairement à la pensée le souvenir du gorille et du chimpanzé.

En dépit de ses traits peu flatteurs, ce visage était loin d'être aussi répulsif qu'on pourrait le croire. Un sourire presque habituel découvrait une double rangée de dents d'ivoire, encadrées dans des lèvres d'un rouge pourpre, et témoignait du caractère facile de son propriétaire. Mais à cette heure, où, par une puissance toute surnaturelle, nous le considérons à l'improviste au milieu des ténèbres, l'expression de la physionomie du pauvre diable dénote une sombre et profonde mélancolie.

Qui s'en étonnera?

Le nègre n'était pas seul. En face de lui était une fillette de dix à douze ans, assise ou plutôt accroupie sur un morceau de toile cirée soigneusement réservée pour elle. Ses grands yeux allaient alternativement de son noir compagnon à l'horizon plus sombre encore. Son teint était olivâtre ; ses cheveux noirs comme l'aile du corbeau, retombaient en boucles longues et soyeuses sur ses épaules, et le brillant incarnat qui animait ses joues révélait son origine. Elle appartenait à cette race mêlée provenant de l'union des colons portugais avec les indigènes des côtes du Malabar.

Bien que né en Afrique, le nègre ne faisait pas partie de la bande d'infortunés qui constituaient la cargaison du navire incendié. Au contraire, inscrit comme passager au livre de bord du *Pandore*, il était de plus maître coq et souverain dans la cambuse, où il était connu sous le sobriquet ironique de Boule-de-Neige.

Boule-de-Neige avait connu l'esclavage ; mais, libre depuis longtemps, il avait navigué, comme il aimait à le raconter, dans tous les lieux navigables sous la calotte des cieux, soit comme « steward », soit comme cuisinier. C'était au fond une honnête nature ; mais du moment que le gage était bon et l'office bien garni, notre homme s'inquiétait peu vers quelle latitude il faisait voile ni avec quelle compagnie il se trouvait. Et comme les négriers en général remplissent toujours bien ces deux conditions si intéressantes aux yeux de Boule-de-Neige, il était sans scrupule parti à bord du *Pandore*.

Il n'avait pas tardé à reconnaître que sa mauvaise étoile ne l'avait jamais laissé se dévoyer au milieu de semblables coquins, et longtemps avant l'épouvantable catastrophe qui abrégea la durée du voyage, il s'était juré de leur fausser compagnie à la première occasion.

Si la moralité de Boule-de-Neige n'était pas inattaquable, il y avait une immense vertu à laquelle du moins il n'était pas étranger : c'était la reconnaissance. Sans elle, nous l'eussions trouvé seul sur son radeau, et moins soucieux de ce que les vents contraires pouvaient lui réserver. Grâce à elle, son unique préoccupation était cette belle enfant dont la sûreté lui était plus chère que la sienne.

Pourquoi donc Boule-de-Neige éprouvait-il un sentiment si profond pour une enfant qui ne lui appartenait à aucun titre par les liens du sang?

Cette fillette, aux yeux de velours et aux boucles soyeuses, était l'enfant de l'homme chez lequel il avait connu toutes les horreurs de l'esclavage, mais qui, plus tard, avait racheté ce crime odieux en lui rendant le bien suprême : la liberté. Cet homme, qui avait eu longtemps un comptoir sur la côte africaine, s'était depuis peu d'années retiré à Rio, au Brésil. Sa fille unique, née peu de temps avant son départ, traversait pour la première fois cet immense Océan pour aller le rejoindre.

De là sa présence comme passagère sur le pont du négrier, sous la protection de Boule-de-Neige.

Ce dernier ne s'était pas un moment écarté des graves devoirs de sa charge. Quand tout le monde avait déjà déserté le navire, dont les flammes envahissaient l'entrepont, le nègre fidèle était descendu dans la cabine où l'enfant dormait encore, inconsciente du danger, et l'avait emporté dans ses bras, au péril de ses jours ; puis, passant par une des écoutilles, il s'était jeté à la mer avec son précieux fardeau, et l'avait quelque temps maintenu à la surface.

A force de chercher dans les ténèbres, il put se saisir du palan qui avait servi à mettre le grand canot à la mer. Ceci l'aida à se soutenir jusqu'au moment où l'explosion du navire sema autour de lui des débris qui ne l'atteignirent pas. Il entreprit alors une tâche surhumaine. Il rassembla, sans lâcher l'enfant, tout ce qui passa à sa portée et en composa une sorte de radeau, où elle et lui purent enfin passer le reste de cette nuit d'angoisse. Quand le matin le soleil vint, de sa riante lumière, illuminer le lieu de la catastrophe, tous deux étaient seuls sur une mer troublée par les allées et venues d'une vingtaine de requins à la recherche de leur proie.

Le nègre savait cependant que l'équipage du *Pandore* avait tout entier échappé au désastre. Il avait assisté, témoin invisible, au départ clandestin du canot monté par le capitaine et ceux qui lui étaient le plus inféodés ; et pendant que, près de l'écoutille, il calculait son élan, il avait de même vu s'éloigner le grand radeau, emportant le reste de l'équipage.

Il pourrait sembler étrange qu'il eût contemplé ces préparatifs de salut d'un œil froid, et sans chercher à se mettre à même d'en profiter. Mais la raison en est facile à comprendre. C'était par suite de sa négligence que le bâtiment avait pris feu. Le capitaine en avait été instruit, et, assisté du second, lui avait administré tel châtiment, que le souvenir ne risquait pas de s'effacer de sa mémoire ; tandis que l'équipage, averti de sa faute, avait d'un commun accord voté de le jeter à la mer. Il est même probable, pour ne pas dire certain, que c'eût été accompli sur l'heure si les proportions que le danger avait prises ne l'eussent contraint de s'occuper de sa sûreté.

Voilà pourquoi le nègre avait préféré courir seul des chances qui n'étaient pas bonnes, mais qui avaient du moins, grâce à sa force, la possibilité de s'améliorer, plutôt que de marcher à un supplice inéluctable.

Peut-être fut-ce un bonheur. S'il se fût réfugié sur le grand radeau, dans les conditions où s'y trouvaient les naufragés, la petite Lili n'eût sans doute point échappé au sort funeste qui avait un instant menacé les jours de notre ami William.

Les aventures de Boule-de-Neige et de sa protégée ne furent pas aussi dramatiques que celles de Ben et de son protégé ; elles méritent néanmoins une brève description.

Soutenu par les quelques fragments qu'il avait pu réunir, il passa la nuit en proie aux émotions les plus violentes.

Il avait vu les cinq cents nègres sauter ou tomber dans les flots ; il avait entendu leurs cris de haine impuissante, pendant qu'ils luttaient pour aborder le grand radeau, et les cris de détresse de ceux auxquels on faisait à coups de haches lâcher prise lorsqu'ils se croyaient sauvés. Il avait vu, aux lueurs de l'incendie expirant, hisser la grande voile, puis la masse sombre disparaître graduellement. Il aurait pu compter l'un après l'autre les cris d'agonie qui s'échappaient des poitrines de ces désespérés, à mesure qu'ils enfonçaient par épuisement ou qu'ils devenaient la proie des requins ; puis le dernier rugissement de douleur s'étant éteint dans l'obscurité, tout retomba dans un silence de mort. Même les monstres dévorants qui avaient hanté ce lieu de désolation s'en étaient retirés, comme si, repus d'une si riche proie, ils eussent voulu la savourer en paix dans les profondeurs incommensurables de leurs retraites sous-marines.

Quand l'aube revint éclairer tous ces débris, Boule-de-Neige put constater qu'aucun être vivant n'était plus en vue, et se tint pour assuré qu'en dehors des déserteurs du grand canot et des naufragés du radeau, il ne restait aucun survivant de l'équipage du négrier.

Les premiers rayons du soleil levant révélèrent donc au noir toute l'horreur de sa position. Il était seul, bien seul avec Lili, au milieu de l'océan Atlantique, seul sur quelques débris flottants, sans une bouchée de nourriture ni une gorgée d'eau potable. C'était, on en conviendra, une situation bien faite pour autoriser le désespoir dans le cœur le plus vaillant.

Mais Boule-de-Neige n'était pas d'une trempe à désespérer facilement. Il s'était trop souvent trouvé dans des cas analogues pour ne s'être point quelque peu aguerri. Certes, le cœur lui défaillit bien un moment; toutefois, au lieu de s'abandonner à cette faiblesse naturelle, il réagit contre elle énergiquement, et chercha dans les débris environnants ce qu'il pourrait s'approprier pour améliorer son sort.

Un des premiers objets qui frappèrent ses regards et ranimèrent en lui quelques velléités d'entreprendre une lutte aussi inégale contre la destinée, fut un baril qu'il connaissait bien. Ce baril, qui renfermait plusieurs hectolitres d'eau douce, était depuis quelque temps soigneusement caché dans la cambuse. En cas de rationnement de l'équipage, Boule-de-Neige avait jugé à propos de se le réserver.

Il ne lui fallut guère plus d'une minute d'efforts pour rentrer en possession du précieux tonneau et pour l'assujettir fortement à la poutre où lui, Boule-de-Neige, se trouvait. Peu après, il aperçut encore une de ses vieilles connaissances de l'office, fort intéressante dans la situation de l'ex-cuisinier. C'était une caisse de biscuits, de première qualité, exclusivement réservés à la table du capitaine. Le malheur était que la caisse ne fût point imperméable. Le biscuit avait été touché d'eau de mer ; mais en le faisant sécher, on arriverait à le rendre, sinon savoureux, du moins mangeable, et bientôt le biscuit était soigneusement étalé à l'ardent soleil des tropiques.

Réconforté par la certitude de ne manquer ni de pain ni d'eau, Boule-de-Neige sentit la nécessité d'augmenter les qualités et le volume de son embarcation. Dans ce but, il s'empara d'un aviron qui dérivait non loin de lui, et commença à attirer et à retenir les débris qui lui paraissaient de nature à servir ses desseins. En peu de temps il eut réuni grandement assez de matériaux pour former un radeau plus vaste même qu'il n'en était besoin.

A sa grande satisfaction, il trouva tout à point et à peu de distance le moyen de le rendre propre à tenir la mer. Une demi-douzaine de tonneaux vides dansaient sur les vagues. Le noir ne perdit pas une minute à s'en assurer la possession, et les lia autour de manière que ces immenses tonneaux formaient à son embarcation une sorte de parapet.

Cette première partie de sa tâche accomplie, il continua à rechercher au milieu des épaves tout ce qui lui semblait devoir lui offrir un intérêt quelconque. Ainsi occupé, il passa plusieurs jours sur l'endroit même où avait eu lieu le naufrage.

Les brises légères qui soufflaient par intervalles n'avaient pas séparé le radeau des objets au milieu desquels il avait pris naissance. En effet, quand il dérivait plus vite, le reste dérivait plus vite également, et l'équilibre n'était point rompu.

L'idée de tendre une voile ne s'était même pas présentée au nègre. Il n'éprouvait pas la moindre velléité de s'éloigner des objets disséminés autour de lui et qui, si inanimés qu'ils fussent, lui semblaient de vieux amis. C'était un lien entre le passé si irrévocablement fini et cet avenir si incertain.

Sans avoir une grande théorie de la navigation, Boule-de-Neige avait une assez grande pratique de cette partie de l'Océan, fréquentée spécialement par les négriers, pour savoir qu'une voile de plus ou de moins ne lui donnait pas une chance de plus d'être recueilli par un bâtiment de passage; ce qui était sa seule ressource pour échapper à une mort prématurée.

Pendant six jours, Boule-de-Neige mena ce genre de vie avec sa petite Lili. Il se nourrissait en partie des biscuits avariés qu'il avait trouvés dans la caisse et en partie d'autres provisions qu'un hasard providentiel poussait de son côté. L'eau ne risquait point de lui faire défaut, et durant ces six jours, il n'avait pas eu le temps de s'abandonner au désespoir. Ce n'était pas la première fois, du reste, que le vieux maître coq faisait naufrage et se trouvait seul sur la plaine liquide de l'immense Océan.

Une fois entre autres, il avait été balayé de dessus le pont par un vent de tempête, et le même vent avait entraîné le navire avec une si grande violence, qu'il était devenu impossible de changer la barre et par conséquent de recueillir le naufragé. Excellent nageur, Boule-de-Neige, luttant avec les grosses lames, s'était maintenu sur l'eau pendant plus d'une heure.

Au bout de ce temps, sa force épuisée le trahit : il était infailliblement perdu. La terre était à quelques centaines de milles de là. Il ne fallait pas songer à l'atteindre, et, vaincu par la fatigue, il allait s'abandonner, quand une cage à poules vint à passer. Il s'en saisit, et elle se trouva heureusement de force à supporter son poids.

Bien qu'il devinât que la cage à poules avait été jetée à l'eau par quelque camarade soucieux de son sort, il n'en demeurait pas moins certain que le navire lui-même était hors de vue, et l'infortuné nageur, malgré cette aide précieuse, devait s'épuiser avant longtemps. A ce moment, la tempête se calma, le vent sauta de plusieurs points, et le navire put revenir sur ses pas. Il était temps. Quelques minutes de plus, Boule-de-Neige eût été perdu sans retour.

Ceci n'est qu'un exemple pris au hasard entre bien d'autres dangers auxquels il avait déjà échappé, et l'on s'étonnera moins de le voir agir comme s'il s'attendait d'heure en heure à être relevé de sa faction solitaire. A peine, pendant ces six jours, avait-il donné une seule heure à l'oisiveté ou au repos. Après le travail d'organisation relaté plus haut, il avait consacré à la pêche tous ses instants de loisir.

Il y avait une quantité prodigieuse de poissons dans les eaux où il se trouvait; mais c'étaient de monstrueux voisins, ces horribles squales, qui, mis en goût par le riche festin du soir du désastre, y revenaient sans cesse, dans l'espoir d'y trouver de nouvelles victimes.

Boule-de-Neige n'avait pu réussir à s'emparer d'un seul de ces tyrans des eaux, bien qu'il n'eût rien négligé pour cela. Il y avait également d'autres grands poissons, tels que des albaçores, des dauphins, des bonites. Avec un long harpon, Boule-de-Neige était arrivé à en atteindre plusieurs, et le soir du sixième jour, ses provisions s'étaient augmentées d'un albaçore, d'une paire de bonites, ainsi que de trois satellites des requins, un pilote et deux sucets.

Après leur capture, qui lui procura une véritable joie, Boule-de-Neige les ouvrit, coupa leur chair en tranches minces et les étala sur le sommet de ses barils, où elles restèrent à sécher au soleil.

Favorisé par la persistance du beau temps, Boule-de-Neige avait réussi à accumuler un stock de provisions, qui lui permettait d'envisager sans crainte un séjour prolongé dans ces parages.

L'eau, il est vrai, ne pouvait durer que quelques semaines ; mais le nègre pensait qu'il ne sert à rien de se préoccuper à l'avance de ce à quoi on ne saurait apporter remède.

Ayant bien tourné et retourné tout cela dans sa tête, la nuit du sixième jour, Boule-de-Neige s'endormit avec un sentiment de sécurité et de bien-être qui lui procura pour la première fois un sommeil aussi réparateur que profond.

A peine si jusqu'alors il s'était permis quelques heures de repos. Les autres nuits, la lune avait brillé, et il avait dû se tenir éveillé, afin de ne pas risquer par sa négligence de laisser passer au large un navire qui eût pu le rapatrier.

Lili avait, elle aussi, pris sa part de ses vigies nocturnes, relayant le nègre lorsque celui-ci, trop fatigué, succombait au besoin de repos. Cette nuit devait faire exception à leurs habitudes, car elle était sombre. Aucune lueur n'éclairait les profondeurs du ciel et de l'Océan. Veiller dans une obscurité pareille eût été folie ; car un navire eût pu passer à une encâblure du radeau, sans que rien fît soupçonner sa présence.

Pleins de cette conviction, Boule-de-Neige et Lili s'étendirent sur les toiles à voiles qui formaient leurs couchettes respectives et s'abandonnèrent à toutes les douceurs d'un repos bien mérité.

X.

L'ÉCLAIR.

Aussitôt couché, Boule-de-Neige commença à ronfler.

Il semblait que l'acte seul de fermer ses paupières suffît pour établir un courant sonore et peu mélodieux à travers ses narines dilatées. Et quel courant ! Il n'y avait sur l'Océan que la baleine, avec son jet sifflant, qui pût produire un bruit plus violent et plus désagréable.

Toutefois Lili s'était si bien accoutumée aux ronflements de Boule-de-Neige, qu'au lieu de troubler son sommeil, cela le berçait plutôt.

Bien des heures s'étaient écoulées, et l'enfant commençait à dormir moins profondément, quand un ronflement plus prodigieux que les autres lui fit ouvrir les yeux. Surprise, elle chercha à se rendre compte de ce qui l'avait réveillée, et, l'ayant découvert sans peine, elle se retournait pour s'endormir, quand un spectacle étrange et nouveau vint non seulement la tenir éveillée, mais la remplir de terreur.

Au moment de son réveil, le ciel était noir comme le fond d'un puits. Tout à coup il s'illumina non point d'éclairs épars, mais d'une véritable nappe de feu que la plaine liquide au-dessous avait aussitôt réfléchie avec une intensité inouïe, éclairant de sa lueur fantastique les débris flottants auxquels les yeux de Lili étaient accoutumés.

Que se passa-t-il alors? Etait-ce une illusion d'optique, un caprice de son imagination? Toujours est-il qu'elle entrevit un splendide type d'adolescent agenouillé sur l'eau ou tout au moins à niveau de l'eau. Et derrière cette séduisante vision aussitôt évanouie, elle avait reconnu une voile tendue très bas sous l'effort de la brise.

On ne s'étonnera pas si la petite fille, toute bouleversée à une apparition aussi inattendue, céda à son premier mouvement et arracha son compagnon à son bruyant sommeil, sans attendre même qu'un nouvel éclair vînt lui révéler si elle ne s'était pas trompée.

— Que dites-vous? demanda Boule-de-Neige, interrompu au beau milieu d'un ronflement des plus sonores. Vous avez vu quelque chose, ma belle? Comment voulez-vous distinguer quelque chose par une nuit aussi noire? Pensez donc, ma Lili. Vous n'apercevriez pas même le bout de votre nez. Voyez si le ciel n'est pas aussi noir que la peau de votre vieil ami? Vous

vous êtes trompée, petite. Je vous réponds que vous avez mal vu, puisqu'on ne peut rien voir.

— Si, si, en vérité, répondit l'enfant dans son patois portugais. Il ne faisait pas sombre à ce moment-là. Il y avait un éclair éblouissant, si lumineux, qu'on se serait cru en plein jour, et je suis certaine d'avoir aperçu quelqu'un.

La petite fille, toute bouleversée à une apparition aussi inattendue arracha son compagnon à son bruyant sommeil.

— Et à quoi ressemblait ce quelqu'un ? demanda le nègre d'une voix ironique. A un homme ? à une femme ?

— Ni à l'un ni à l'autre.

— Ni à l'un ni à l'autre ? Voilà qui est trop fort. Ah ! c'était peut-être bien une sirène ?

7

— Je ne sais pas ce que c'est qu'une sirène ; mais je sais que j'ai vu un jeune garçon. Et maintenant que j'y songe, c'était tout le portrait du nôtre, vous savez ?

— Du nôtre ?... Duquel ?

— Celui qui faisait route avec nous ; ce petit mousse si doux, si triste, si gentil.

— Ah ! vous parlez du petit William. Je pense que le pauvre diable dort depuis longtemps dans le fond de la mer, à moins qu'il n'ait été recueilli par le grand radeau. Je sais qu'il n'est pas parti avec le capitaine, puisque je l'ai vu près de la cambuse, après le départ du canot. Pauvre gamin ! De toute manière, il n'est plus en vie à présent ; car si les camarades ont eu faim, ce qui est plus que sûr, ils ne se seront pas fait faute de le manger.... Attention !... Qu'est-ce qu'on entend là ? Aussi vrai que je m'appelle Boule-de-Neige, j'entends parler.... sous le vent.... Avez-vous entendu, petite Lili ?

— Je crois bien avoir entendu un bruit, mais je n'en suis pas sûre.

— Et quelle sorte de bruit ?

— Comme une voix.

— Mais quelle voix ?

— Une voix d'enfant. Tenez, on croirait la sienne.

— Celle de qui ?

— De ce mousse ou novice qui était à bord. Oh ! écoutez !... La voici encore. Mais il y en a une autre avec.

— Dieu du ciel ! c'est qu'elle dit la vérité, la petite ! C'est tout plein vrai que j'entends deux voix. L'une est celle d'un enfant et l'autre celle d'un homme d'âge. D'où peuvent-elles venir ? Pourvu que ce ne soient pas des revenants, peut-être les esprits de ceux que les requins ont dévorés. Oh ! miséricorde ! Ecoutez encore, ma Lili, et tâchez de me dire si vous les reconnaissez.

Après cette injonction presque suppliante, le nègre se souleva à demi, et, s'appuyant sur les tonneaux vides qui formaient, comme nous l'avons dit, les méplats du radeau, il prêta une oreille inquiète et attentive.

Quant à Lili, elle n'avait pas besoin d'être excitée ; ses grands yeux se dilataient dans l'ombre, et elle implorait un éclair qui lui révélât encore l'étrange vision et lui montrât la tête splendide du seul être qui, sur ce vaisseau maudit, eût fait sur elle une impression durable.

XI.

L'INCERTITUDE.

— Il ne nous reste plus qu'à mourir !

En prononçant ces mots terribles, le marin avait quitté la position horizontale, et, à demi soulevé sur le radeau, semblait transformé en une statue de l'Attention. Son regard cherchait à percer le sombre mystère qui l'entourait.

Le petit William, terrifié par les paroles de son protecteur, ne songeait pas même à lui répondre et continuait à sonder les profondeurs de l'obscurité. On n'entendait plus que les soupirs de la brise des nuits et le clapotement des petites vagues qui venaient expirer sur le bord de leur embarcation.

Ce duo du vent et de l'onde dura sans aucune interruption pendant plus de cinq minutes, et Ben commençait à penser qu'il avait dû se tromper. Peut-être, après tout, n'était-ce pas une voix d'homme qu'il avait entendue. Il n'était qu'à moitié réveillé lorsqu'il avait cru la distinguer. N'était-ce pas plutôt une illusion, une de ces hallucinations auxquelles on est sujet quand on est brusquement arraché au sommeil? En tout cas, cette voix, à supposer que c'en fût une, était des plus indistinctes. C'était celle de quelqu'un qui chuchote, et non qui parle librement sur la surface du libre Océan. N'était-ce pas plutôt la respiration sifflante de quelque marsouin venu à la surface pour renouveler sa provision d'air, ou un bruit produit par quelqu'un des monstres inconnus qui peuplent l'incommensurable abîme?

Somme toute, il était admissible que ces sons indistincts eussent été produits par ces mystérieuses créatures, lien intermédiaire entre le poisson et l'homme, connues sous le nom de dugongs, de lamantins ou de morses, et que la poésie a transformées en sirènes.

La seule chose qui l'arrêtât dans cette voie des hypothèses, c'était l'affirmation très positive de William qu'il avait entendu une voix de fillette. Ben aurait voulu lui persuader que c'était le cri de quelque oiseau ou la voix étrange de la sirène; mais William persistait dans son dire, et alors le mystère se compliquait. Que pouvait être cette voix d'homme unie à celle d'une jeune fille?

Il fallait convenir que cela devenait inexplicable.

— Tu dis que tu as entendu une voix d'homme? demanda Ben pour l'acquit de sa conscience, après ces quelques minutes de suspens.

— Parfaitement, je puis l'affirmer; c'était presque comme si on eût craint de se faire entendre. Mais je ne sais pas du tout si c'était la voix de Legros. Oh! Ben! si c'était lui!

— Oh! oui, mon pauvre garçon! Tu as de bonnes raisons pour ne pas désirer le rencontrer; ce n'est pas moi qui te dirai le contraire. Espérons que nous nous sommes trompés; car, s'il nous fallait retomber entre ses mains, nous n'aurions à en attendre aucune pitié. L'équipage doit à cette heure être à demi mort de faim, et à coup sûr plus redoutable que les squales.

— Oh! s'écria William, secoué par une frayeur involontaire, pourvu que ce ne soient pas eux!

— Chut!... interrompit le matelot en donnant l'exemple de baisser le ton. S'ils sont dans notre voisinage, il est inutile de leur découvrir notre présence. Il est bien certain que, comme sont les choses, ils ne peuvent pas plus nous apercevoir que nous ne le pouvons nous-mêmes, au moins jusqu'au matin. Si nous entendions encore ce bruit suspect, nous pourrions en noter la direction que je n'ai pas eu le temps de remarquer.

— Mais moi je l'ai fait, interrompit William. Les deux voix sont venues de par là.

Et l'enfant indiquait à droite.

— Sous le vent, de ce côté, tu en es sûr?

— Parfaitement sûr.

— C'est vraiment curieux, continua le marin. Si c'était le grand radeau, il faudrait donc qu'il nous eût tournés, car je sais que nous nous sommes toujours tenus sous son vent depuis notre départ. Pour qu'il se trouvât sous le nôtre, il faudrait donc, ou qu'il y eût eu une saute de vent dont je n'ai pas eu connaissance, ce qui m'étonne, ou qu'il nous eût dépassés et fût ensuite revenu sur ses pas. Le plus probable est une saute de vent. C'est bien drôle pourtant. Après ça, sans boussole, il est bien difficile de déterminer où l'on est.... Et pas une étoile au ciel ! Il est vrai que l'étoile polaire ne luit pas sous ces latitudes, et que sans elle, il est bien difficile de s'orienter.

Et comme William ne répondait pas à ce long monologue :

— Voyons, es-tu bien sûr qu'elle venait de sous le vent?

— Oh! je vous en réponds, Ben, sans la moindre hésitation.

— Alors, ce que nous avons de mieux à faire, c'est de mettre le plus d'espace possible entre eux et nous. Enlevons rapidement nos tranches de viande séchée et ramons. Nous avons encore le temps avant l'aube de nous mettre hors de la portée de leurs voix.... et de leurs dents, ajouta le matelot avec amertume.

D'un seul bond, ils furent sur pied tous les deux et commencèrent à empiler leurs provisions sur un morceau de toile, avec l'intention de dégager les deux avirons qui servaient de mâts et de faire force de rames.

Très occupés de leurs préparatifs, ils travaillaient en silence, n'interrompant leurs efforts que pour prêter l'oreille au moindre souffle.

Ils commençaient à dénouer les filins assujettis autour des avirons, quand le nœud d'un de ces cordages résistant frappa leur attention. C'était celui qui fermait l'orifice de leur outre de toile cirée, et la maintenait dans une position horizontale d'où pas une goutte ne pouvait se perdre.

Heureusement qu'ils n'agissaient point à la légère.

S'ils eussent étourdiment dégagé leur aviron, leur provision d'eau douce eût été gaspillée avant qu'ils eussent pu se rendre compte de ce désastre. Ils virent à temps à quel danger ils s'exposaient, et, au lieu d'y toucher, ils préférèrent renoncer à leur dessein.

Il fallait maintenant agiter une autre question. Avec une seule rame, ils ne pouvaient espérer atteindre leur but, qui était de faire beaucoup de chemin en peu de temps. Il ne fallait pas songer à distraire l'autre de l'emploi qui lui était assigné. Que faire? Il restait bien, il est vrai, les fragments de l'anspect broyés par la mâchoire du requin et repêchés ensuite. C'était là qu'était e salut! On pouvait les utiliser à maintenir la précieuse provision d'eau douce; et sitôt que cette sage réflexion leur fut venue, ils se hâtèrent d'en profiter.

Il ne fallut que quelques minutes pour opérer la substitution. Aussitôt les deux avirons libres, Ben et William s'assirent de chaque côté du radeau et commencèrent à le manœuvrer contre le vent dans une direction opposée à celle où les voix mystérieuses s'étaient fait entendre.

XII.

LA RÉUNION.

Ils avaient à peine donné une dizaine de coups de leurs avirons, qu'ils maniaient avec précaution et en silence, quand ils entendirent le même son qui avait tant préoccupé William comme étant la voix d'une enfant. Ce n'était encore qu'un bruit indistinct, mais on pouvait juger que le possesseur de cette voix était engagé dans une conversation suivie.

— Que le ciel me confonde, s'écria le matelot. Si ce n'est pas là le bavardage d'une petite fille, je veux bien que mon nom de Ben Brace n'ait jamais été couché sur le livre de bord d'un navire. Cela paraît un petit être bien frêle, pas plus gros qu'un épissoir. Qu'est-ce que tout cela signifie, William ? Cela me paraît bien étrange.

— Ne disiez-vous pas que ça pouvait être une sirène ?

— Oui, je l'ai dit.

— Mais en existe-t-il réellement, voyons, Ben?

— Il demande s'il en existe!... Mais je me demanderais plutôt s'il existe des gens qui n'y croient pas. Moi qui te parle, j'ai été bien près d'en voir une, un jour, et j'ai voyagé avec un camarade qui avait longtemps navigué dans l'océan Indien où il y en a des quantités. On les voit se promener en groupes avec leurs yeux verts et leurs longs cheveux flottant sur leurs épaules, juste comme les pensionnaires que l'on rencontre dans les fau bourgs de Gravesend.... Silence!.... Voilà encore sa voix!

Comme le marin se taisait, on entendit plus distinctement les accents bien reconnaissables d'une enfant.

Quelques secondes s'écoulèrent, puis, comme en réponse, une voix d'homme se fit entendre.

— Que le ciel me confonde, murmura Ben à l'oreille de son compagnon, si je comprends ce que cela veut dire! Cela me rappelle les contes de ma grand'mère! Qu'est-ce que cela peut être, William, mon garçon?

— Je n'en sais rien, répondit celui-ci distraitement.

— Quoi qu'il en soit, continua le marin, très soulagé par la réflexion, il est évident que ce n'est pas le grand radeau; le reste importe peu! Il n'y a certes pas de voix semblable à son bord de mécréants, et quel que soit l'homme, il ne parle pas comme Legros. Cela m'avait fait cet effet la première fois; mais alors j'étais si assoupi, que je ne m'y étais pas fié. L'important, c'est que ce ne soit pas ce Français du diable, ni personne de cet équipage damné. O mon Dieu ! s'écria-t-il tout à coup, si c'était un vaisseau que nous laissions passer ainsi à deux pas de nous !

A cette pensée terrible, qui se présentait pour la première fois à lui, il se dressa comme mû par un ressort, pour inspecter les environs.

— Je vais les héler, William, murmura-t-il. Je vais les héler ; arrive que pourra. Ouvre bien tes oreilles, mon garçon, pour t'assurer de la réponse. Ohé du navire !

Cet appel fut lancé dans la direction présumée ; mais il ne vint aucune réponse, et le matelot, après une seconde ou deux d'attention, répéta d'une voix plus forte :

— Ohé du vaisseau !

A peine ces mots étaient-ils prononcés, qu'ils revinrent avec la promptitude et la sûreté d'un écho. Mais ce ne pouvait être un écho, puisque ce merveilleux phénomène ne se produit point sur l'Océan. En outre, l'accent avec lequel ces paroles avaient été redites n'était pas du tout le même. C'était bien une voix humaine, mais rude, grossière, gutturale, et cependant elle sonna plus douce qu'aucune musique à l'oreille de nos deux naufragés. Le *Ohé du vaisseau* fut suivi de lambeaux de phrases.

— Qui diable appelle là-bas ? Est-ce l'équipage du bateau ? Est-ce vous, capitaine ? Est-ce vous, massa Legros ?

— C'est un nègre, murmura Ben à son camarade. C'est Boule-de-Neige, le maître coq, je le parierais ! Au nom du ciel, comment est-il venu là et sur quoi peut-il bien être monté ? Il n'était pas sur le grand radeau avec les autres. C'est donc le canot du capitaine qui serait là-bas au large.

— Non, répondit William, je suis certain d'avoir vu Boule-de-Neige près de la cambuse, après le départ du canot. Comme il n'était pas sur le grand radeau, j'en avais conclu qu'il s'était noyé ou avait péri dans l'explosion. Et cependant c'est bien sa voix. Tenez, la voici encore, il n'y a pas à en douter.

— Ohé du navire ! ohé ! ohé !

Cet appel vingt fois répété traversait de nouveau la plaine humide.

— Quelqu'un n'a-t-il pas appelé ? Quel est le nom du navire ? Est-ce bien un navire, ou seriez-vous des naufragés comme nous ?

— Oui, des naufragés du négrier *le Pandore*. Qui est-ce qui appelle ? Boule-de-Neige, est-ce vous ?

— Vous savez mon nom ? Qui donc êtes-vous ? Est-ce vous, massa capitaine ?

— Non.

— C'est donc massa Legros du grand radeau ?

— Ni l'un ni l'autre, fut-il répondu. Je suis Ben Brace, et nul autre.

— Providence ! Est-ce bien vous, massa Ben ? Comment seriez-vous là, si ce n'était sur le grand radeau ?

— Je suis sur *mon* radeau ; et vous, Boule-de-Neige, en avez-vous un aussi ?

— Oui, massa Ben, un que j'ai fait avec des débris.

— Etes-vous seul ?

— Pas tout à fait. La petite est avec moi ; vous savez, la petite de la cabine, Lili Laly.

— Ah ! c'est donc elle ! s'écria le marin avec joie, en se rappelant la mignonne passagère du *Pandore*. Etes-vous monté pour aller vite ?

— Non, répondit Boule-de-Neige. Nous ne bougeons pas plus qu'une bille d'acajou. Nous n'avons pas avancé d'un mille depuis le moment de l'explosion.

— Restez où vous êtes, alors ; nous, nous avons des rames ; nous allons nous en servir pour vous rejoindre.

— Pourquoi dites-vous *nous*? Vous avez donc quelqu'un avec vous ?

— Oui, le petit William.

— Le petit William ! Ah ! le brave enfant ! Il est sauvé ! Tant mieux. Quand je descendis chercher ma petite belle à moi, je le vis, la hache à la main, abattre le grillage de la cale pour mettre tous ces pauvres nègres en liberté. Ça ne leur a pas servi, par exemple. Ils ont tous péri sous la dent des requins ou coulé bas comme des sacs de plomb. Ah ! les malheureux ! Il me semble que je les entends encore.

Ni William ni le matelot ne s'amusaient à écouter l'allocution de leur interlocuteur. Elle ne leur servait que pour les guider dans l'obscurité pour la direction à suivre.

En découvrant que Boule-de-Neige était si près d'eux, ils avaient d'un commun accord, et sans même se consulter, changé

112 LES ÉPAVES DE L'OCÉAN.

le cap de leur embarcation et ramé avec énergie dans le sens contraire à celui que naguère ils se proposaient de suivre.

Comme ils avaient le vent pour eux, ils avançaient rapidement; et à la fin du monologue rétrospectif du nègre, ils commençaient à distinguer les contours bizarres de l'embarcation qu'ils voulaient atteindre. A ce moment, un nouvel éclair embrasa l'horizon et découvrit l'un à l'autre les deux radeaux et leurs équipages.

Réunion des deux radeaux.

Dix secondes plus tard ils s'accostaient, et ces braves gens se félicitaient de leur réunion, comme si tous dangers présents et futurs fussent conjurés par le seul fait de leur rencontre. Tou^t se trouvait oublié, les rivalités passées entre Ben Brace et Boule-de-Neige et les dispositions hostiles du dernier contre le petit William.

Il ne pouvait être question de séparation entre ces vivantes épaves que le hasard rassemblait et qu'un lien commun unissait dans un intérêt unique. N'avaient-ils pas plus de chance d'échapper à la mort en joignant leurs efforts et leur volonté qu'en les isolant ?

Ce fut dans cet esprit de conciliation et d'entente cordiale qu'après l'échange des premières félicitations, les deux capitaines s'occupèrent immédiatement d'assujettir solidement leurs deux embarcations pour qu'elles restassent désormais inséparables.

— As-tu un peu de corde de reste, Boule-de-Neige ? demanda le marin.

— C'est pas ça qui manque, massa Ben. Voilà tout un tas de filin que je puis mettre à votre disposition. Cela va-t-il ?

— C'est parfait ! Donne-le par ici, cuisinier de mon cœur. Attention ! Maintenant, continua-t-il en passant l'extrémité de la garcette autour d'un tonneau vide, j'espère que nous pouvons attendre le matin en toute sécurité. Demain nous aviserons à nous épisser mieux que cela.

L'ex-cuisinier, obéissant aux injonctions du marin, saisit l'extrémité du câble qui lui était lancée et l'enroula à un des espars enclavés dans sa singulière construction, tandis que Ben fixait solidement l'autre extrémité à son débris d'anspect.

Ils eurent bientôt achevé leur tâche respective. Ils s'abandonnèrent ensuite au plaisir de se raconter en détail leurs aventures, et ce ne fut que longtemps après qu'ils songèrent à profiter du reste de la nuit pour se remettre de leurs fatigues et de leurs émotions.

Ils ne dormirent pas longtemps. Au premier rayon du jour, le marin allait de l'un à l'autre, réveillant tout son monde, et le soleil levant éclaira quatre physionomies dont l'expression avait bien changé depuis son coucher. S'il n'est pas juste de dire qu'elles étaient positivement joyeuses, la confiance et l'espoir avaient toutefois remis leur sceau sur ces yeux brillants et ces bouches involontairement souriantes.

La fillette elle-même se rendait compte de l'amélioration survenue dans leur situation par la succession d'événements qui se pressaient dans un délai si court, et ces esprits grossiers et incultes ne pouvaient s'empêcher de reconnaître l'intervention de la Providence et d'y lire un heureux présage pour l'avenir.

Ben Brace avait trop d'expérience de l'instabilité du vent pour se flatter que le calme qui les avait favorisés depuis quelque temps se prolongerait à l'infini. Voilà pourquoi il s'était levé avant l'heure, dans le dessein d'amarrer ensemble les deux radeaux et de les perfectionner l'un par l'autre, pour les rendre plus capables de résister aux gros temps.

Maintenant qu'il avait des matériaux au choix, la construction d'une pièce ainsi douée ne paraissait point impossible à l'œil expérimenté du matelot.

Après quelque délibération, on résolut de sacrifier le plus

petit des deux radeaux, celui qui avait porté Ben et William. Les couples qui le composaient devaient servir à agrandir celui de Boule-de-Neige, qui avait grand besoin d'être revu et considérablement augmenté.

Avant d'entamer cet important travail, il devenait nécessaire de songer au déjeuner. Boule-de-Neige en fit les honneurs avec beaucoup de bonne grâce et tira de sa réserve une tranche de bonite et son biscuit ressèché.

Dans l'impossibilité où il était de se procurer du feu, l'ex-cuisinier n'avait guère l'occasion de suivre sa vocation, autrement le repas eût été plus agréable au palais de ses hôtes. Les biscuits, grâce à leur séjour dans l'eau, avaient un goût très prononcé de saumure ; mais, vu les appétits qu'ils avaient charge d'assouvir, cela importait peu. Et à tout prendre, personne ne se plaignit d'avoir mal déjeuné, quand chacun eut avalé sa ration d'eau et de vin.

Du vin ? Mais où donc l'avait-on trouvé ? Telle fut la question posée par Ben en découvrant à bord ce luxe inouï.

La réponse était bien simple. Un petit baril de vin des Canaries faisait sur le *Pandore* les délices du capitaine, et, pour plus de sûreté, se cachait modestement dans un coin de sa cabine. Lors de l'explosion du négrier, il fut projeté fort loin ; mais, parfaitement bouché d'une part, et de l'autre tant soit peu entamé, il demeura à la surface.

Boule-de-Neige, l'ayant reconnu, s'en empara sans grand effort et le prit à la remorque.

Le déjeuner terminé, l'œuvre de perfectionnement commença. En premier lieu on transborda la provision de requin avant de livrer à la destruction le petit radeau qui en était porteur. L'ingénieuse invention du marin, l'outre improvisée à laquelle lui et William devaient la vie, était soigneusement transférée dans un des tonneaux vides dont disposait Boule-de-Neige.

Toute la journée se passa dans l'absorption du travail, à l'exception d'une heure de repos consacrée au repas de midi. Les opérations étaient longues, d'autant plus qu'elles étaient compliquées d'excursions souvent inutiles vers maintes épaves flottantes qui semblaient de nature à contribuer à la bonne exécution de l'entreprise. Et bien des fois on revint à tel ou tel objet que Boule-de-Neige avait repoussé comme superflu, alors qu'il ne pouvait en tirer parti tout seul.

Le soleil se coucha sur leur tâche inachevée; mais les travailleurs regagnèrent leur rude couche, pleins de satisfaction et de courage. Le ciel promettait la continuité du beau temps, et ils savaient que si cette promesse se réalisait, peu d'heures de travail suffiraient, le jour suivant, pour mener leur entreprise à bonne fin. Et quel point capital n'auraient-ils pas gagné! Ils se trouveraient à la tête d'une embarcation vaste, commode, aménagée de manière à pouvoir supporter même une des tempêtes passagères de cette partie réellement pacifique de l'océan Atlantique.

XIII.

LE « CATAMARAN ».

Le lendemain, personne ne fit la sourde oreille. Au premier signal, chacun fut à son poste, et les travaux reprirent avec ardeur.

La forme adoptée était oblongue, et l'ensemble de la construction rappelait un bac ou bachot plat d'environ vingt pieds de long sur dix de large. Les grandes tonnes vides destinées à lui donner de la légèreté étaient disposées autour avec symétrie, une à la poupe et une à la proue, deux sur les joues de babord et de tribord, et deux marquant l'arrière.

Le résultat de cet arrangement fut une certaine coquetterie d'ensemble; et, dans l'après-midi du second jour, le radeau était parfaitement prêt à naviguer et à tenir la mer avec honneur. Dans un accès de jovialité causé par ce succès inespéré, Ben, son principal architecte, le baptisa alors du nom fantaisiste de *Catamaran* (1).

La coque terminée, Boule-de-Neige était d'avis de s'en tenir là ; car il ne soupçonnait pas la possibilité d'atteindre la terre au moyen d'une telle embarcation. Mais le matelot, plus expérimenté dans ces sortes de choses, différait complètement d'opinion. Non seulement il admettait que cela pouvait être, mais il se promettait de le tenter et affirmait sa réussite. Il savait qu'ils se trouvaient au milieu même du courant suivi par les navires marchands, et que, laissé à lui-même, leur radeau dériverait par la force des choses et toucherait terre sur un point quelconque de l'Amérique du Sud.

Avec une voile, sa vitesse serait accélérée d'autant ; et si on ne pouvait attendre d'une construction aussi lourde une navigation très rapide, il était pourtant à peu près sûr qu'elle les entraînerait en temps voulu là où ils avaient intérêt à aller. C'était donc une simple question de temps, que rien ne pouvait compliquer, que le manque de vivres et d'eau, d'eau surtout.

Ayant bien pesé le pour et le contre, il entreprit de dresser un mât et d'établir autant de toile qu'ils en pourraient supporter. En mettant tout au pire, ils n'avaient pas moins de chances d'être rapatriés par un navire en voguant au gré de la brise qu'en gisant dans l'inertie.

Heureusement, les matériaux pour la voilure étaient à portée

---

(1) Catamaran signifie radeau.

et en abondance. L'équipage du *Catamaran* avait croisé la voile de brigantine du *Pandore* avec son bout-dehors et tous ses cordages. En se servant du bout-dehors comme mât et d'un plus petit espar comme bout-dehors, on pouvait gréer le radeau de manière à le rendre très sensible à la direction de la brise, lorsqu'elle soufflerait.

Du reste, notre petit équipage ne se plaignait pas du calme qui le maintenait sur le lieu du désastre, car il ne s'écoulait point de jour où il ne s'enrichît de quelque dépouille arrachée à l'Océan.

Entre autres trouvailles heureuses, Ben eut la chance de rentrer en possession de sa propre malle, ce qui lui assura le luxe de changer de linge d'abord, puis le remit à la tête de son complet du dimanche et d'une infinité de choses dont il se proposait de tirer parti dans le problématique voyage qu'il projetait d'entreprendre; car c'était un véritable capharnaüm que ce réceptacle.

Même vide, le coffre lui-même eût été sans prix, étant l'unique objet fermant à clef que possédât l'équipage.

Le soleil de la cinquième aurore commençait à dorer le ciel, quand Ben en s'éveillant, remarqua sur l'eau un petit frisson précurseur de la cessation du calme. La voile fut hissée, les écoutes soigneusement bordées, et le *Catamaran*, toutes voiles dehors, s'éloigna triomphalement de l'endroit fatal où le négrier avait péri.

— En avant vers l'ouest! cria Ben Brace, transporté de voir

ce produit de son industrie et de son habileté tenir aussi bien la mer.

— En avant vers l'ouest! et que Dieu nous protège! répondirent simultanément Boule-de-Neige et William, aussi enchantés que possible, tandis que les yeux de Lili étincelaient de joie à la vue de l'enthousiasme plein de promesses de ses protecteurs.

Le vent se maintint favorable. Il soufflait dans la direction voulue et restait à l'état de brise fraîche. Plus de ces accalmies subites qui, pour le capitaine du *Catamaran*, étaient plus à redouter qu'une tempête. C'était juste le vent désirable pour lancer une embarcation légère. A peine effleurait-il la surface des vagues, et cependant il emplissait les voiles de telle sorte, qu'elles étaient tendues comme un arc. Pour empêcher le radeau de virer et de lofer à tout coup, les deux hommes l'avaient muni d'un gouvernail assez primitif, à vrai dire, mais qui n'en remplissait pas moins ses fonctions.

Ben s'était réservé le poste de timonier, le considérant comme trop important pour être confié à la légère. Boule-de-Neige avait charge des provisions et les assujettissait de son mieux pour les mettre à l'abri d'un coup de mer imprévu.

William et Lili avaient pris leurs quartiers à l'arrière. Ni l'un ni l'autre n'avaient de charge spéciale à bord; aussi passaient-ils leur temps en longues causeries, qui se résumaient toujours dans l'expression de leur joie de se trouver réunis sous la protection d'hommes aussi braves et aussi dévoués.

Bien que le secret instinct de l'enfance les attirât l'un vers l'autre, ils s'étaient bien peu vus à bord du *Pandore*. D'une part, la petite fille n'osait s'aventurer bien loin de sa cabine au milieu de ces hommes grossiers et violents dont les jurons et les querelles presque continuelles effarouchaient sa nature paisible; de l'autre, William n'osait se hasarder trop près du capitaine ou du second, certain, s'il s'oubliait un instant dans son service, de se voir rappelé à l'ordre par une punition disproportionnée, ou ramené sur le gaillard d'avant de cette manière connue en France sous le nom de conduite de Grenoble.

Dans des circonstances aussi défavorables à l'épanouissement de l'amitié, William avait eu peu d'occasions de se rencontrer avec sa charmante compagne de voyage; mais ce n'est pas à dire qu'elle lui fût aussi étrangère qu'il paraissait à première vue. Que de fois, à demi caché par les voiles, s'était-il oublié à la regarder aller et venir près du panneau d'écoutilles! Elle lui apparaissait, entourée de ces hommes sans foi ni loi, comme un bel agneau blanc égaré parmi des loups. Que de fois cette vue avait fait bouillir son sang dans ses veines et fait passer sur son cœur de ces angoisses mortelles où la joie et la douleur sont mêlées à parts égales, dont il souffrait et jouissait tour à tour, sans pouvoir se les expliquer!

Maintenant, assis côte à côte à bord du *Catamaran*, si frêle, qu'il semblait que le moindre gros temps le disperserait aux quatre vents des cieux, le jeune mousse n'éprouvait plus ce sentiment douloureux; c'était, au contraire, avec une félicité inexprimable qu'il couvait du regard la charmante et expressive physionomie de sa jeune compagne.

Plus de deux heures s'étaient écoulées depuis le lancement du radeau, et rien n'était changé dans les occupations respectives de son équipage. Boule-de-Neige, ayant terminé les aménagements intérieurs à sa plus grande satisfaction, vint faire ses offres de service à Ben pour le remplacer à la barre.

Cette proposition fut accueillie très favorablement par le brave marin, qui avait hâte à son tour de s'assurer si parmi les objets renfermés dans son coffre il ne s'en trouvait aucun qui pût être d'une utilité immédiate.

William et Lili étaient encore l'un près de l'autre à l'arrière, le mousse, par habitude, jetant un long regard investigateur sur l'Océan, mais le ramenant promptement vers sa petite amie, qu'il s'efforçait de distraire et d'intéresser par sa conversation.

La fillette ne parlait point anglais. Elle ne savait que quelques phrases qu'elle plaçait à bâtons rompus, et qu'elle avait retenues ici et là, à force de les avoir entendu répéter par des marins, de passage chez son père. Il en résultait que, dans une innocence profonde, elle disait parfois des choses bien singulières pour sa jolie bouche. C'était donc en portugais, dans sa langue maternelle, que William cherchait à l'entretenir; mais lui-même n'était pas excessivement versé dans cette langue, qu'il n'avait apprise qu'à bord du *Pandore* et de la bouche de l'équipage, généralement composé de Portugais. Il fallait souvent que notre héros s'aidât de signes et de gestes pour arriver à se faire comprendre de Lili.

A ce moment, un poisson d'un extérieur très singulier, qui nageait à une encâblure du radeau, avait attiré l'attention des deux enfants, et tellement excité leur curiosité, qu'ils s'étaient levés et restaient debout à le contempler. L'intérêt que cette créature leur inspirait n'était toutefois pas fort sympathique. Au contraire, ils la regardaient l'un et l'autre avec une répulsion qui tenait de l'effroi.

C'est en effet un des monstres les plus repoussants que nous révèle l'étude des bizarres habitants de l'Océan.

Il était environ de la taille d'un homme, mais beaucoup plus allongé, et diminuant sensiblement vers la queue. Il était muni d'une double rangée de nageoires; et à l'inverse des autres poissons, il avait le cou plus mince que la tête et les épaules; ce qui contribuait à lui donner une certaine ressemblance avec la forme humaine. La tête surtout était hideuse. Le crâne faisait saillie de chaque côté et paraissait emmanché comme un maillet dont le cou aurait été le manche. Aux extrémités de ces protubérances latérales apparaissaient d'énormes yeux irisés d'un jaune d'or.

La gueule n'était pas moins anormale. Placée dans la poitrine, elle s'ouvrait toute grande de temps en temps pour montrer une quadruple rangée de dents serrées, capable de broyer les plus dures substances.

William ne savait pas à quelle sorte de poisson il avait affaire. Bien qu'il soit très commun dans certaines parties de l'Océan, l'enfant n'avait pas jusqu'alors eu la bonne ou la mauvaise fortune de le rencontrer, et il en appela à Ben.

Ce dernier, qui était enfoui dans les profondeurs de son coffre, jeta un rapide coup d'œil dans la direction indiquée et reconnut l'animal dont il s'agissait.

— C'est un marteau, dit-il tranquillement, un requin de la pire espèce comme aspect et comme voracité.

Ce disant, le matelot se replongea dans l'examen de ses trésors, sans se préoccuper davantage du marteau, dont le voisinage ne leur offrait, pensait-il, aucun danger.

Pauvre Ben! s'il s'était douté que dix minutes plus tard il serait à moins de six pieds de sa gueule béante, disputant sa vie aux quadruples rangées de ses dents formidables, sa quiétude eût fait place à une véritable horreur.

Le marteau. Par ce nom seul négligemment jeté à son oreille, William reconnut une créature dont il avait souvent lu la description dans les livres de voyages et d'histoire naturelle, le *zygœna* des naturalistes, un des plus voraces spécimens de l'espèce.

Nous l'avons déjà dit, le marteau était à une encâblure du *Catamaran*, et dans l'eau transparente on pouvait distinguer ses hideux contours et chacun de ses mouvements. Il semblait s'être constitué le guide du *Catamaran*, et le précéder comme un mystérieux courrier, à travers les solitudes de l'Atlantique.

Après l'avoir observé longtemps, les deux enfants, dont la curiosité s'était lassée, reportèrent leur attention ailleurs.

— Oh! s'écria William tout à coup, Boule-de-Neige qui dort! Oh! oh! oh! qu'il est drôle! Voyez donc la grimace qu'il fait!... Il a laissé échapper le timon.

Mais le ton de sa voix changea bientôt sous l'impression d'une folle terreur.

— Le bout-dehors! le bout-dehors qui vire! Prenez garde, Lili, prenez garde!

Il s'élança vers l'enfant les bras tendus, pour la protéger contre le choc qu'il prévoyait.

Il était trop tard.

Oh! s'écria William tout à coup, Boule-de-Neige qui dort!

Le *Catamaran*, abandonné à lui-même, avait achevé de lofer, et la fillette, soulevée par l'extrémité du bout-dehors, fut projetée au loin dans les flots.

— Au secours! au secours! s'écria machinalement le jeune mousse, en voyant disparaître la petite Portugaise.

D'un bond il s'élança sur le plat-bord, dans l'intention de se porter à la nage au secours de la pauvre enfant.

Au même instant le bout-dehors, mal équilibré, remonta rapidement, renversa le mousse et le jeta tout pantelant sur les épaules de Ben Brace, et de là au milieu du coffre devant lequel celui-ci était encore agenouillé.

En entendant le cri de William et le clapotement produit par la chute de la petite Portugaise, Ben fit un rapide effort pour se relever; mais il retomba par le choc du mousse sur son dos.

Dès que celui-ci fut installé les quatre membres en l'air dans le coffre, Ben reprit son équilibre, et, d'une voix mal assurée :

— Qu'y a-t-il? Voyons, tu cries au secours, ce n'est pas pour toi, je suppose, mon garçon?

— Oh! Ben, Ben, répondit William, qui ne parvenait pas à se mettre sur son séant, sauvez Lili qui est à la mer, sauvez-la! sauvez-la!

Un rapide coup d'œil fit comprendre au marin ce qui avait dû se passer, et le remous de l'eau lui indiqua la place où l'enfant était tombée.

Le digne homme n'avait pas besoin de cette prière. Pour lui, ce fut l'affaire de trois bonds. Du premier il fut à l'autre extrémité du *Catamaran;* du second, en équilibre sur un des tonneaux, tandis que le troisième le transportait à six pieds de là dans les profondeurs de l'Océan. L'enfant était déjà remontée à la surface, qu'elle battait de ses petites mains. Ses cris étouffés parvenaient à ses amis. Malheureusement la chute de William avait fait perdre un temps précieux. Eût-il pu se porter quelques minutes plus tôt au secours de Lili, il n'eût fallu à Ben qu'une vingtaine de brassées pour la joindre; tandis que durant la courte collision qui s'était produite, le radeau avait fait un chemin assez considérable.

Cependant rien n'était perdu, si la fillette parvenait à se maintenir à flot; mais, ne sachant pas nager, c'était peu probable; elle faiblissait visiblement et était à tout moment menacée de couler. Il y avait tout lieu de craindre qu'elle n'eût disparu avant que Ben eût pu la sauver.

Ben se dirigea vers elle de toute la force de ses membres musculeux.

Pendant ce temps, William s'était remis de son étourdissement et était, non sans peine, sorti du coffre. Debout, à côté du gouvernail inactif, il monta vivement sur la tonne de la proue, regardant tour à tour dans une agitation fiévreuse le puissant nageur et la frêle enfant qui ne luttait plus qu'avec peine.

Boule-de-Neige dormait toujours. Les cris poussés par William n'avaient point trouvé d'échos dans ses vastes oreilles de chimpanzé, et au milieu d'événements qui mettaient en péril une partie de l'équipage, il ronflait avec autant de facilité que s'il eût été bercé par les ondulations du plus fin voilier du Royaume-Uni.

XIV.

COMMENCEMENT DU DRAME.

Un triomphant hourra poussé par le mousse annonça que le nageur avait saisi le petit corps épuisé et revenait avec lui vers le *Catamaran*.

— Brave Ben ! excellent homme ! Il la tient pourtant ! Elle est sauvée !

Mais, dans l'excès de sa joie, le jeune homme, insoucieux de ses mouvements, dérangea l'équilibre de la tonne sur laquelle il se tenait, et alla tomber de tout son poids sur le dos du cuisinier endormi.

— Dieu du ciel ! s'écria celui-ci en secouant le fardeau qui l'avait réveillé si à l'improviste, que signifie tout ce fracas ? Une voile en vue sans doute ? Mais où est Lili ? où est massa Ben ? Mon Dieu ! que s'est-il passé pendant mon sommeil ?

Ce chapelet d'interrogations avait été débité si rapidement, que le mousse n'avait pu placer une parole ; parole du reste bien superflue, car Boule-de-Neige, avec l'instinct des gens de mer, regardait à l'arrière du radeau, certain que ceux qui manquaient ne pouvaient se retrouver que dans son sillage.

Il ne fut pas déçu dans son attente. A sa consternation la plus vive, il aperçut la tête de Ben dans le remous des petites vagues qui dansaient gaîment au soleil, et à côté les longues boucles noires de la petite Portugaise.

Boule-de-Neige n'eut pas besoin d'autre explication. Il comprit tout ce qui avait dû arriver, tout, excepté la cause réelle. Il se doutait peu que la catastrophe dont il déplorait les conséquences ne devait son origine qu'à sa propre négligence.

Rendons-lui immédiatement justice. Il n'avait pas besoin de ce remords pour stimuler toutes ses facultés ; mais il ne conçut d'abord aucune inquiétude sérieuse. Sachant l'enfant soutenue par un aussi bon nageur que son vieux camarade, il réprima son premier mouvement, qui avait été de se jeter à la mer pour leur porter secours.

Un moment de réflexion troubla bien vite sa quiétude. Un danger existait, pressant, redoutable, menaçant aussi bien le nageur intrépide que l'enfant impuissante, danger que, tout à sa joie, le mousse n'avait point aperçu. William n'avait vu qu'une chose, sa petite compagne saine et sauve, sous la protection d'un homme vigoureux, énergique et dévoué. Il s'attendait donc à les voir aborder tous les deux en quelques minutes ; après quoi la vie de bord reprendrait son cours.

Mais William n'était qu'un enfant; il avait oublié que le *Catamaran* sous voiles filait avec une vitesse telle, que le plus habile nageur, libre de tout fardeau, aurait en vain essayé de le rejoindre.

Cette sinistre complication ne pouvait longtemps échapper au sens nautique de Boule-de-Neige. Aussitôt il s'élança vers la tonne et saisit la rame servant de gouvernail qu'il avait si malheureusement abandonnée.

Sous le bras puissant du nègre, le *Catamaran* évolua sans difficulté, et Boule-de-Neige voyait avec une satisfaction croissante diminuer la distance entre les naufragés et lui, quand soudain la barre lui échappa comme si la paralysie l'eût saisi.

Il n'en était rien toutefois ; car un paralytique ne se fût pas remis avec la promptitude de l'éclair ; cette même main qui avait lâché l'aviron s'était portée sur la gaine d'un long couteau qui pendait à son côté. Il ne dégaina pas, il s'assura seulement que l'arme y était bien, puis, sans dire un mot, il plongea dans la mer.

La conduite de l'ex-cuisinier parut inexplicable à William. Quel pouvait être son but? Le marin n'avait en apparence aucune difficulté à maintenir l'enfant au-dessus de l'eau, et ses forces étaient plus que suffisantes pour la ramener au *Catamaran*. D'ailleurs, Boule-de-Neige, en se tenant au gouvernail et en rapprochant l'embarcation des nageurs, leur rendait un service signalé, tandis qu'en abandonnant son poste, il laissait le radeau s'éloigner dans une direction contraire aux intérêts des naufragés.

Le mousse se creusait vainement la tête pour découvrir la raison qui avait déterminé le noir à tirer son couteau, avant de se jeter à la mer. Un vague soupçon lui traversa l'esprit :

— Juste ciel ! aurait-il conçu l'horrible dessein de diminuer d'autant le nombre de bouches à nourrir, en empêchant les infortunés d'aborder de nouveau ?

Il est vrai que ce soupçon n'eut même pas le temps de revêtir une forme définie dans la pensée de William ; mais il suffit qu'il l'eût effleurée pour qu'il fût suivi d'un cuisant remords.

Presque à l'instant la mystérieuse conduite de Boule-de-Neige s'éclairait d'un jour nouveau, et de quel jour ? Ah ! le brave nègre nageait vers Ben Brace, non pour détruire, mais pour sauver. L'affreux péril qui menaçait l'habile nageur était de ceux qui demandent une bravoure bien éprouvée pour les affronter sans pâlir !

C'était le redoutable zygœna que Lili et William avaient contemplé ensemble avec une si parfaite sécurité quelques minutes auparavant, qui se dressait tout à coup entre le courageux sauveteur et le radeau. C'était là l'ennemi invisible contre lequel Boule-de-Neige s'était prémuni.

On voyait pointer la nageoire dorsale du requin. Celui-ci formait avec Boule-de-Neige les angles du triangle dont Ben, encore ignorant du danger, formait le sommet avec son précieux fardeau. Ce dernier point était presque stationnaire, tandis que les deux premiers convergeaient vers lui aussi vite qu'homme et requin, luttant de vaillance, le pouvaient faire.

Le marteau, que nous avions précédemment vu en tête du *Catamaran*, avait perçu les bruits causés par la chute de Lili et le plongeon de Ben, et, avec l'instinct particulier à sa race, il avait compris la situation et s'était retourné.

L'arrivée de Boule-de-Neige dans son élément donna de nouveau à penser au requin, qui alla vers lui comme s'il eût été déterminé à l'attaquer de préférence à tout autre ; mais, soit que l'attitude énergique du nègre lui en imposât, soit qu'il eût pressenti ailleurs une proie plus facile, il reprit bientôt sa direction première.

Le marin, embarrassé par le corps inerte de la jeune fille, ne devait opposer qu'une bien faible résistance aux attaques du squale, et c'était pour cette raison que Boule-de-Neige faisait diligence. Il était, lui, le nègre, l'adversaire le plus redoutable que le zygœna pût rencontrer dans son propre élément. Il nageait comme un cygne et plongeait comme une macreuse. De plus, ce n'était pas la première fois qu'il combattait le requin. Il était toujours sorti vainqueur de ces luttes ; et si son cœur battait avec tant de violence dans sa poitrine, ce n'était pas le danger pour lui qui le faisait battre, mais le danger de ceux pour qui il se dévouait.

Au départ du radeau, les distances que les deux adversaires avaient à parcourir étaient à peu égales ; mais en peu de temps le requin avait pris une avance sensible sur le nègre. Cette certitude causait à ce dernier une profonde angoisse. Il était maintenant certain qu'il lui était impossible d'entreprendre de lutter de vitesse avec son adversaire. Il n'avait qu'une ressource, il la tenta : faire beaucoup de bruit pour détourner son attention du capitaine et de l'enfant et l'attirer à lui....

Mais ses cris et ses grands gestes furent inutiles. Le zygœna semblait avoir deviné sa tactique ; sa sombre nageoire dorsale, étendue comme une voile, fendait l'eau en ligne droite sans que rien pût l'en faire dévier. Il faisait des progrès évidents ; au grand désespoir du nègre, le triangle allait se rétrécissant de plus en plus.

— Ma pauvre petite Lili ! cria-t-il d'une voix douloureuse. O massa Ben ! nagez à droite pour l'amour de Dieu ! Faites le tour par là. Laissez-moi me placer entre vous et le requin, et tenez-vous toujours derrière moi, ou vous êtes perdus, vous et l'enfant. A droite ! à droite ! Là, vous y êtes. Courage ! je réponds de tout !

Le marin n'avait point aperçu le danger ; mais, vaincu par la fatigue, il semblait près de couler. A l'injonction du noir, il remonta à la surface. Jusque-là il n'avait été préoccupé que d'atteindre le radeau ; il ignorait encore la présence du zygœna, dont la nageoire, visible de profil, ne pouvait guère être aperçu de face.

En voyant Boule-de-Neige se précipiter à l'eau, le capitaine du *Catamaran* avait commencé à soupçonner la présence du marteau signalé par les enfants. Cependant, sans l'avertissement si précis du noir, il n'aurait pu dire dans quelle direction il se trouvait, et par conséquent manœuvrer de manière à l'éviter.

Il se conforma aux instructions de son vieux camarade et prit à droite, nageant avec toute l'énergie que l'on pouvait espérer d'un homme chargé qui ne dispose que d'un bras.

Mais heureusement pour tous que ce bras était musculeux et son possesseur plein de bravoure. En peu d'instants la situation fut changée. Le triangle devint une ligne droite : le requin à l'une des extrémités, le capitaine et Lili à l'autre, et Boule-de-Neige au milieu.

XV.

ENTRE LA VIE ET LA MORT.

Par ce changement dans la position des parties le zygœna avait perdu son avantage. Au lieu d'avoir pour but de son attaque un nageur épuisé, sans armes, chargé d'un poids assez lourd, n'ayant pas même ses deux bras pour se défendre, il se trouvait avoir pour antagoniste un homme vigoureux, armé d'un couteau à longue lame, et surtout habitué depuis sa première enfance à mener une sorte d'existence amphibie.

Comme nous l'avons déjà dit, ce n'était pas la première fois que Boule-de-Neige se trouvait en présence d'un squale, bien que peut-être il fût moins familier avec le marteau qu'avec le requin blanc. Il savait que le zygœna, comme tous ceux de son espèce, a besoin, pour saisir un objet, que cet objet se trouve au-dessous de lui; autrement il est obligé de se tourner sur le côté ou sur le dos, suivant que sa proie est plus ou moins élevée.

Cette obligation, provenant de la position particulière de la bouche de l'animal et de la conformation de ses mâchoires, est bien connue parmi les gens de mer et les vieux chasseurs de requins, qui savent en tirer bon parti.

Parmi les pêcheurs de perles du golfe de Californie, les attaques du requin commun sont peu redoutées. La seule arme dont ils se servent est un morceau de bâton (l'estaca) appointé aux deux extrémités et durci au feu. Pourvus de cette arme si simple, qu'ils portent attachée à une boucle de leur ceinture de cuir, ils plongent sans crainte au milieu des requins, assez nombreux dans les eaux des pêcheries où se rencontre l'huître perlière.

S'ils sont attaqués par une de ces voraces créatures, ils attendent le moment où le requin opère son demi-tour et ouvre sa bouche caverneuse. Puis, avec une adresse toute particulière et une intrépidité que justifie seule leur parfaite confiance en eux-mêmes, ils jettent l'estaca à la façon d'un bâillon entre les mâchoires du monstre, ne lui laissant d'autre alternative que de se retirer la gueule grande ouverte ou de périr, s'il veut la fermer.

Il se présente quelquefois dans ces pêcheries une espèce de requin qui ne peut être combattu d'une façon aussi primitive. Il est connu sous le nom de tintorera et est aussi redouté par les plongeurs que le requin ordinaire l'est par les marins.

Si féroce que soit le zygœna, Boule-de-Neige savait qu'avant de pouvoir lui faire le moindre mal, il fallait qu'il prit le temps de son demi-tour. Il s'en approcha donc avec la détermination bien arrêtée de se maintenir à la surface du flot et de ne point donner prise à l'ennemi.

Le combat était maintenant inévitable. Le requin, bien qu'ennuyé par la transposition qui avait eu lieu, était déterminé à se repaître de chair fraîche. Ses victimes blanches lui avaient échappé pour cette fois, n'importe. Il n'était pas exigeant quant à la couleur de la peau, et Boule-de-Neige pouvait lui paraître aussi savoureux que Ben Brace et la petite Lili.

Nous ne mettrions pas la main au feu que le requin raisonnât de la sorte ; car, en vérité, il n'eut pas grand temps pour la réflexion. Au moment où le nègre parvenait à se placer entre le zygœna et les victimes que celui-ci convoitait, la tête laineuse du Coroman et la tête carrée du requin n'étaient pas à trois longueurs d'anspect l'une de l'autre.

C'était une situation terrible, et tout autre qu'un vieux chasseur de requin eût dès ce moment succombé, ne fût-ce qu'à la frayeur.

Il n'en était pas ainsi pour Boule-de-Neige ; il arrivait dans l'arène aussi calme, aussi maître de lui que si son fétiche lui eût assuré d'avance la victoire. William, l'haleine suspendue, immobile à l'arrière du *Catamaran*, le vit tirer le couteau de sa ceinture, et le saisir avec ses dents pour conserver ses mains libres, tout en éludant les attaques de son rusé antagoniste. Ce fut de cette manière que Boule-de-Neige se présenta à l'ennemi.

On pourrait supposer que le requin se serait précipité instantanément sur lui sans autre préoccupation que de faire un bon repas. Il n'en fut point ainsi. Malgré sa grande voracité, le zygœna est doué d'une certaine dose de prudence. Lui, le tigre des mers, devine d'instinct comme celui des forêts si celui qui l'attaque sera une proie facile ou s'il menace de devenir un dangereux adversaire.

Quoi qu'il en soit, il se produisit un changement soudain dans la tactique du requin. Au lieu de fondre sur le nègre à l'improviste, ou même de conserver l'allure rapide avec laquelle il s'était avancé jusqu'alors, il ralentit graduellement sa course jusqu'à ce que ses nageoires, en forme d'éventail, restassent presque immobiles le long de ses flancs, puis il dévia légèrement de sa route, comme s'il eût eu l'intention d'attaquer l'ennemi par derrière ou simplement de le distancer.

Chose étrange ! les deux parasites semblaient être la cause de ce mouvement, car tous les deux nageaient sur la même ligne que le squale, à la hauteur de ses énormes prunelles.

Le nègre fut tout déconcerté de cette manœuvre inattendue; il comptait sur une attaque directe et immédiate et s'était préparé à la repousser victorieusement, armé de son couteau qu'il brandissait de la main droite, prêt à frapper le coup mortel. La prudente réserve du requin lui causa un vif mécontentement.

Bien plus, Boule-de-Neige devina aussitôt que le rusé animal cherchait à opérer une razzia sur les impuissantes victimes qu'il prétendait couvrir de son corps comme d'un bouclier.

Dès que ce soupçon eut traversé son esprit, il fit volte-face dans l'eau et tenta de nouveau de passer devant le requin ou tout au moins de lui faire face.

Soit que le monstre eût réellement eu l'intention de revenir à son plan original, soit qu'il eût manœuvré uniquement pour tourner le nègre, peu importait ! Dans l'un ou l'autre cas, Boule-de-Neige avait adopté d'emblée la seule stratégie possible ; il savait que s'il permettait à son souple antagoniste de l'attaquer par derrière, les chances de salut pour lui et ceux qu'il défendait étaient grandement compromises. Si le zygœna se retrouvait encore entre lui et le marin, si bon nageur que fût le brave Coroman, il sentait qu'il ne pourrait jamais lutter de vitesse avec le poisson et arriver à temps pour s'interposer ; et dans ce cas, Ben, se trouvant réduit à ses seules forces, était perdu.

— Oh ! massa Ben, cria-t-il, nagez en rond comme moi, et tenez-vous dans le cercle que je vais faire autour de vous, ou vous êtes perdu !

Le marin avait vu le danger et commencé le mouvement indiqué.

La scène changea.

Les *dramatis personæ* avaient d'abord formé un triangle isocèle, puis un scalène, puis une ligne droite. Maintenant tous se mouvaient dans un cercle, ou plutôt dans trois cercles concentriques.

Le marin avec sa précieuse charge formait le centre ; Boule-de-Neige occupait le milieu, tandis que le requin, flanqué de ses satellites, nageait dans la circonférence extérieure, ses yeux glabres toujours fixés vers le centre, guettant une occasion de rompre la ligne si soigneusement gardée par le nègre.

Cela dura plus de cinq minutes. C'était un jeu où le zygœna avait tout avantage, bien qu'il eût de beaucoup la plus grande distance à parcourir. Ce qui n'était qu'un jeu pour lui était fatigue et danger de mort pour ses adversaires.

Heureusement que les requins, comme toutes les autres créatures aquatiques ou terrestres, ont leurs mouvements d'impatience et de dépit. Le squale, cédant à ces passions, généralement mauvaises conseillères, interrompit brusquement sa course circulaire, et, dédaigneux à la fois des avertissements de ses satellites et du couteau du nègre à la portée duquel il allait passer, il se dirigea vers l'endroit où se trouvait la proie convoitée.

Boule-de-Neige, eût-il prévu ce brusque changement de tactique, n'eût pu agir plus adroitement ni avec une présence d'esprit plus grande.

Au moment où le zygœna passa devant lui, sa rude nageoire pectorale se trouva à peine à un pouce de son nez ; il prit rapidement le couteau entre ses dents, et d'un mouvement souple s'élança sur le dos de l'animal. D'une part, il saisit la protubérance osseuse de l'œil gauche du zygœna, tandis que de la main droite, armée de son grand couteau, il infligeait autant de coups mortels aux flancs de son adversaire.

Quand il plut au nègre de descendre de sa monture glissante, aussi loin que la vue pouvait s'étendre, les flots étaient teints du sang qui s'échappait de ses nombreuses blessures.

XVI.

FAUSSE JOIE.

Nous avons laissé William haletant et immobile sur l'arrière du *Catamaran*. Ce ne fut qu'après avoir vu le zygœna flotter inerte sur la vague rougie, qu'il se convainquit enfin que Boule-de-Neige était sorti sain et sauf de cette lutte bizarre ; et alors il poussa un cri de joie éclatant.

Hélas! ce joyeux hourra ne fut pas répété.

A peine s'était-il échappé des lèvres de l'enfant, qu'un second, bien différent, lui succédait. C'était la consternation, presque l'effroi, qui en était le mobile. Ce drame étrange n'était pas terminé. Il restait un acte à jouer ; et dans cet acte, le rôle principal était dévolu à William, qui en comprenait toute l'importance, à en juger par le cri terrible que lui avait arraché la découverte de ce nouveau danger.

Absorbé par la chasse du nègre, et très soulagé par son heureux dénoûment, le mousse ne s'était pas aperçu que le *Catamaran*, toutes voiles dehors, filait sous le vent avec vitesse, accroissant de minute en minute la distance déjà très grande qui séparait du bord les naufragés.

Qu'on juge de sa terreur quand il se rendit compte que les vents et le courant l'emportaient loin de son protecteur, les vouant tous à une mort certaine, en dépit du courageux dévouement de Boule-de-Neige !

En réponse au cri de William, on entendit la voix de Ben Brace qui criait avec effort :

— William, William, pour l'amour du ciel, tourne le gouvernail et mets le cap sur nous, ou nous sommes perdus !

Au même instant, Boule-de-Neige essaya de formuler la même injonction, du moins à en juger par le clapotis d'eau que produisit sa tête laineuse en s'agitant. Complètement hors d'haleine par la lutte prolongée qu'il venait de soutenir, il n'arriva point au résultat désiré ; car tout ce qu'on put distinguer fut une sorte de ronflement indistinct à la façon des tortues qui viennent respirer.

William, heureusement, n'avait besoin d'aucune instruction. Il avait aperçu le danger, cela suffisait pour qu'avec l'instinct du véritable marin, il commençât à prendre les mesures pour le parer. Il s'élança vers le gouvernail, et, s'y suspendant des deux mains, il mit toute sa force à manœuvrer le *Catamaran* cap à l'arrière.

Après un effort prolongé, il parvint à le faire virer de bord, et ce fut alors seulement qu'il s'aperçut que la manœuvre serait insuffisante, ou pour mieux dire, presque nulle. Bien que le radeau ne dérivât plus aussi rapidement, il allait assez vite encore, avec sa grande voile tendue par la brise, pour maintenir la distance entre les nageurs fatigués et lui.

Après quelques secondes d'observations, William reconnut, à n'en pas douter, que l'écart grandissait sensiblement. Boule-de-Neige lui-même, l'intrépide nageur qui n'avait rien pour gêner sa coupe, n'avait pas gagné une brasse depuis qu'il avait quitté le dos du zygœna.

Ce fut un moment de cruelle angoisse pour tous, et l'anxiété fut au comble quand chacun, pour sa part, se fut assuré que l'intraitable radeau continuait à gagner sur ceux qui avaient tant intérêt à gagner sur lui.

Cet état de choses ne pouvait durer longtemps. Les deux nageurs donnaient des signes non équivoques de fatigue. Boule-de-Neige, qui semblait presque dans son élément, pouvait encore résister quelques minutes; mais Ben Brace, à demi paralysé par le poids longtemps soutenu de Lili, ne pouvait tarder longtemps à couler. Dans cette extrémité, il était certain que les deux hommes étaient inévitablement condamnés, à moins que quelque incident imprévu ne vînt mettre un terme à la course insensée du *Catamaran*.

Pendant quelques instants, qui semblèrent à tous des heures, la lutte se continua sans grand avantage entre l'homme et la chose inanimée. Le nègre, primitivement placé fort en arrière du matelot, avait de beaucoup distancé celui-ci, sans s'être le moins du monde rapproché du *Catamaran*.

Ceci ne faisait pas le compte du brave nageur, car son intention, en cherchant à regagner le bord, était de faire du gouvernail un meilleur usage qu'il ne l'avait fait jusqu'alors et de ramener l'embarcation à portée du matelot épuisé. Qu'on juge de sa stupeur, quand il lui fut bien démontré que, si ardente que fût sa poursuite, elle était désormais inutile. En vain raidissait-il ses bras nerveux qui repoussaient le flot avec force, en vain les muscles vigoureux de ses jarrets d'acier se contractaient et se tordaient dans l'eau, c'en était fait ; il devait renoncer à poursuivre un but qui lui échappait sans cesse. Il s'arrêta. Encore s'il ne s'était pas tellement éloigné de ses compagnons d'infortune ! Sa stupeur s'était changée en angoisse. Mais il ne resta pas pour cela inactif, il se retourna comme un castor et revint sur lui-même dans la direction qu'il venait de parcourir. Là-bas, à deux cents brasses environ, se trouvait le nouveau but qu'il se proposait d'atteindre.

Pour se guider vers lui, il lui fallut se dresser et se raidir sur l'eau, à l'instar du phoque qui inspecte la plaine liquide. Enfin, il entrevit deux points noirs à peine visibles pour tout autre que l'œil exercé du marin. Il serait auprès de l'enfant de son affection pour le soutenir le plus longtemps possible et descendre du moins avec elle dans cette tombe sans fond qui ne garde aucune trace de ses morts et ne leur permet pas même le luxe d'une épitaphe.

XVII.

PIRE QU'AUPARAVANT.

L'ex-cuisinier et le marin nageaient maintenant à la rencontre l'un de l'autre, mais sans élan, sans ardeur. Ils n'avaient plus la foi qui soutient seule dans les moments de crise.

Ben n'avançait que péniblement. Quant à Boule-de-Neige, le désespoir avait envahi son âme et abattait son énergie physique. Tout irrésolu, il semblait par moments se demander pourquoi il revenait en arrière, si ce n'était pour se noyer en compagnie, puisque cette mort était désormais fatale, inéluctable.

Si languissamment qu'ils fendissent l'eau, ils finirent par se rencontrer, et le premier regard qu'ils échangèrent renfermait dans sa morne éloquence le désaveu le plus complet de toute espérance chimérique. Le *Catamaran* était à une distance telle, que, si on eût pu l'immobiliser tout à coup, il était peu probable qu'aucun des naufragés pût l'atteindre. Le corps même du radeau, avec sa ceinture de tonneaux flottants, était complètement invisible; on n'apercevait plus que sa voile blanche, qui, semblable à une vapeur, décroissait rapidement et se confondait presque avec les brumes de l'horizon. Quoi d'étonnant à ce que l'espoir eût déserté leur cœur!

Le marin se demandait avec une surprise amère comment il se faisait que la voile n'eût pas été carguée. Pendant les premiers moments, alors qu'il s'épuisait encore à tenter de rejoindre l'embarcation, il avait crié à William d'amener tout. Il avait renouvelé cet ordre jusqu'à ce que sa voix, déjà enrouée, fût devenue presque inintelligible, faute d'haleine, et néanmoins le radeau avait dérivé à une telle distance, que le mousse n'était certainement plus à portée de sa voix. Sous cette impression, ne pouvant plus crier, ne pouvant plus articuler les mots, il cessa ses avertissements et nagea dans un sombre silence, se demandant pourquoi William n'avait pas obéi à ses injonctions, puisque, sans cette négligence inqualifiable, ils eussent peut-être encore pu regagner le bord.

Précisément au moment où le marin renonçait à se faire entendre, Boule-de-Neige revenait vers lui. Si un tel nageur abandonnait la poursuite du radeau, Ben savait que le résultat en était désespéré pour tout autre.

Quelques minutes après, les deux hommes étaient en présence.

— Vous êtes épuisé, massa Ben; donnez-moi la petite fille; venez, ma Lili; venez, ma belle chérie; appuyez-vous sur mon épaule et laissez massa Ben se reposer un peu.

— Non, non, protesta le marin d'une voix brisée; c'est inutile de la déranger, je la porterai bien jusqu'au moment où....

— Chut! massa Ben, interrompit le nègre en désignant l'enfant d'un geste expressif. Je ne crois pas qu'il y ait encore le moindre danger, ajouta-t-il en s'adressant indirectement à la fillette. Nous regagnerons bientôt le *Catamaran*; le vent changera et nous le ramènera.... Parlons français, massa Ben, continua-t-il en employant une sorte de patois de ce pays; la pauvre petite ne le comprend pas.... Je sais aussi bien que vous que tout est perdu, mais c'est inutile de le lui faire savoir; cela ne ferait qu'ajouter à ses souffrances.

— Tu as raison, camarade, murmura Ben, mêlant son anglais et son français, sans grand souci de l'intelligence de ses phrases, ce n'est pas moi qui lui dirai ce qu'il est bon qu'elle ignore. Que le ciel ait pitié de nous !... Le radeau a disparu.... L'aperçois-tu encore, Boule-de-Neige ? Regarde, mon ami, cherche-le bien.

— Ah ! bonne Providence, non, je ne le vois plus, répondit le nègre, en se raidissant dans l'eau pour arriver à voir plus loin. Il a disparu à l'horizon, et c'est bien fini, maintenant.... Nous ne le reverrons plus jamais !

— Inutile de continuer à nager, dit Ben avec désespoir; cela ne fait que nous épuiser davantage.

— Oui, faisons la planche, cela sera plus facile et nous permettra de résister plus longtemps. Allons, massa Ben, soyez raisonnable et donnez-moi la petite. Venez, ma Lili, appuyez-vous bien sur mon épaule. Votre petit bras ici, très bien.... Voilà une bonne petite chérie.

Tout en parlant, Boule-de-Neige s'était rapproché de l'enfant, et, détachant doucement sa petite main crispée de l'épaule du matelot, il avait transféré sa faible étreinte sur la sienne.

Ben ne chercha pas à résister à la généreuse intention de son vieux camarade, car, à vrai dire, il éprouvait un grand besoin de repos.

Ce changement opéré, ils continuèrent à flotter, ne dépensant que juste les forces nécessaires pour maintenir leurs têtes au-dessus de l'eau.

Pendant quelques minutes, les malheureux naufragés du *Catamaran* restèrent dans cette position périlleuse, presque immobiles, suspendus entre la vie et la mort. Cette dernière était aussi certaine pour eux que pour un condamné qui, le bandeau sur les yeux et le couteau sur le cou, n'attend plus que le signal de l'exécuteur. Ce n'était plus qu'une question de temps. Encore une heure ou deux, et, cédant aux lois de la nature, ils se laisseraient entraîner par la gravité spécifique au fond de l'insondable abîme qui exerçait déjà sur eux son mystérieux attrait. Mais ce qui leur semblait le plus affreux, c'était de ne pouvoir soustraire à ce triste sort leur chère petite Lili, pauvre enfant innocente et douce qui ne savait rien de la vie, si ce n'est qu'il faut y souffrir et y voir souffrir.

Depuis le commencement de ce drame terrible, la fillette n'avait montré que peu de signes extérieurs de l'épouvante à laquelle elle devait être en proie. Elevée dans une partie du monde où l'on fait peu de cas de la vie humaine, elle avait de bonne heure été accoutumée au spectacle de la mort, ce qui la dépouille en partie de ses terreurs et communique une indifférence presque stoïque. Bien que témoignant une juste appréhension, elle avait en ses protecteurs une confiance si vive, qu'elle montrait un calme ou une résignation au-dessus de son âge.

Il y avait une différence sensible dans les sentiments intimes des deux hommes en présence de la même mort.

Il serait difficile d'expliquer pourquoi le nègre ne s'abandonnait pas aussi entièrement que le matelot. Etait-ce parce que Boule-de-Neige avait maintes fois été aussi près de franchir les limites de l'autre monde qu'il l'était en ce moment? Tant de fois déjà il avait échappé à des dangers aussi certains, aussi imminents, que même dans le péril actuel il restait place dans son cœur pour une vague espérance.

Il n'en était point ainsi pour le matelot. Son détachement de la e était complet. Une ou deux fois déjà la pensée lui était venue d'abréger cette longue agonie en se laissant couler. Il n'avait résisté à cette tentation de suicide que grâce à l'instinct de notre nature qui nous commande d'attendre à tout prix l'heure fixée par Dieu pour notre délivrance. Tel était l'état moral des trois naufragés du *Catamaran* que le flot berçait encore en attendant le moment de les engloutir.

La conversation avait pris fin. L'épuisement des nageurs en était en partie la cause. Nul bruit ne troublait le silence de ce moment solennel. Personne n'écoutait plus le murmure caressant des petites vagues qui venaient expirer le long des corps des agonisants, ni le cri plaintif des mouettes qui rasaient l'eau en la frôlant de leurs ailes. Le calme de la tombe semblait avoir commencé pour eux.

Tout à coup un son vint faire tressaillir les deux nageurs et les rappeler aux réalités de la vie. Ce bruit n'avait pourtant rien de bien mystérieux ni de bien effrayant. C'était la douce voix de Lili. L'enfant, par la position qu'elle occupait sur les robustes épaules du nègre, pouvait étendre son regard plus loin que celui de ses compagnons. Grâce à cela, elle avait aperçu ce qui n'était encore visible pour aucun d'eux, une épave sombre, flottant sur la surface des flots, à peu de distance de l'endroit où les pauvres naufragés luttaient avec peine pour se maintenir sur l'eau.

C'était cette annonce qui avait fait tressaillir les deux hommes, en les arrachant simultanément à cette torpeur du désespoir qui depuis quelque temps les avait complétement envahis.

— Que voyez-vous, Lili, ma belle, que voyez-vous? s'écria Boule-de-Neige, le premier à interroger l'enfant. Dites-nous vite ce que c'est, chérie, continua-t-il en faisant un effort pour élever l'épaule sur laquelle s'appuyait sa protégée. Qu'est-ce que ça peut bien être? Serait-ce le radeau? Serait-ce notre *Catamaran*? Dites, enfant.

— Non, non, répondit-elle, ce n'est pas cela. C'est quelque chose de carré, pas bien grand; on dirait une caisse....

— Une caisse? Comment cela se pourrait-il?

— Une caisse? Vous devez vous tromper.... Mais je veux être pendu si ce n'est pas mon coffre à habits, interrompit le matelot, qui s'était soulevé dans l'eau comme un épagneul en quête d'un gibier blessé. Aussi sûr que mon nom est Ben Brace, c'est lui, et rien autre chose.

— Le coffre que vous aviez à bord?... demanda Boule-de-Neige, en soulevant à son tour son crâne laineux pour examiner l'objet. Ma parole, on croirait que vous avez raison. Mais comment serait-il venu là? Vous l'avez laissé à bord du radeau, n'est-ce pas?

— Certainement, répondit le marin. C'est la dernière chose

que j'aie touchée avant de sauter à la mer. Je suis certain de ne pas me tromper ; si difficile à croire que cela paraisse, je reconnais mon bien.

Cette conversation se poursuivait d'un ton bref et saccadé. Dès le début, les nageurs avaient repris courage et se dirigeaient aussi vite que leurs forces le leur permettaient dans la direction de l'objet qui se présentait si inopinément à leurs regards. En tout cas, il leur promettait un fameux point d'appui à eux, actuellement si las, que cette vue seule pouvait les galvaniser et communiquer à leurs membres raidis l'énergie nécessaire à ce dernier effort.

Si, malgré son affirmation, le marin avait conservé quelques doutes sur l'identité de l'objet vers lequel il s'avançait péniblement, ils furent bientôt levés. C'était bien sa malle, sa propriété, son objet d'art. Il n'y avait au monde que sa caisse à effets qui eût ce couvercle si parfaitement ajusté et recouvert en toile à voile, rendue imperméable par un épais revêtement de peinture bleue. Comment n'eût-il pas reconnu ces poignées commodes que lui-même avait tressées et adaptées à chaque extrémité ? et là, sous le trou de la serrure, qu'auraient pu représenter ces deux initiales B. B. si distinctement tracées, si elles n'eussent été mises là pour témoigner du droit incontestable à la propriété de Ben Brace ? Et ces étoiles, ces emblèmes fantastiques, cette ancre dont il était si fier, ne témoignaient-ils pas du talent artistique de son propriétaire ?

La première pensée du marin en reconnaissant son coffre fut que quelque nouvelle catastrophe était arrivée au radeau, et qu'il avait dû couler bas.

— Mon pauvre William ! s'écria-t-il, s'il en est ainsi, tout est fini pour lui maintenant.... Pauvre garçon !

Mais cette impression fut de courte durée et suivie de réflexions moins pessimistes.

— Non ! s'écria-t-il, contredisant lui-même sa première hypothèse ; ce ne saurait être le fait d'un accident. Qu'est-ce qui aurait pu détruire le radeau ? Il n'y a eu ni vent, ni tempête. Ah ! Boule-de-Neige, mon vieux, j'y suis ! Comment ne l'ai-je pas deviné tout de suite ? C'est William qui nous l'envoie. Il l'a jeté par-dessus bord, dans l'espoir que cela nous aiderait à nous maintenir à flot. Ah ! le brave garçon ! Je le reconnais bien à cela. Accrochons-nous d'abord au coffret et prenons courage. Je vois qu'il nous reste plus de chance de salut que nous ne le croyions tout à l'heure.

La caisse était certainement la découverte la plus précieuse que des hommes dans la situation de nos naufragés pussent faire. C'était toujours plus que la planche traditionnelle à laquelle se rattachent, dit-on, les gens qui se noient. Elle se présentait du reste dans d'excellentes conditions, le couvercle en l'air et le fonds maintenu dans l'eau par quelques ferrailles que l'on entendait cliqueter et qui lui servaient de lest.

A part cela, on voyait qu'elle était complètement vide, puisque les poignées qui étaient fixées quelques centimètres au-dessous du couvercle, étaient de près d'un pied hors de l'eau.

Ces poignées s'offraient si naturellement comme point d'appui, que le matelot n'eut pas besoin d'engager Boule-de-Neige à se saisir de l'une, tandis qu'il s'accommodait de l'autre. Leur poids fit bien enfoncer le coffre de quelques centimètres, mais n'altéra pas sensiblement son équilibre. Le couvercle étant sec et libre, ils y installèrent la petite Lili; ce qui fut un délassement pour tous.

Ils formaient donc ainsi un groupe des plus curieux.

A droite, se trouvait le matelot, le bras droit passé transversalement dans la poignée, et le reste du corps obéissant aux ondulations de la vague. La moitié de son poids étant supportée par le corps étranger, il ne lui fallait qu'un mouvement régulier du bras gauche pour se maintenir à flot; mais cet effort était presque nul et n'ajoutait rien à sa fatigue.

Ils formaient ainsi un groupe des plus curieux.

A l'autre extrémité du coffre se trouvait Boule-de-Neige dans une pose exactement identique, avec la seule différence que c'était son bras droit qui restait disponible et lui servait à nager.

Quant à Lili, elle était couchée à plat ventre sur le dessus du coffre, les mains crispées sur les rebords de toile goudronnée qui dépassaient à l'entour du couvercle.

Inutile d'ajouter que ce léger changement dans leur situation matérielle en avait amené un autrement plus considérable dans leur situation morale. Certes, à bien des égards, la mort était aussi proche que dix minutes auparavant, et cependant à leurs yeux tout était changé. Ils pouvaient maintenant lui résister pendant des heures encore, tant que la soif et la faim ne les auraient pas vaincus. S'ils eussent été pourvus de provisions, ils eussent pu compter fournir une longue traite de cette étrange façon, à la condition toutefois que la mer leur fût clémente et que ni tempêtes ni requins n'intervinssent dans leur traversée.

Hélas! qui pouvait leur garantir que ces deux alternatives, également redoutables, n'étaient pas prêtes à fondre sur eux? Etrange revirement de la nature humaine! Ce frêle soutien venu on ne sait d'où avait ravivé toutes leurs facultés de confiance et d'espoir. Cette singulière coïncidence, qui leur avait envoyé un objet à eux pour les arracher à une mort immédiate, avait fait naître dans leur esprit, non sans doute une conviction absolue, mais un bienfaisant pressentiment que, puisqu'il y avait déjà eu un commencement d'amélioration dans leur situation, il pouvait se produire telle autre circonstance qui achèverait leur délivrance. Ils n'étaient peut-être pas fatalement destinés à périr noyés, puisqu'un sursis leur avait été si providentiellement accordé.

Ils échangeaient de nouveau leurs réflexions, et Ben commença à raisonner ce qui avait dû se passer à bord du *Catamaran*.

— Tiens, Boule-de-Neige, il me semble que j'y suis. L'enfant aura jeté le coffre à la mer dans l'espoir de nous aider à nous maintenir. La caisse était à moitié pleine au moment de la catastrophe, c'est donc bien lui qui l'a vidée, lestée et fermée. Il a de ces précautions qui étonnent chez un garçon si jeune !... Mais il y a tant d'étoffe en lui !... Brave William, va !

Cette explosion d'enthousiasme sembla avoir fait du bien à Ben, qui garda le silence un moment.

— Oui, massa Ben, c'est bien probable..., répondit le Coroman.

— Et je devine ce qu'il a fait ensuite, reprit Ben, poursuivant le fil de ses conjectures.

— Quoi donc ?

— Eh ! c'est tout simple, il a baissé la voile. Ce qui m'étonne, c'est qu'il ne l'ait pas fait plus tôt ; car je lui en ai donné l'ordre, et il a dû m'entendre. Mais ça pourrait bien n'être pas de sa faute, tout de même. Je me souviens maintenant d'avoir fait un vilain nœud à la vergue en tendant cette malheureuse voile. Il n'a pas encore la sûreté de main d'un marin, et peut fort bien avoir eu du mal à s'en tirer, ce qui explique tout. Mais à coup sûr, s'il n'a pu défaire l'amarre, il aura coupé les cordages, et c'est pourquoi il n'y a plus de voile en vue. Je suis certain que le *Catamaran* ne saurait être bien éloigné. Il n'a pu dériver à une bien grande distance, surtout la voile ayant été amenée....

— C'est vrai ; la voile a en effet disparu tout à coup....

— Raison de plus, mon brave Boule-de-Neige, pour que le *Catamaran* soit dans notre voisinage, répondit le matelot, qui se ranimait à vue d'œil. Il n'est peut-être pas à deux nœuds.... Que pouvons-nous en savoir, le cou dans l'eau comme nous sommes ?... Encore un peu de courage, et tâchons de gagner un mille ou

deux sous le vent. C'est ce que nous avons de mieux à faire,
qu'en dis-tu?

— Oui, oui, massa Ben, allons-y!

Sans plus tarder, les deux hommes redoublèrent d'énergie;
l'un nageant de la main droite et l'autre de la main gauche, ils
fendirent le flot avec toute l'ardeur dont ils étaient capables et
avancèrent bientôt avec une telle rapidité, que la mer moutonnait
autour du coffret, jetant sa blanche écume jusque dans les
cheveux noirs de la fillette.

Ils n'avaient encore fait que peu de chemin, quand un cri de
l'enfant les fit arrêter net. On sait que c'est à elle qu'avait été
confié le soin d'examiner l'horizon, et, à demi agenouillée sur sa
frêle embarcation, elle s'acquittait de sa mission avec une
attention toute particulière. Son exclamation joyeuse intéressait
donc au plus haut point les deux nageurs.

— Qu'est-ce encore, petite? demanda le nègre, toujours le
premier à parler. Est-ce le *Catamaran*, cette fois-ci?

— Non, ce n'est pas lui.... Seulement c'est un tonneau qui
vient vers nous.

— Ce n'est qu'un tonneau! répétèrent les deux hommes avec
désappointement.

— Et quelle sorte de tonneau?

— C'est un des nôtres, j'en suis sûre, je vois les cordes.

— La petite a raison, dit Ben, qui s'était soulevé pour donner
son coup d'œil. C'est encore une précaution de William. Il aura
craint que nous ne rencontrions pas la caisse.... Brave enfant!
Il faut nous en emparer, ajouta-t-il; si le vent se levait, il nous
serait de plus grande utilité que la caisse.

— Bien, bien, dit Boule-de-Neige ; de toute manière, il ne serait pas sage de le laisser perdre. Par un gros temps nous pourrions nous en repentir.

Cinq minutes après, ils abordaient le baril, et Ben Brace s'assurait non seulement qu'il avait fait partie du *Catamaran*, mais que les cordages en avaient été comme hachés.

— Pauvre garçon ! Il a coupé cela bien précipitamment, et l'on voit que ça n'a pas été sans peine. Hourra pour le cher enfant !

— Silence ! s'écria Boule-de-Neige, sans respect pour l'enthousiasme de son vieux camarade. Occupez-vous de la caisse, massa Ben, le temps que je grimpe sur le baril pour examiner la mer de plus loin.

— C'est bien ; ne t'inquiète pas de la caisse, j'en fais mon affaire.

Boule-de-Neige dégagea son bras de l'anse de cuir et se dirigea vers le tonneau. C'était vraiment une tentative audacieuse que de prendre un pareil objet pour base d'observation ; mais Boule-de-Neige était expert en toutes sortes de tours d'adresse nautique, et quelques secondes plus tard, il était assez bien en équilibre sur son observatoire mouvant pour interroger l'horizon avec fruit.

Le marin suivait avec anxiété tous ses mouvements. Il comptait un peu sur une bonne nouvelle ; aussi ne fut-il pas très surpris d'entendre le nègre crier à tue-tête :

— Le radeau ! notre *Catamaran* !

— Où ? demanda Ben, sous le vent ?...

— Juste !

— A quelle distance ?

— A trois ou quatre encâblures au plus.

— C'est bien ! Qu'allons-nous faire maintenant ?

— Je vais le rejoindre à la nage et vous le ramener. Il ne flotte pas plus vite qu'un tronc d'acajou par un calme des tropiques, et le mousse doit tenter de le diriger vers nous. Veillez sur la petite et ne vous occupez plus de rien.

— Mais crois-tu pouvoir le rejoindre facilement ?

— Parfaitement ! Fiez-vous à moi pour le reste. Seulement ne bougez pas d'ici, pour que je vous retrouve sans peine.

Ce disant, le courageux noir fit une cabriole dans l'eau et s'éloigna en reniflant à la façon d'un cétacé de la tribu des mysticeti.

XVIII.

SEUL SUR L'OCÉAN. — LES ALBAÇORES.

Impossible de dépeindre ce qu'étaient, pendant ce temps, l'angoisse et la douleur du brave William.

Il avait commencé par se conformer à la première injonction de Ben Brace et manœuvré, comme nous l'avons vu plus haut, pour faire virer le radeau ; mais devant l'impuissance de ses efforts, il avait abandonné le gouvernail pour obéir aux derniers ordres reçus.

Là, il s'était trouvé aux prises avec une difficulté plus grande encore.

Peu familier avec les manœuvres maritimes, il avait essayé d'amener la voile en défaisant les nœuds pour épargner les cordages qu'on ne pouvait trop ménager, et le fameux nœud de la vergue avait défié sa bonne volonté. Il dut se résigner à le couper à coups de hache. La voile tomba aussitôt ; mais, hélas !

il était trop tard : William était seul sur la surface de l'Océan !

Cette certitude était suffisante pour engendrer le désespoir dans le cœur d'un garçon d'une trempe ordinaire ; mais notre William n'était pas une femmelette. Il n'eut même pas l'idée de s'abandonner à l'inaction. Au lieu d'accepter comme irrévocable ce décret du destin qui le condamnait à un isolement absolu, il se mit à chercher de quelle manière il pourrait venir efficacement en aide aux amis restés là-bas dans le péril.

Il se rendit en toute hâte au gouvernail, et, le détachant du crochet où on l'avait fixé pour le transformer en timonier, il le rendit à sa destination première et se mit à ramer de toutes ses forces pour obliger le radeau à avancer contre le vent. Mais, quelle que fût son énergie, il dut bientôt reconnaître qu'il la dépensait en pure perte. Sous sa poussée, la lourde machine du *Catamaran* ne s'émouvait pas plus qu'une bille d'acajou. Et bien pis ! le jeune mousse s'aperçut qu'en dépit de tout, il continuait à donner à l'ouest avec une rapidité qui l'effraya.

A ce moment de crise, une nouvelle idée lui traversa l'esprit. Ne pouvant virer de bord, pourquoi ne jetterait-il pas à la mer quelques épaves flottantes qui pourraient peut-être rejoindre les naufragés et leur fournir la possibilité de se maintenir à flot ? Au même instant, son regard tomba sur la caisse d'effets du marin. Il se souvint avoir entendu dire à Ben que ce serait à l'occasion la meilleure bouée de sauvetage qu'on pût trouver. La vider fut pour lui l'affaire d'un instant. D'une main irrévérencieuse, il arracha les habits du dimanche et les innombrables trésors renfermés dans ce capharnaüm, puis il ferma le coffre et le jetta de l'arrière du radeau. Il le regarda s'éloigner dans la direction voulue, et, voyant qu'il gardait sa position naturelle, il se demanda avec une indicible émotion si vraiment il lui ramènerait son ami et la petite fille qui tenait une si large place dans son cœur.

Après ce premier effort dans cette voie, William ne se tint point pour satisfait. Il pensa devoir multiplier les chances de sauvetage ; et pour cela, il chercha autour de lui ce qui remplirait le mieux son but. Il n'avait guère l'embarras du choix, et il l'arrêta sur les tonnes vides. D'une main agile il coupa ou plutôt hacha les cordages de la première. Elle s'éloigna lentement. Le radeau, privé de voiles, marchait moins vite ; mais par sa mâture et divers points plus élevés que son niveau, il donnait encore prise au vent. Il continua à séparer les autres tonnes, bien résolu à ne conserver que celle contenant l'eau ; mais à la cinquième, il s'arrêta tout surpris. Le numéro 3 et le numéro 4, au lieu de filer comme les autres, se tenaient frileusement près de l'embarcation, comme s'ils n'avaient pu se décider à s'en séparer.

L'étonnement de William ne fut pas de longue durée. Il avait appris à réfléchir depuis son embarquement furtif. Le *Catamaran*, n'étant plus soulagé par les tonnes, était retombé au niveau de la mer, et désormais la brise n'agissait pas plus sur lui que sur les muids ; ils dérivaient tous avec une égale lenteur.

La première impression de William fut un vif désappointement, mais il s'aperçut bien vite que ce qui le chagrinait devait au contraire le réjouir. L'important n'était point en effet que les tonnes s'éloignassent avec plus ou moins de rapidité. C'était que le *Catamaran* s'immobilisât, et il y était arrivé.

Toute la question était de savoir si les naufragés n'étaient pas trop éloignés et trop las pour rejoindre le radeau. Mais où les chercher? De quel côté porter ses regards? Sa grossière embarcation n'avait fait que virer. Quelle direction avait-elle suivie? C'était tantôt le cap, tantôt l'arrière qu'elle offrait à la brise. Les seuls points de repère qu'il pût établir, c'était la caisse, maintenant à quelques centaines de brasses, et les deux tonneaux qui flottaient dans l'espace restant.

Ce fut pour lui un trait de lumière.

Si les deux nageurs étaient encore sur l'eau, c'était là, et là seulement, qu'il fallait les chercher. Le radeau n'avait pu marcher que sous le vent, donc ceux qu'il avait laissés derrière étaient au-dessus.

Il interrogea l'horizon dans cette direction, embrassant de l'œil un arc suffisant pour faire la part de toute déviation possible de la ligne suivie par les marins. Ce fut en vain. Les petites vagues dansaient au soleil, quelques mouettes rasaient l'eau un instant, mais rien d'humain ne se détachait de ce cadre immense et scintillant. Il courut alors vers la tonne vide restée attachée. De cet observatoire un peu plus élevé, peut-être apercevrait-il ceux qu'il cherchait.

Rien encore.

Son anxiété, grandissant de minute en minute depuis qu'il n'avait plus rien à tenter, menaçait de devenir intolérable. Il s'élança vers le mât et recommença sa minutieuse exploration jusqu'à ce que la fatigue lui fît lâcher prise et le contraignît à se laisser retomber à bord.

Mais son angoisse vainquit sa lassitude physique. Il remonta presque aussitôt le long de la mâture mal équilibrée et s'y cramponna de son mieux.

Ses facultés d'observation tendues à l'extrême, il remarqua deux mouettes qui se livraient à d'étranges évolutions, en suivant un point rond et noir qui semblait exciter leur colère ou leur curiosité. Qu'était ce point si noir et si parfaitement sphérique? Ce n'était assurément ni un oiseau, ni un poisson ; car aucun habitant de l'air ou des mers n'affecte une forme aussi régulière. N'était-ce pas plutôt le crâne laineux de Boule-de-Neige?...

Pauvre William! S'il ne tomba pas de saisissement à cette vue, c'est qu'il n'était pas encore parfaitement convaincu que ses yeux ne le trompaient pas, et qu'il guettait une autre apparition avant de se livrer à la joie.

Et justement là-bas, les deux mouettes ont repris leur vol circulaire. Elles planent, elles s'élèvent, elles s'abaissent, elles poussent de petits cris effarés. Deux autres points ronds se dessinent à la surface des flots.... Une traînée de boucles noires accompagne cette apparition. C'est Ben! c'est Lili! c'est tout ce qu'il aime. Mais qu'ils sont loin! Dieu bon! Pourront-ils être sauvés?

Ayant acquis la conviction que ses trois camarades étaient encore vivants et avaient besoin de son secours, le mousse ne resta pas sur le mât une seconde de plus qu'il n'était nécessaire. Il reprit sa place de rameur à bord du *Catamaran*, et s'évertua à tour de bras à pagayer pour ramener le radeau contre le vent. C'était une besogne ingrate et bien fatigante, mais que lui importait? Chaque brasse qu'il gagnait était cela d'épargné aux naufragés pour lesquels, épuisés comme ils devaient l'être à cette heure, une minute pouvait devenir une question de vie ou de mort.

Soutenu par cette pensée, William ramait avec énergie. Le ciel et le flot lui étaient cléments. La brise avait sauté de plusieurs points et poussait le radeau dans la direction où il devait aller.

Tout absorbé par cet exercice violent, William avait laissé passer quelques minutes sans interroger l'horizon. Obligé de reprendre haleine, il lâcha l'aviron et escalada le mât. Le panorama avait changé. Les boucles noires ne flottaient plus, mais il y avait quelque chose d'insolite, et qu'à coup sûr, il n'avait pas mis sur le couvercle de la caisse de Ben. Oh! que n'eût-il pas donné pour posséder une lunette d'approche!...

Tout à coup il devine, il comprend. Oui, ces deux points de chaque côté de la caisse sont Ben et Boule-de-Neige; et dessus, c'est Lili saine et sauve.

Le brave enfant ne s'attarda pas à contempler ce spectacle si doux à son cœur et à ses yeux. Il reprit la rame et pagaya avec une énergie décuplée par son empressement à secourir ses chers compagnons d'infortune et par sa joie à la pensée de les voir reprendre leur place à bord.

Quand, à bout d'haleine, il revint à son observatoire, le tableau avait changé de nouveau. Lili était bien toujours au même endroit et Ben à côté d'elle; mais Boule-de-Neige, le brave et courageux Coroman, qu'était-il devenu? Avait-il donc coulé, payant de sa vie son dévouement à sa petite protégée?

Cette pensée avait à peine commencé à oppresser le cœur de

William, qu'il aperçut l'objet de ses lugubres préoccupations caracolant sur le tonneau.

Il y avait déjà longtemps que, bravant la fatigue la plus intense, le jeune mousse ramait contre le vent, quand l'appel de son nom le fit tressaillir. C'était Boule-de-Neige qui, à peine à une encâblure du radeau, roulait des yeux effarés et encadrait sa bonne face noire dans un nuage de blanche écume.

— Par ici, William !... Vite, vite, à moi ! ou je coule !... Je n'en peux plus !

Cet appel désespéré n'était pas nécessaire pour stimuler le brave enfant. Il se courba plus profondément que jamais sur l'aviron, fit un suprême effort, et quelques secondes après tendait la main au naufragé pour l'aider à enjamber l'embarcation.

Sans perdre une minute, à peine le nègre eut-il repris haleine, qu'il s'empara de la seconde rame, et que, sous une double et vigoureuse poussée, le *Catamaran* partit à la recherche de son capitaine, qu'il rejoignit sans difficulté.

Peu de temps après, tout l'équipage était réintégré à bord, après avoir échappé à une mort en apparence infaillible.

En remettant les pieds à son bord, le marin, si énergique qu'il se fût montré jusque-là, eut un moment de défaillance et se laissa tomber tout de son long. William avait reçu Lili dans ses bras et l'avait déposée sur un lit de toiles, arrangé par ses soins au pied du mât, et, tout fier de son léger fardeau, il s'était trouvé amplement dédommagé de ses peines par le long regard de reconnaissance que la fillette attacha sur lui en signe de remercîment.

Quant à Boule-de-Neige, dès que son concours ne fut plus

nécessaire, il se coucha près de son camarade Ben, et les trois naufragés restèrent ainsi immobiles et muets pendant un laps de temps considérable.

William, qui avait également le droit d'être fatigué, ne resta pas pour cela inactif. Pour combattre l'épuisement complet dans lequel il voyait ses amis, il se dirigea vers le précieux baril contenant la petite provision de vin des Canaries, en remplit un gobelet d'étain et fit sa ronde avec son réconfortant en commençant par sa chère petite Lili.

L'effet de ce liquide généreux ne se fit pas attendre. Le nègre d'abord, le marin ensuite, se sentirent revivre peu à peu, et au bout de quelque temps ils étaient en état de discuter les nouvelles mesures à prendre pour rendre la sécurité et la vélocité au *Catamaran*. Il s'agissait de se mettre promptement en quête des tonnes disséminées par William sur la surface des flots et de la caisse de Ben, qui lui était devenue plus chère que jamais. Cela nécessitait de nouveaux efforts, qu'on ne pouvait différer, sous peine de se priver d'auxiliaires précieux.

Le coffre et le tonneau de Boule-de-Neige furent les premiers objets réintégrés à bord. Les trois autres muids avaient dérivé fort loin ; mais comme heureusement ils étaient encore en vue, on avait quelque chance de les rattraper.

A cet effet, le marin et le nègre prirent les rames, tandis que William, resté debout au gouvernail, les dirigeait dans leur course. Bref, on les atteignit successivement, et successivement aussi ils furent replacés dans le même ordre qu'auparavant. La voile fut hissée, et tout reprit sa place. N'eussent été les vêtements mouillés, collés au corps des trois naufragés, et leur pâleur extrême, on ne se fût pas douté de la catastrophe qui avait eu lieu à bord.

Quant à l'humidité des vêtements, sous cette latitude, ce n'était pas un inconvénient, et le soleil des tropiques en aurait bientôt raison. Ses brûlants rayons tombaient d'aplomb sur la petite embarcation, dégageant une buée épaisse de tout ce qui se trouvait mouillé. C'était plus particulièrement sur le nègre qu'agissaient les rayons solaires. Gesticulant, parlant, riant et toujours prêt à donner son coup de main, il allait et venait dans une sorte de nimbe ou de nuage blanc à travers lequel nul n'eût pu dire quelle était sa couleur.

On prit grand soin cette fois d'assujettir l'écoute de la voile par un nœud convenable qui se pût défaire sans difficulté. Boule-de-Neige ne reçut aucune admonestation pour sa négligence. On supposa que la leçon serait suffisante, et l'on supposa bien.

Le seul dommage durable qui résulta de l'accident, fut la perte de la plus grande partie du poisson, étendu un peu partout pour sécher au soleil ; le pauvre mousse, dans sa précipitation bien naturelle de jeter les tonneaux à la mer, n'avait pas pris le temps de songer à les mettre en lieu sûr.

Ce fut un violent chagrin pour tous, mais surtout pour Boule-de-Neige, quand il vit les dégâts opérés dans son garde-manger, auquel, en vrai cuisinier qu'il était, il tenait comme s'il eût renfermé des morceaux de choix. Mais on lui fit remarquer que cette perte était peu de chose en comparaison des périls auxquels sa vie venait d'échapper, et, l'espoir de remplacer bientôt les aliments perdus aidant, il retrouva sa gaîté un moment compromise.

Il s'agissait désormais de refaire au plus vite des provisions qui assurassent les navigateurs contre les horreurs de la faim.

A peine leur voile commençait-elle à s'enfler, qu'ils aperçurent un banc des plus beaux poissons qui existent dans l'Océan. Ils étaient d'une grosseur uniforme d'environ quatre pieds, et suivaient en rangs pressés une ligne parallèle au radeau. On eût pu les compter par centaines ; leur forme élégante rappelait celle du maquereau, qui est de la même famille ; leur revêtement était d'un bleu d'azur à reflets d'or sur le dos, d'un blanc d'argent finement irisé sous le ventre ; une rangée de fausses nageoires d'un jaune brillant garnissait le dessus et le dessous de la queue, et la nageoire dorsale présentait cette particularité, qu'elle peut, au repos, se dissimuler dans une sorte de cavité où elle disparaît entièrement.

— Des albaçores, s'écria Ben Brace, dès qu'il les aperçut. Allons, Boule-de-Neige, à nos lignes ! Avec cette brise fraîche, il est presque sûr qu'ils mordront, et nous allons peut-être d'un seul coup regarnir notre garde-manger. Et maintenant, silence, vous autres ! Il s'agit d'être muet comme un poisson ; un mouvement brusque, une parole inutile peuvent tout compromettre. Attention, Boule-de-Neige, pas si fort.

— N'ayez pas peur, massa Ben, rien à craindre tant qu'ils vont d'une manière aussi indécise.

En effet, les albaçores avaient commencé une manœuvre particulière. En joignant le *Catamaran*, ils avaient en premier lieu nagé de conserve à tribord ; leurs nageoires se mouvaient d'un mouvement lent et identique, sans chercher à le dépasser.

Tout d'un coup, cette admirable harmonie, qui eût pu faire

croire qu'un lien invisible existait entre les têtes de ligne du banc de poissons et la proue du *Catamaran*, fut rompue. Sans cause appréciable, et par un de ces changements à vue dont le kaléidoscope seul peut donner l'idée, toute la bande prit par le flanc gauche, comme si elle projetait une attaque rangée contre le radeau, puis, comme un éclair, elle disparut en dessous.

Pendant quelques instants elle resta invisible. Elle reparut à babord et reprit sa course exactement parallèle à celle des naufragés. Cette manœuvre fut exécutée avec une précision et un ensemble qu'eût enviés pour ses troupes un général d'armée, et elle se renouvela souvent. Les albaçores allaient de droite à gauche et de gauche à droite, comme mus par une seule impulsion ; toutes leurs écailles argentées se présentaient à la fois au même rayon de soleil, et toutes à la fois disparaissaient sous la quille de l'embarcation comme dans une féerie.

C'était cette singulière conduite des albaçores qui avait déterminé l'affirmation de Boule-de-Neige ; mais William ne s'en expliquait pas la raison.

— Pourquoi, Boule-de-Neige, dites-vous qu'il n'y a pas à craindre de les faire fuir ? demanda-t-il enfin.

— Pourquoi ? C'est qu'ils ne songent guère à nous en ce moment ; nous ne sommes pas ce qui les effraie le plus ; c'est le long bec.

— Qu'est-ce que c'est encore que ça, Boule-de-Neige ?

— Ah ! quand on parle du loup.... Mais ici ce n'est pas la même chose. Parler du long bec, c'est être sûr de le voir paraître. Et tenez, là, par tribord, le voyez-vous ? C'est pourquoi ces beaux seigneurs s'étaient réfugiés auprès de nous, et j'espère qu'ils y resteront jusqu'à ce que nous ayons fait notre choix dans le nombre.

— Encore un requin ! s'écria William en apercevant dans la direction indiquée quelque gros poisson dont les contours étaient mal définis.

— Un requin ! Non pas certes, et pas même de la famille. Si ce n'était qu'un requin, les albaçores ne resteraient pas là. C'est le long bec, le véritable ennemi des albaçores, et ils ne s'éloigneront pas de nous tant qu'ils le sentiront dans le voisinage.

Ce disant, le Coroman se mit en demeure de choisir ses hameçons, et, aidé de Ben, il commença la pêche avec une nonchalance qui prouvait une confiance entière dans la vérité de son assertion.

William, dont la curiosité était fort excitée, se penchait en avant pour mieux voir l'étrange animal qui jetait une telle perturbation dans la bande. Le soleil baissait à l'horizon ; mais ses rayons avaient encore trop d'éclat pour ne pas l'empêcher de distinguer. Il mit donc la main sur ses yeux dans l'espoir de fixer son regard. Malgré ses efforts, il ne voyait rien.

Boule-de-Neige, quelque absorbé qu'il fût par sa ligne, avait remarqué le mouvement de l'enfant.

— Inutile de regarder par là, fit-il tout à coup, les albaçores sont à babord. Cherche à tribord ; ils ont bien trop d'esprit pour se risquer du même côté que celui qui les guette.

— Par ici, William, reprit Ben ; tourne la tête à droite, là sur l'arrière.

— Je vois, je vois ! cria William. Oh ! regardez, Lili. Quel drôle de poisson ! Je n'en ai pas encore vu de pareil.

C'était en réalité un des habitants les plus bizarres de l'Océan qui s'offrait ainsi à l'improviste aux regards du jeune mousse. Il était long de huit à dix pieds et avait un museau osseux qui atteignait au moins le tiers de la longueur de son corps. Cette espèce de museau ou de bec n'était que la prolongation de la mâchoire supérieure, parfaitement droit et effilé comme la lame d'une rapière.

Oh ! regardez, Lili, quel drôle de poisson !

William n'attendit pas que Ben le lui désignât par son nom ; du premier coup d'œil il le reconnut et s'écria :

— L'espadon !

Il avait eu l'occasion d'en voir un dans un de ces musées d'histoire naturelle qui se promènent de ville en ville, et qui avait séjourné dans son village natal. Il ne l'avait pas oublié.

A part cela, ce poisson n'était pas disgracieux, et surtout il ne présentait pas cet aspect farouche qui caractérise en général les espèces voraces. Il y avait dans ses allures une certaine circonspection qui n'excluait pas une excessive agilité. Ses yeux vifs avaient une expression fausse et féroce à la fois.

Il n'y avait rien d'étonnant à ce que William l'eût d'abord pris pour un requin, il faut le voir de près pour ne pas s'y tromper. William avait aperçu une large nageoire dorsale en forme de croissant, dépassant de plusieurs centimètres la surface de l'eau. Une queue de forme identique et quelque chose de furtif qui décèle l'approche des grands déprédateurs sous-marins, c'était assez pour justifier son appréciation, pourtant erronée.

Ce qui tranche nettement la différence entre l'espadon et les squales, c'est leur manière de nager. Ces derniers n'avancent que lentement, presque gauchement, tandis que le premier file avec la rapidité d'une flèche.

Chaque fois que les albaçores se déplaçaient, le long bec les suivait avec une vélocité dont l'œil avait peine à se rendre compte.

Deux autres particularités caractéristiques de cette race, c'est le bruit singulier que chaque individu produit en se mouvant dans l'eau. On dirait une grosse pluie tombant sur un épais feuillage. De plus, quand il nage, sa couleur, brune au repos, passe par toutes les teintes du bleu pour arriver à celle d'un azur parfait ; ce qui aide le regard de l'observateur à le retrouver dans sa course vagabonde.

XIX.

L'ESPADON.

William ne se lassait pas de contempler cette créature étrange, quand il la vit tout à coup s'élancer en avant d'un mouvement brusque. On entendait le bruissement qu'il produisait dans l'eau, en même temps qu'on voyait sa grande nageoire dorsale saillir hors du flot comme un immense cimeterre, traçant autour d'elle un cercle bouillonnant.

Cet élan était évidemment dirigé contre le banc d'albaçores réfugiés près du *Catamaran*; mais les malheureuses bêtes étaient continuellement sur le qui-vive ; bien que donnant tous les signes de la terreur la plus violente, ils ne perdaient pas un instant leur présence d'esprit; dès que l'ennemi entreprit sa charge contre eux, ils tournèrent d'un commun accord, et, prompts comme l'éclair, disparurent sous le radeau et reparurent dans le même ordre à bâbord.

L'espadon, quelquefois appelé épée du Groënland, ou simplement épée, se voyant déjoué, s'arrêta dans sa course avec une soudaineté bien propre à démontrer sa grande puissance de natation. Au lieu de s'acharner à sa poursuite, il continua de suivre l'embarcation sournoisement, tortueusement, à la dérobée, comme s'il se proposait d'avoir recours au stratagème plutôt qu'à la force pour s'emparer de la proie convoitée.

William comprit alors le but des albaçores en s'attachant au *Catamaran*. Ce qu'ils avaient cherché bien certainement, c'était une protection contre ce formidable ennemi. Il en est ainsi des bonites et de plusieurs espèces qui se réfugient auprès des vaisseaux, des baleines, ou de toute autre épave aussi considérable, pour qu'ils puissent y trouver un abri.

La manière dont l'espadon procède en chargeant est pleine de périls pour lui. Il se précipite en avant avec une impétuosité irrésistible, et empale au bout de son long bec ce qui se trouve à sa portée. Mais si, dans cette attaque, son museau rencontre inopinément les flancs d'un navire ou toute autre substance assez résistante pour le repousser, il arrive que l'arme se brise ou reste tellement enfoncée, que son propriétaire devient la première victime de son imprudente voracité.

Boule-de-Neige savait les albaçores trop préoccupés d'échapper aux manœuvres subtiles de leur ennemi, pour supposer qu'ils se laisseraient prendre à n'importe quel appât ; aussi, au lieu de s'entêter à leur offrir l'hameçon, le déposa-t-il tranquillement sur le plancher du radeau, en attendant, soit que l'épée eût disparu, soit qu'il se fût assez attardé dans le sillage du *Catamaran* pour rendre à ses victimes un moment de répit ou de sécurité.

— C'est inutile de jeter les lignes, dit-il au matelot. Ils ne mordront pas tant qu'ils auront à se méfier de ce grand scélérat.

— C'est d'autant plus ennuyeux, répondit Ben, que, sans lui, nous n'aurions pas perdu nos peines avec eux. J'en ai pêché d'autres fois, et je sais combien ils sont voraces en temps ordinaire. Ils n'auraient pas tardé à se laisser prendre en quantité suffisante pour nous refaire de nos pertes.

Pendant le temps que l'action se poursuivait ainsi sous leurs yeux, William posait à Ben question sur question. Celui-ci, flatté de l'intérêt de son auditoire, raconta mainte histoire où tantôt les albaçores, tantôt l'espadon, jouaient le principal rôle.

Il cita entre autres l'anecdote suivante dont il avait été le témoin :

L'équipage était à dîner, quand un matelot de garde sur le pont entendit un bruit semblable à celui d'un corps lourd tombant dans l'eau, et, se penchant, vit quelque chose disparaître sous le flot mouvant. Aussitôt le cri d'alarme retentit : Un homme à la mer !

Officiers et marins furent en un clin d'œil sur le pont. On fit l'appel ; personne ne manquait. On eut beau chercher la cause de toute cette rumeur, elle resta inconnue, et l'on finit par n'y plus penser.

Quelques jours plus tard, Ben, monté dans le bastingage, aperçut quelque chose d'insolite qui se projetait hors du flanc du navire, à peu près à fleur d'eau. On mit un canot à la mer pour examiner de près cette excroissance bizarre, et l'on constata avec surprise que c'était le *rostrum* d'un espadon brisé net à sa naissance. On se rendit compte alors de ce qui s'était passé : ce que le matelot avait vu enfoncer le jour de la panique n'était autre que le cadavre de l'espadon lui-même, tué par cette commotion terrible. On se rendit dans la cale et l'on constata que l'épée de l'infortuné animal avait pénétré de huit à dix centimètres au delà de l'épaisseur de la quille et s'était enfouie dans un tas de charbon.

Au moment où Ben achevait avec force détails circonstanciés ce dramatique et très véridique récit, un brusque mouvement de l'espadon annonça qu'il venait encore de changer de tactique et qu'il reprenait l'offensive. Il sembla tout à coup exaspéré par cette proie qui se dérobait sans cesse, et résolu d'en finir coûte que coûte avec ce supplice de Tantale si longtemps et si impatiemment supporté.

Dans cette intention, il se rapprocha du *Catamaran*, voguant tantôt à bâbord ou à tribord, et d'autres fois s'élançant à l'avant, afin de rompre les lignes serrées de l'adversaire.

Il y réussit enfin. L'effroi gagna de proche en proche, le désordre se mit dans les rangs, et, au lieu de nager de concert, les jolies bêtes affolées s'élancèrent dans toutes les directions. Au milieu de cette confusion, un certain nombre de fugitifs se trouvèrent séparés, non seulement du gros de la troupe, mais du *Catamaran*, et restèrent à plusieurs brasses en arrière.

Les imprudents ! Ce fut sur eux que se fixèrent les yeux affamés du monstre. Il les chargea avec une soudaineté qui fit écumer l'eau au-dessus de ses nageoires dorsales, tandis que le bruit de son plongeon se ressentait à une grande distance sur l'Océan.

— Regarde bien, William, cela en vaut la peine, cria le marin, désireux que son protégé ne perdît pas un détail de ce curieux spectacle. Que je sois pendu s'il n'en a pas piqué une paire sur sa fourchette.

L'épée s'était en effet précipitée au milieu du troupeau effaré. Un grand nuage d'écume déroba un instant cette partie de la scène, pendant laquelles les albaçores s'élancèrent hors de l'eau pour tenter une résistance désespérée, puis le flot se calma, et l'espadon reparut, tenant embrochés au bout de son long bec deux magnifiques albaçores de première grandeur, qui faisaient de vains efforts pour se dégager. Mais cette lutte inégale ne pouvait durer longtemps. D'un mouvement de tête rapide, l'ennemi les lança en l'air, et les malheureux retombèrent dans l'énorme gosier de leur vainqueur, qui les avala d'un seul trait, puis disparut sans qu'on pût dire par où il avait passé.

L'équipage du radeau avait suivi ce petit drame avec un vif intérêt, qui avait un moment fait diversion à ses graves préoccupations personnelles. William et Lili étaient surtout captivés par ce singulier spectacle; et longtemps après que l'espadon se fut retiré, ils s'attendaient à le voir revenir et interrogeaient presque simultanément les divers points où le poisson s'était montré à eux avec une soudaineté foudroyante.

— Je crains fort que la pièce ne soit définitivement terminée et que l'acteur principal ne songe pas, malgré nos désirs, à nous donner une autre représentation, dit enfin William tout désappointé.

— En effet, c'est assez probable, reprit Boule-de-Neige, et nous n'avons pas à nous en plaindre ; car nous allons avoir notre tour avec quelques chances de réussite. C'est le moment d'amorcer. Regardez quelle différence dans la manière d'agir de ces beaux messieurs. L'espadon est bien loin; autrement ils n'auraient pas repris confiance.

Le banc de poissons était revenu à une allure paisible et nageait dans les eaux du *Catamaran* avec une placidité qui contrastait avec son agitation précédente. Les albaçores semblaient très disposés à mordre à l'hameçon qu'ils avaient jusque-là absolument dédaigné.

Le matelot et son noir compagnon s'apprêtaient en conséquence à renouveler leurs tentatives. Ils amorcèrent avec grand soin leurs lignes au moyen d'un morceau de chair de requin, auquel on ajouta, pour le rendre plus irrésistible, une banderolle de flanelle rouge déchirée à leurs ceintures. Les lignes furent ensuite jetées avec toutes les précautions de rigueur. Presque aussitôt un bruit sourd se fit entendre. L'eau écuma, et deux albaçores se balancèrent au bout des lignes. Ils étaient bien pris. Les cordes furent tirées, et d'un coup d'anspect administré sur la tête de chacun d'eux, Ben termina leurs luttes et leurs souffrances.

Les pêcheurs, bien que très satisfaits de leur premier succès, ne perdirent pas de temps à admirer leur proie. Ils avaient bien trop à faire pour réparer les désordres causés à leurs engins de pêche par les dents des albaçores.

Seuls, William et Lili avaient le loisir d'admirer les victimes, et s'extasièrent sur leurs teintes si délicates et si fraîches.

Cette fois les pêcheurs eurent plus de mal. Comme si la méfiance se fût répandue dans la bande, chacun se détournait de l'appât tentateur. En vain le faisait-on passer et repasser sous leurs yeux et à portée de leur museau ; les plus hardis s'aventuraient à peine à le mordiller et s'enfuyaient ensuite, comme si quelque chose dans la forme ou dans le goût leur fût devenu suspect. Toutefois, avec de la patience on vient à bout de tout ; à force de soumettre les pauvres bêtes à la tentation, il s'en trouva une dont l'estomac criait famine, et qui avala l'amorce, l'hameçon et la moitié de la corde. Il n'y avait pas à redouter qu'elle se dégageât, la malheureuse ; en peu d'instants elle avait partagé le même sort que les deux prises précédemment, et gisait sur le plancher auprès d'elles.

Boule-de-Neige continuait à agir avec la sagesse et la prudence d'un pêcheur consommé. Malheureusement le résultat se faisait attendre. Ben revint à la charge, enhardi par son dernier coup d'éclat; mais, hélas ! il s'était produit une nouvelle altération dans les dispositions des albaçores. Le trouble, l'inquiétude avaient reparu. Ils se rapprochaient du *Catamaran*, mais la cause de leur terreur n'était plus l'espadon ; car les regards de tous étaient fixés en haut, comme s'il existait au ciel un danger qui les glaçait d'effroi.

Les yeux de l'équipage se tournèrent naturellement du même côté. Ils ne virent qu'un ciel sans nuage, un azur à la teinte uniforme et profonde, et un globe de feu qui les obligea à baisser les yeux et à convenir que rien ne justifiait l'agitation dont le banc tout entier faisait preuve.

Seul Boule-de-Neige, dont l'expérience des choses maritimes était sans bornes, persista dans son examen et s'écria au bout de quelques minutes :

— L'oiseau frégate !... C'est ça ! Ils sont deux, le mâle et la femelle, si je ne me trompe, et je m'explique aisément la perturbation des albacores.

— La frégate ! répéta à son tour Ben, reconnaissant en effet un des oiseaux de mer les plus renommés.

C'est le *pelicanus aquila* des naturalistes ; mais par son vol rapide et sa forme gracieuse, il mérite mieux le nom vulgaire sous lequel il est bien connu de tous ceux qui ont passé quelque temps en mer.

— Où donc les voyez-vous ? ajouta-t-il. Je ne distingue rien de semblable. De quel côté dites-vous qu'ils sont ?

— Tout là-haut, là-haut, au-dessus de nos têtes, presque sous ce petit nuage. Ils y sont tous les deux.

— Il faut que tu aies des yeux de lynx, noiraud. Je ne vois rien, absolument. Ah ! attends. Oui, il me semble.... Tu as raison ; ce sont certainement deux frégates.... Il est aisé de les reconnaître à la forme particulière de leurs ailes. De plus, il n'y a pas d'autres oiseaux qui s'élèvent aussi haut. Sachant que leurs ailes ont au moins douze pieds d'envergure et que d'ici ils nous paraissent à peine plus gros que des hirondelles, j'en conclus qu'ils sont bien à quinze cents mètres au-dessus de nous. Que dis-tu de cela, Boule-de-Neige ?

— Ah ! massa Ben, quinze cents mètres. Si vous disiez trois mille ! Ils ne bougent pas le moins du monde, tout de même !... Ils sont endormis, je le parierais.

— Endormis ! répéta William d'une voix qui témoignait beaucoup de surprise et tant soit peu d'incrédulité. Vous n'admettez pas, Boule-de-Neige, qu'un oiseau puisse dormir dans l'air ?...

— Ah! William, on voit bien que vous ne connaissez pas toutes les bizarreries dont on est témoin dans cette partie du monde. Dormir en l'air, impossible! mais pas du tout! Ils dorment les ailes étendues, et quelquefois l'aile repliée et la tête cachée dessous; demandez plutôt à massa Ben.

— Ah! c'est difficile de répondre. Je ne voudrais pas en jurer. Je l'ai entendu dire, mais cela me paraît si fort! si fort!

Hirondelle.

— Bah! répondit Boule-de-Neige en secouant la tête d'un air railleur, est-ce donc si fort que ça? La frégate naturelle dort bien sur l'eau sans voiles tendues, sans le plus petit bout de toile. Pourquoi l'oiseau-frégate n'en pourrait-il faire autant? Ce que l'eau est au navire, l'air l'est aux oiseaux Qu'est-ce qui les empêche de faire leur somme, quand il n'y a pas trop de vent? Ah! par un gros temps, dame, je ne dis pas....

— Bon! bon! Tu peux avoir raison, noiraud; je ne te contredis pas, bien sûr, mais je ne voudrais rien affirmer non plus, reprit Ben Brace d'un ton fort indécis. Tout ce que je sais, c'est que j'ai déjà vu des frégates rester immobiles comme celles-ci, sans aller ni à droite ni à gauche, et je ne les considérais pas comme endormis pour cela. Comment se pourrait-il que leur queue fourchue s'ouvrît et se fermât tout le temps comme les lames d'une paire de ciseaux, ainsi qu'elles le font à présent? Si elles dormaient, elles ne bougeraient pas.

— Là! massa Ben, répondit le nègre avec une condescendance visible pour la pauvreté du syllogisme de son camarade, vous ne pensez pas qu'on puisse remuer en dormant?... Vous ne bougez donc jamais ni pied ni patte dans votre sommeil? En outre, continua notre logicien, se lançant dans un autre ordre d'idées, comment voudriez-vous que les frégates pussent se passer de dormir? Vous savez qu'elles ne peuvent pas nager. Leurs pattes ne sont pas conformées pour cela, pas plus que celles des poules de Guinée ou des volailles de basse-cour. Il leur est donc aussi impossible de dormir sur la mer qu'à vous ou à moi.

— Bon, Boule-de-Neige, répondit le marin, poussé dans ses retranchements et ne voulant pas rester court, je reconnais tout cela. Mais si c'est vrai, ce n'est pas vraisemblable. Je ne peux pas comprendre qu'un oiseau dorme en l'air, pas plus qu'on ne me persuaderait d'accrocher mon vieux chapeau goudronné à ce nuage là-bas. Je conviens d'autre part que je me demande, comme toi, de quelle manière s'y prendraient les frégates pour ne jamais avoir besoin de repos. La seule explication plausible que je puisse trouver, c'est de supposer que chaque soir elles retournent à la côte pour y nicher.

— Allons donc! massa Ben, est-ce bien vous qui dites des choses pareilles? J'ai entendu dire, moi qui vous parle, que la frégate ne s'éloignait jamais du rivage à plus d'une centaine de lieues, et pourtant le vieux nègre que voilà en a trouvé cent fois au milieu même de l'Océan, comme qui dirait celles-là! Ah! je voudrais bien que ce fût vrai qu'elles ne s'éloignent pas davantage, car nous aurions plus de chances d'atterrir bientôt! Mais, hélas! nous sommes à plus de deux cents lieues de toute terre, et les voilà planant sur nos têtes et dormant aussi tranquillement que le chef de cambuse de notre pauvre vieux *Pandore* avait coutume de le faire à bord.

Et la conversation en resta là.

Le *pelicanus aquila*, devenu le sujet d'entretien de l'équipage du *Catamaran*, diffère beaucoup de la généralité des oiseaux de mer, surtout du pélican proprement dit, avec lequel on l'a classé, mais qui est lourd et disgracieux.

La frégate a cela de remarquable que ses pattes sont à peine palmées et qu'elle a des serres comme les vautours et les aigles. Du reste, beaucoup de marins l'appellent indifféremment vautour de mer ou aigle de mer : appellation que l'on donne également parfois à une espèce d'albatros, le *diomedea exulans*.

La frégate mâle est d'un noir de jais; son bec est rouge, très long et verticalement aplati; ses mandibules sont brusquement recourbées par en bas. La femelle est d'une couleur moins foncée et porte un large disque blanc sur l'abdomen.

Les jambes, trop courtes, sont hors de proportion avec la taille de l'oiseau. Les pieds sont munis de serres, celle du milieu écailleuse et dentelée en dessous. Les pattes sont emplumées jusqu'en bas : nouveau point de ressemblance avec les oiseaux de proie terrestres. Un autre non moins marqué, c'est que, chez la frégate, le pouce est tourné de manière à lui permettre de percher; ce qu'elle fait lorsqu'elle vient à terre et pose son nid dans les grands arbres.

Cet oiseau tient le milieu entre les oiseaux de proie de terre ferme et les palmipèdes qui les remplacent sur l'Océan. Il vient après l'orfraie et l'aigle marin, qui tirent presque toute leur nourriture de la mer, mais s'éloignent peu du rivage pour se la procurer. La frégate, au contraire, qui peut prétendre aux nobles qualités qui font de l'aigle le roi des oiseaux, pousse ses excursions si loin de terre, qu'on la rencontre fréquemment au milieu de l'Atlantique, circonstance bien faite pour embarrasser les ornithologistes. Ses pattes n'étant point palmées, elle ne saurait nager, et d'ailleurs on ne l'a jamais vue se reposer sur l'eau, et tout dans son organisation dément la possibilité de ce fait.

Où donc alors cherche-t-elle le repos dont ses ailes fatiguées doivent éprouver parfois un si légitime besoin? Telle est la question qui s'impose, mais que jusqu'à présent nul n'a résolue d'une manière satisfaisante.

Les uns, dont Ben s'était fait l'interprète, affirment que l'oiseau retourne chaque soir à son nid du rivage ; mais si l'on considère qu'il lui faudrait pour cela parcourir quelques centaines de lieues, souvent plus d'un millier, pour revenir le lendemain au même endroit, cette supposition perd toute vraisemblance.

Beaucoup d'autres, en revanche, affirment, comme Boule-de-Neige, que cet oiseau s'endort à des hauteurs vertigineuses, qui le rendent à peu près invisible, et ceci a tout l'air d'être la vérité. Ce qui est indiscutable, c'est qu'il se repose dans ses excursions et reste des semaines et des mois sans jamais atterrir. Et puisqu'il est prouvé que le poisson dort au fil de l'eau, pourquoi ne point admettre que certains oiseaux, grâce à leur conformation particulière, en puissent faire autant dans leur élément particulier, l'air ?

En tout cas, le vol ondoyant, souple, gracieux, de la frégate ferait plutôt croire qu'elle est à son aise dans l'immensité du ciel plus qu'elle ne le serait sur une branche d'arbre. Il est vrai que, lorsqu'elle pêche près du rivage, elle se retire la nuit pour percher ; mais au milieu de l'Océan, elle ne cherche aucun point d'appui (comme le fou, par exemple, et beaucoup d'autres oiseaux aquatiques du même genre), sur les espars des bâtiments. Et cependant on la voit fréquemment planer autour des têtes de mâts des voiliers et s'amuser à prendre dans son bec, pour le mettre en pièces, le drap de couleur voyante fixé à la flouette.

On raconte qu'une fois un de ces oiseaux se laissa capturer à la main par un homme d'une taille gigantesque et d'une maigreur extrême, monté tout en haut du maître mât, et que, dans son inexpérience et dans ses jeux, il prit pour un espar d'une espèce particulière.

A proprement parler, la frégate ne pêche pas. Ne pouvant ni nager ni plonger, elle ne saurait tirer le poisson hors de l'eau. Aussi attrape-t-elle sa nourriture au vol parmi les exocets et les loligos. Quand ceux-ci, pourchassés dans leur élément, se réfugient dans l'air pour y chercher la sécurité, la frégate, qui les guette, prompte à s'abattre, fond sur eux et les enlève bien avant qu'ils soient revenus à ce flot qu'ils ont fui par effroi, et après lequel ils soupirent en vain, malgré tous ces dangers. Elle se nourrit encore de tous ceux qui ont l'habitude de se jouer à la surface de l'Océan et de sauter au-dessus, ainsi que de ceux qui ont déjà été pris par d'autres oiseaux carnassiers, tels que les fous, les gachets et les mouettes. Elle poursuit ceux-ci, les force d'abord à lâcher prise, puis s'empare adroitement de la victime avant qu'elle ait eu le temps de traverser l'espace et de retomber. Ce n'est que dans la belle saison qu'elle se livre à ces rapines avouées, qu'elle pousse alors à l'extrême. On l'a vue obliger les premiers conquérants à rendre gorge et à lui céder leur pâture aux trois quarts avalée. En revanche, la saison des tempêtes est pour la frégate celle de l'abondance et du bien-être ; car elle n'a qu'à choisir à la surface des vagues le gibier qui lui convient le mieux.

La frégate a une facilité de vol telle, que jamais son adresse ne lui fait défaut. Si par hasard un poisson se présente mal à son bec, elle le rejette en l'air deux ou trois fois, jusqu'à ce qu'elle le tienne dans la position convenable pour l'avaler d'un seul trait.

XX.

LA FRÉGATE.

Les deux oiseaux qui avaient attiré l'attention de l'équipage du *Catamaran* abandonnèrent tout à coup leur immobilité et leurs régions inaccessibles, et commencèrent à descendre en tournoyant. En peu de temps ils furent assez bas pour que la poche rouge qui se trouve sous le gosier du mâle et y produit l'effet désagréable d'un goître, fût parfaitement visible, et leur silhouette élégante se détachât sur l'azur d'un ciel sans nuage.

Les albaçores n'accordaient plus la moindre attention aux hameçons flatteurs qu'on leur offrait, mais s'éparpillaient dans toutes les directions. Adieu cet ordre de bataille qui avait surpris et charmé l'équipage, et si longtemps dérouté leur cruel ennemi.

Quelle était la raison d'un pareil changement de tactique ? Etait-ce la crainte des oiseaux planant au-dessus d'eux ? Non ; car dans cette débandade, ils ne paraissaient pas mus par la frayeur. Ils semblaient plutôt être en quête de quelque chose d'encore invisible.

— Sûrement, demanda William, dont l'expérience maritime était fort limitée, et qui désirait profiter de celle de ses camarades, d'aussi gros poissons que ceux-ci ne sauraient avoir rien à redouter des frégates ? A quoi, du reste, ça servirait-il à ces dernières de les tuer ? Elles ne pourraient les avaler.

— Ce n'est pas après les albaçores qu'elles en ont, répondit Ben Brace. Elles n'y songent même pas. C'est un autre gibier qu'elles convoitent. Vois-tu, ce que les albaçores cherchent de tout côté, c'est une proie dont ils sont gourmands, et les frégates également. Aussi n'y épargnent-ils rien pour la rencontrer plus vite.

— Quel est donc ce friand régal ? interrogea William.

— Le poisson volant, mon garçon, le même qui nous a empêchés de mourir de faim. Il doit y en avoir un banc près de nous, et les frégates l'ont aperçu les premières. C'est là ce qui les a fait descendre. Elles ont vu également les albaçores ; et comme elles savent qu'ils chassent le même gibier, elles se sont empressées de se rapprocher pour profiter de l'occasion. Il n'y aurait guère de chances en leur faveur, si les albaçores n'étaient là pour jeter l'effroi dans la bande, et faire bondir les exocets hors de l'eau. Attention, petit ! Tu vas voir un autre épisode de chasse sous-marine. Regarde plutôt !

Le marin parlait encore, quand, rapides comme l'éclair, les albaçores s'enfoncèrent sous l'onde transparente à une assez grande profondeur.

Un instant après, un certain nombre d'objets blancs apparurent de tous les côtés, puis disparurent comme autant de météores dans la mer, qui se referma sur eux.

Cette fois, tout le monde à bord du *Catamaran* savait à quoi s'en tenir sur la nature de ces brillants oiseaux de passage. Ce mouvement n'avait point échappé aux frégates; elles étaient sur le qui-vive; on les vit s'abattre vivement, et en un clin d'œil chacune d'elles remonta, tenant au bec une victime qui n'avait échappé à la voracité de l'ennemi sous-marin que pour rencontrer dans sa fuite une fin non moins tragique. Pour ajouter à l'horreur de son supplice, un des oiseaux, le mâle, jeta la sienne en l'air à deux ou trois reprises, la rattrapant plusieurs fois au passage, avant de la laisser s'engloutir en paix dans ce vaste gosier où tant d'autres l'avaient précédée.

Il était évident que ni l'un ni l'autre des deux carnassiers ne se déclarait satisfait avec un seul poisson pour son repas; car ils avaient à peine avalé leur proie, qu'ils se remettaient à la chasse.

A ce moment, il se passa sous les yeux de l'équipage du *Catamaran* un de ces petits drames dont les observateurs de la nature prise sur le fait n'ont pas toujours la chance d'être les témoins, mais qui sont plus nombreux qu'on ne pense.

Un des héros ailés dont nous nous occupons avait jeté son dévolu sur un malheureux poisson volant, retardataire que la frayeur ou la fatigue empêchait de rejoindre le gros de la troupe. D'autre part un albaçore d'au moins trois pieds de longueur s'était mis à la poursuite du dit retardataire, et tous deux s'acharnaient, l'un à chercher le salut dans la fuite, l'autre à empêcher ces efforts d'aboutir.

Il devenait évident que le sort se déclarait en faveur du chasseur, et à chaque instant William et Lili s'imaginaient voir la jolie petite créature s'élancer d'un bond vigoureux et se mettre hors de la portée de son redoutable persécuteur; mais au moment où l'exocet paraissait déterminé à avoir recours à son moyen de salut habituel, il vit distinctement planer au-dessus de lui les longues ailes de la frégate, dont le cou se tendait avec convoitise.

Cette vue était bien suffisante pour retenir l'infortuné dans son élément, mais il ne pouvait espérer d'échapper longtemps à l'ennemi qui le poursuivait en bas ou à celui qui le guettait d'en haut. La mort était inévitable. Il ne lui restait que l'embarras du choix. Qu'est-ce qui pouvait lui sembler préférable, la poche rouge de l'oiseau des mers ou la mâchoire béante de l'albaçore?

Participant un peu aux habitudes de ses deux ennemis, il n'avait aucune raison d'octroyer la préférence à l'un plutôt qu'à l'autre. Il ne céda par conséquent qu'à l'imminence du danger; et comme son congénère se préparait à l'engloutir gloutonnement, le poisson volant tenta la dernière chance qui lui restât (chance bien faible assurément), celle d'éviter le bec tendu de l'oiseau, et s'élança dans les airs.

La frégate, qui attendait cette détermination avec l'impatience d'un appétit mal assouvi, ne perdit pas de temps pour s'assurer la proie tant désirée. Mais son extrême confiance en elle-même nuisit sans doute à la sûreté de son coup d'œil. Elle s'était abaissée le bec largement ouvert, les serres étendues et frémissantes, et cependant, en dépit de sa promptitude et de son adresse bien connue, le poisson volant passa sans encombre auprès d'elle et alla retomber loin dans la mer, débarrassé à la fois de deux dangers, dont un seul eut dû être suffisant pour l'envoyer dans le royaume des morts.

Les yeux de tous restèrent fixés avec le plus vif étonnement sur la frégate. En effet, au lieu de s'élever dans les airs, de continuer la poursuite de la proie qu'elle venait de manquer si maladroitement, ou même de se mettre en chasse d'une autre, elle restait à fleur d'eau, les ailes déployées et frappant la mer avec tant de force, qu'elle faisait voler autour d'elle un nuage d'écume.

En même temps on l'entendait pousser de longs cris de détresse, comme si elle était menacée par quelque terrible ennemi ou fût déjà devenue la victime de quelque monstre de l'Océan. Ses mouvements précipités indiquaient une lutte avec une créature invisible, et l'eau qu'elle battait de ses ailes était agitée beaucoup plus profondément qu'elle ne devait pouvoir le faire. On eût dit qu'une force inconnue la troublait à l'intérieur dans la partie correspondante à celle où l'oiseau se démenait au-dessus.

Même notre ami Boule-de-Neige, qui se croyait au fait de tout ce qui se passe dans le monde aquatique, écarquillait ses yeux, très surpris de ne pouvoir expliquer cette étrange conduite de la part d'un animal aussi sensé que le carnassier en question.

— Que peut-il être arrivé à cette pauvre bête, camarade? demanda Ben, pensant que le noir en savait peut-être plus long que lui à cet égard. On dirait qu'elle est prise. Que je sois pendu si on ne croirait pas qu'elle sombre!

— Je veux bien l'être aussi, répondit le nègre, si je comprends rien à ce qui se passe. Ce qui est certain, c'est que l'animal est pris par les pattes.... Serait-ce un requin, un long nez, l'épée du....

Boule-de-Neige allait dire Groënland, mais il n'eut pas le loisir de finir sa phrase. Une forte secousse imprimée à la planche sur laquelle il se trouvait rompit les liens qui la retenaient et envoya le brave noir reprendre son équilibre au milieu des flots.

Une forte secousse envoya le brave noir reprendre son équilibre
au milieu des flots.

Ce ne fut pas tout. La planche dont l'ex-cuisinier avait été si brusquement arraché retomba non moins brusquement à sa place. C'était la plus lourde du radeau; mais elle n'y resta point paisiblement, comme on était en droit de s'y attendre. Elle fut de nouveau violemment secouée et tirée en arrière comme par la main d'un démon quelconque acharné à sa perte.

Et non seulement la planche, mais le radeau tout entier fut ébranlé par cette inexplicable impulsion communiquée on ne savait par quoi et dans un sens peu ordinaire, de bas en haut. Si rapide et si irrésistible fut cette mystérieuse oscillation, que ce fut avec difficulté que Ben et les deux enfants parvinrent à ne point tomber.

En même temps l'eau rendit un bruit étrange, et peu après le radeau fut entouré de hautes vagues couronnées d'écume blanchissante.

Boule-de-Neige, qui n'avait pas tardé à revenir à flot, s'apercevant que le radeau continuait à tanguer fortement, n'essaya pas de reprendre sa place à bord, et se contenta de suivre à la nage, laissant échapper les expressions d'une terreur sans contrôle.

— Que je sois pendu ! s'écria Ben, dont les dents claquaient sous l'empire d'une émotion causée par l'imprévu et le surnaturel de l'accident, que je sois pendu si le diable ne se mêle pas de la chose ! Est-ce une baleine qui nous aurait....

Avant qu'il eût achevé, un bruit sec, comme si la planche tourmentée en dessous se brisait, retentit à leurs oreilles; un choc plus rude que les autres ébranla le *Catamaran*, puis peu à peu tout reprit sa tranquillité. Les naufragés retrouvèrent leur équilibre, les vagues s'apaisèrent, et bientôt il ne resta plus trace de ce grand désarroi. Le *Catamaran* se balançait comme auparavant sur la surface unie de l'Atlantique.

Dès que le *Catamaran* eut retrouvé son aplomb, Boule-de-Neige remonta à bord. L'expression comique de sa physionomie, lorsqu'il commença à tordre ses vêtements trempés, eût, en toute autre occasion, excité la gaîté de ses compagnons; mais en ce moment, nul n'était disposé à l'hilarité, au contraire ; le curieux accident survenu au sein d'un calme plat n'était point expliqué, et l'effroi qu'il leur avait inspiré était tel, que personne ne pouvait parler. Ce fut Boule-de-Neige qui le premier rompit le silence.

— Bonne Providence, dit-il, tandis que ses dents claquaient comme des castagnettes, qu'est-ce que tout cela signifie ? Qu'en pensez-vous, massa Ben ? Dans le clapotement de l'eau je n'ai rien vu qu'une masse noire. Je crains bien que ce ne soit le diable.

Les regards terrifiés du nègre témoignaient assez de la véracité de ce qu'il disait. Mais Ben Brace, bien que n'étant pas exempt, à l'occasion, de certaines superstitions, repoussait absolument, dans ce cas particulier, l'intervention d'une puissance surnaturelle. Le coup qui avait ébranlé si rudement la planche sous les pieds de Ben s'était communiqué à tout leur appareil nautique ; il devait avoir été produit par quelque monstre sous-marin, engagé par hasard sous la carcasse du radeau, et jusque-là l'incident était assez naturel pour qu'il fût facile de s'en rendre compte. Mais où la difficulté commençait pour Brace, c'était dans l'oscillation violente et prolongée qui avait suivi la secousse ; il ne pouvait s'expliquer comment le poisson quelconque qui avait heurté de la tête la quille de leur embarcation, ne s'était pas enfui de toute la vitesse de ses nageoires.

La première impression de Ben avait été d'avoir eu affaire à une baleine, ce qui n'est pas rare dans ces parages ; mais la persistance de l'attaque semblait indiquer qu'elle n'était pas seulement l'effet d'un hasard ; et d'autre part, si une baleine ou tout autre cétacé se fût volontairement attaqué au radeau, il n'en fût pas resté trace, puisque d'un seul coup de queue le formidable animal l'eût envoyé se promener dans les airs, ou l'eût chaviré à quelques brasses de profondeur.

Comme chacun cherchait la cause de cette mystérieuse aventure, un cri de joie de Boule-de-Neige annonça qu'il avait découvert le *deus ex machinâ*.

Sa première pensée, lorsqu'il fut un peu revenu à lui, avait été d'examiner la planche de laquelle, comme un acrobate de son trapèze, il avait été projeté à une telle distance ; et là, juste à l'endroit qu'il occupait au moment de l'accident, se trouvait un objet qui était l'explication sans commentaire de tout ce qui s'était passé : c'était un corps long et osseux dépassant de plus d'un pied la surface du radeau ; obliquant légèrement de la perpendiculaire et aussi fermement incrusté dans le madrier que s'il y eût été fixé par le marteau d'un serrurier. Tout autour les éclats de bois indiquaient que la poussée avait eu lieu par-dessous.

Mais le nègre n'était point d'humeur à tirer des déductions ; après les émotions de la crainte, celle de la joie se traduisit par un éclat de rire homérique, qui ne lui permettait même pas de s'expliquer.

— Oh ! massa Ben, dit-il enfin, voyez donc ce qui nous a causé une si belle frayeur ! Oh ! la la, qui eût pu croire que l'espadon avait une pareille puissance ?

Et il continuait à se tordre.

— Un bec d'épée, s'écria Ben ; tu as raison, Boule-de-Neige, ce n'était pas autre chose, et ça ne valait vraiment pas la peine.

— Il ne reste que la lance, reprit le nègre ; la carcasse de l'animal a disparu, c'est le corps noir que j'ai vu sous le radeau ; mais il n'y est plus ; après s'être cassé le nez, le malheureux, il a trouvé la mort, et il doit déjà dormir tout au fond de l'Océan.

— Oui, il doit avoir brisé son arme en luttant pour se dégager. J'en ai entendu le craquement, puis aussitôt le radeau a cessé de tanguer et repris son équilibre. Miséricorde ! quel élan ! quelle puissance ! Cette planche a au moins cinq pouces d'épaisseur, et il a trouvé le moyen de la traverser de part en part, de plus d'un pied ! Dieu de miséricorde, à quelles étonnantes créatures l'on a affaire sur l'Océan !

L'attention de l'équipage fut de nouveau captivée par la frégate, qui, toujours à la surface de l'eau, battant des ailes, voletant çà et là, continuait à s'envelopper d'un nuage d'écume qui la suivait partout.

Le nègre et le matelot, qui avaient fini par expliquer la conduite du poisson, ne pouvaient arriver à découvrir la raison d'être de l'agitation de l'oiseau. Durant leur longue carrière maritime, rien d'analogue ne s'était passé sous leurs yeux, et cette impossibilité de contrôler un fait aussi curieux les taquinait vivement l'un et l'autre.

Plus ils examinaient les contorsions du malheureux volatile, plus il devenait évident pour eux que ses mouvements n'avaient rien de naturel. C'était une lutte, et une lutte acharnée, que trahissaient ses bonds convulsifs ; et ses cris incessants indiquaient à la fois l'effroi et la douleur.

Mais alors, pourquoi restait-il à la surface de l'Océan, puisque, plus que toute autre créature ailée, il avait la faculté de s'élever dans les airs à une hauteur vertigineuse et inaccessible ?

Telle était la question que se posaient les deux marins, et à laquelle ils cherchaient vainement toutes les solutions imaginables, hormis la bonne. Plus de vingt minutes s'étaient écoulées dans ces suppositions fantaisistes quand le mystère fut soudain éclairci, et le rôle adopté par le *pelicanus aquila* expliqué.

L'oiseau commençait à donner des signes non équivoques de lassitude. Ses ailes, qui ne frappaient que languissamment le flot, ne produisaient plus le nuage d'écume derrière lequel il s'était jusque-là dérobé, et la mer au-dessous de lui était beaucoup moins agitée.

Les spectateurs virent alors qu'il n'était pas seul. Un poisson dont la forme et la brillante parure azurée annonçaient un albaçore, semblait le retenir par la patte. La raison déterminante du séjour persistant de l'oiseau à ras de mer était trouvée; mais cela laissait encore le champ libre à bien des conjectures. L'albaçore donnait également des signes de fatigue et d'épuisement, et lui, le vainqueur, semblait plus désireux encore que le captif de recouvrer sa liberté d'action.

A mesure qu'il nageait avec plus de lenteur, les spectateurs purent voir que la patte de l'aigle, au lieu d'être prise dans les mâchoires du poisson, comme on l'eût pensé au premier abord, paraissait, au contraire, reposer simplement sur sa tête, comme si elle y fût rivée et que rien ne pût plus l'en détacher.

Les efforts des deux adversaires se relâchaient, devenaient intermittents. Après chaque recrudescence, l'intervalle de calme était plus long, plus complet, jusqu'à ce qu'enfin les deux restassent immobiles. L'albaçore tentait bien par moment d'entraîner sa proie au fond; mais l'énorme envergure, mesurant plus de dix pieds, des ailes éployées de l'oiseau, lui permettait de résister en le maintenant à la surface.

Le *Catamaran* arrivait sur le lieu du combat, et la position respective des antagonistes se révélait plus clairement ; mais ce ne fut que lorsque les deux furent amenés tout pantelants à bord, que l'on put comprendre la nature du lien qui les rivait l'un à l'autre.

Les efforts des deux adversaires devenaient intermittents.

La lutte n'avait point été voulue. Elle n'entrait dans les mœurs d'aucun des adversaires. L'albaçore, trop gros pour servir de nourriture à la frégate, ne s'inquiète pas d'elle, et celle-ci n'intervient jamais dans le domaine de ses concurrents sous-marins.

L'accident provenait uniquement de l'ardeur des deux chasseurs à poursuivre le pauvre exocet que nous avons vu se dérober avec tant de dextérité à la convoitise de ceux qui se le disputaient. Les serres que l'oiseau avait étendues pour s'emparer du poisson volant, manquant leur but, étaient tombées sur l'albaçore à demi hors de l'eau et s'étaient enfoncées dans son œil. Comme d'une part elles s'adaptaient exactement à l'orbite, et que de l'autre elles se trouvèrent engagées dans les sutures fibreuses du crâne, elles y restèrent fixées de telle sorte, que ni la frégate ni l'albaçore, également désireux de se soustraire à ce funeste enlacement, ne purent parvenir à se séparer.

Boule-de-Neige accorda de plein droit le divorce à cette union malheureuse. D'un coup vigoureux, il trancha la tête au poisson, tandis que Ben tordait le cou à l'infortuné volatile.

Et c'est ainsi que ces deux despotes de l'empire des mers tombèrent victimes de leurs appétits déréglés, tout aussi bien que s'ils eussent été les héros d'un conte de la Morale en action.

La réapparition de l'espadon, à supposer que ce fût le même qui leur avait déjà rendu visite, ou plutôt la poursuite du banc d'exocets, avait entraîné les albaçores loin du voisinage du radeau. De sorte qu'il n'y avait plus d'espoir d'enrichir le garde-manger par une pêche fructueuse au milieu d'eux.

Une fois revenu de sa surprise causée par ces différents incidents, l'équipage passa l'inspection minutieuse du *Catamaran* pour s'assurer qu'aucun dégât sérieux n'avait suivi le choc terrible qui l'avait ébranlé. Heureusement il n'y en eut point à constater. La perforation de la planche dans laquelle se trouvait pris le bec de l'espadon était sans importance; on n'essaya même pas de l'en extraire, sa présence ne pouvant en rien compromettre les qualités de marche du *Catamaran*. Quant aux madriers disjoints, Ben et son noir camarade eurent bientôt fait de les remettre en état.

Ils rejetèrent alors leurs lignes à la mer; cependant le soleil termina sa carrière sans qu'ils eussent rien pris. Aucun être vivant ne se montrait plus aux alentours. Les cieux et les flots étaient déserts, quand l'astre du jour acheva de se plonger dans les profondeurs de l'Océan, éteignant avec lui les teintes riantes dont son coucher avait coloré l'horizon.

Cette journée si fertile en événements leur avait créé, semble-t-il, assez de sujets de conversation et d'intérêt pour ne pas laisser prise à l'ennui; et pourtant, quand nous retrouvons nos quatre amis à cette heure crépusculaire où tout se fane, ils étaient loin d'être gais.

Depuis le matin, ils n'avaient pas encore eu le loisir de la réflexion. Mais à cette heure de recueillement et d'inaction forcée, leur pensée se porta naturellement sur les dangers qui les environnaient de toutes parts et sur le peu d'espoir qu'ils pouvaient entretenir d'échapper à cette situation désespérante.

Leurs regards s'étaient concentrés avec une douloureuse mélancolie vers le point où le soleil avait disparu. C'est que ce point, c'était l'ouest, le but vers lequel tendaient tous leurs désirs, le port du salut. Oh! s'ils avaient pu franchir ce désert liquide, se retrouver sur la terre ferme, échanger les quatre misérables planches qui les séparaient à peine de l'abîme contre un toit protecteur !

Comme pour ajouter à leur découragement, un calme profond

régnait autour d'eux. Pas une brise ne troublait la surface unie du flot, et les myriades d'étoiles qui pointaient une à une dans l'azur sans nuages se reflétaient autour d'eux comme dans un miroir.

Il y avait quelque chose d'effrayant dans le silence qui régnait, et ces hommes que tant de périls avaient trouvés inébranlables se laissaient impressionner par cette immobilité sépulcrale.

Une autre cause de préoccupation très légitime était la perte d'une partie de leurs provisions. Cet accident les avait peu préoccupés tant que le banc d'albacores avait été en vue, et qu'ils avaient pu espérer de combler leur déficit par une pêche fructueuse. Depuis sa disparition, c'était autre chose.

Leur abattement et leur tristesse s'augmentaient à mesure que s'épaississaient les ténèbres extérieures ; et pendant quelque temps personne n'essaya de réagir contre cette influence démoralisante.

Toutefois, si grand que soit le découragement, il ne saurait durer toujours. La sage nature, en bonne mère prévoyante qu'elle est, n'a pas permis qu'il en fût autrement, et il est généralement suivi d'une période de réaction pendant laquelle on voit les choses en beau.

Une heure environ après le coucher du soleil, le poids qui oppressait l'esprit des naufragés se dissipa au souffle d'une brise favorable qui se leva et les poussa, toutes voiles dehors, dans la direction désirée.

Le mouvement a toujours une influence salutaire sur les esprits abattus. Ce n'est pas que personne eût la moindre idée que cette brise pût les mener à terre ou durât même assez longtemps pour leur faire faire beaucoup de chemin. L'important, c'est qu'ils avançaient dans la direction voulue. Ils marchaient !... et cela avait suffi pour relever leur courage.

Bientôt on se souvint qu'on n'avait pas soupé, et Boule-de-Neige, reprenant à la fois sa gaîté et ses fonctions, se dirigea vers le garde-manger.

Il ne lui fallut pas grand temps pour revenir avec les éléments du souper. Sa cambuse était trop mal fournie pour lui donner l'embarras du choix; et quand il revint à la poupe trouver ses amis, il leur présenta une demi-douzaine de biscuits avariés et quelques morceaux de poisson séché.

C'était un repas bien peu succulent, dont un mendiant même se fût détourné avec horreur; mais les naufragés avaient appris non seulement à s'en contenter, mais à s'en montrer reconnaissants.

Il y avait aussi les albaçores, dont la chair délicate est justement appréciée comme un fin morceau. Seulement elle était crue, et nos pauvres amis lui préféraient encore leur filet de requin à demi cuit au soleil. Avec un peu de vin des Canaries pour dessert, cela passait mieux.

Par exemple, Boule-de-Neige le versait avec parcimonie et l'additionnait de beaucoup d'eau. La bosse de l'économie était largement développée sur le crâne du Coroman. C'était même à cette circonstance qu'il devait la vie et celle de sa protégée; car s'il n'eût eu un talent tout spécial pour réunir et faire durer ses provisions, ils eussent depuis longtemps succombé au besoin.

Tout en mangeant leur frugal souper, l'ex-cuisinier exprimait le regret de n'avoir pas la possibilité de faire du feu pour cuire l'albaçore, dont l'excellence lui était connue. Ce n'était point un regret personnel qu'il formulait ainsi. C'était à cause de sa petite

Lili qu'il en souffrait. Il voyait bien que l'enfant eût eu grand besoin d'une autre nourriture que ce poisson racorni qui répugnait à son palais délicat. Il se consola de ne pouvoir faire mieux en prenant sur sa part un supplément de vin qu'il lui vit boire avec délices.

Après le souper, les quatre amis, tout réconfortés, s'accordèrent le plaisir d'une longue causerie que leur entrain revenu rendit beaucoup plus animée qu'à l'ordinaire.

— Quelque chose me dit que nous parviendrons à gagner la terre ou que nous allons rencontrer un vaisseau, s'écria Ben. Je ne saurais expliquer ce qui me met une pareille certitude en tête, mais elle y est. C'est peut-être parce que nous avons si souvent vu la mort de près et que néanmoins nous sommes là; sans compter que j'espère y rester longtemps encore.

— Oui, oui, massa Ben, et c'est déjà quelque chose d'avoir su nous maintenir à flot jusqu'ici. Il ne faut jamais parler de mourir tant qu'on a du courage, qu'on s'entend bien, et qu'on a un brave radeau comme le nôtre.

— Je repasse toujours dans mon esprit ce qui nous est survenu, continua Brace. Je me représente ce pauvre poisson volant qui vient juste tomber à nos pieds. Qui l'y avait conduit, si ce n'est la main d'un bon ange? Non, Boule-de-Neige, tu as beau parler de tes diables et de tes fétiches, je te dis, moi, qu'il y a quelqu'un qui leur est fort supérieur, et c'est le Dieu des chrétiens. Il est partout. C'est lui qui nous a envoyé premièrement la nourriture, puis la pluie qui nous a empêchés, William et moi, de mourir de soif. C'est lui qui nous a guidés l'un vers l'autre, mon vieux camarade, afin que nous puissions réunir nos forces et nous aider mutuellement à sortir de cette mauvaise passe où notre folie et notre méchanceté nous ont jetés.

— Il y a du vrai dans ce que vous dites, massa Ben. Cependant je n'admets pas que ce soit tout à fait notre faute si le hasard nous a poussés l'un et l'autre sur ce maudit négrier. Que nous nous soyons montrés aveugles, c'est possible; mais quant à la méchanceté, je soutiens que ce n'est pas à nous qu'il faut l'imputer toute, mais bien aux autres sacripants du *Pandore*, qui sont plus coupables que vous ou moi, tout nègre que je suis.

— N'importe, je ne discute pas cela. Je sais, Boule-de-Neige, qu'il doit y avoir du bon en toi et en nous tous, pour que nous ayons été favorisés et protégés comme nous l'avons été jusqu'à présent. Je pense que nous devons être bien reconnaissants aussi de notre délivrance d'aujourd'hui. Entre le requin et la disparition du *Catamaran*, j'ai bien cru que c'en était fait de nous, et nous devrions bien dire quelque chose en retour.

— Dire quoi? massa Ben.

— Un mot de prière.

— La prière, qu'est-ce que c'est que ça?

— Tu n'en sais rien, vraiment? C'est tantôt une demande, tantôt un remercîment à celui qui veille sur les hommes. William va la dire pour nous, n'est-ce pas, petit? fit le marin en se tournant vers le mousse.

Pour toute réponse, l'enfant se mit à genoux. Les autres l'imitèrent.

L'action de grâces terminée, Boule-de-Neige, William et Lili se livrèrent au repos, tandis que Ben allait prendre le quart et la barre du gouvernail.

XXI.

TERRE! TERRE!

Ben s'acquitta en conscience de sa vigie durant les longues heures de la nuit; et comme la brise s'était maintenue bonne, le radeau filait avec rapidité sous le double entraînement de ses voiles et du courant.

Une sorte de brouillard épais s'était levé sur l'Océan, dérobant à la vue les étoiles par lesquelles le pilote eût pu s'orienter; sans se laisser embarrasser par cette difficulté, et supposant qu'aucun changement n'était survenu dans la direction du vent, Ben se laissa aller à son impulsion, et fit bien, comme il le reconnut par la suite.

Un peu avant l'aurore, il fut relevé par Boule-de-Neige. Ce ne fut pas lui qui réveilla le nègre pour se faire remplacer. Il eût généreusement gardé son poste jusqu'au matin, si le noir ne se fût réveillé sous l'impression d'un malaise causé peut-être par son immersion prolongée de la veille, ou par l'humidité pénétrante du brouillard. C'était une sorte de fièvre qui le faisait chanceler comme un homme ivre et lui faisait claquer les dents comme des castagnettes.

Il lui fallut un certain temps pour se remettre, car rien n'est pénible à supporter par un homme de couleur comme le froid. Il essaya immédiatement de rétablir la circulation par de grands coups de poing dans le dos et dans la poitrine; et quand il se sentit mieux, il s'aperçut qu'il était grand temps de relayer son brave compagnon.

Avant d'aller à son tour goûter un repos qui lui était si nécessaire, Ben lui donna ses instructions pour que le *Catamaran* ne déviât pas de sa route.

Cinq minutes plus tard, le marin était profondément endormi, et, seul de l'équipage, l'ex-cuisinier du *Pandore* se retrouvait en présence de la réalité et de ses poignantes incertitudes.

William et Lili rêvaient sans doute de la maison paternelle et de ses douceurs, tandis que le marin se croyait dûment « emmagasiné » sur le gaillard d'avant d'une frégate anglaise, toutes voiles dehors, avec une nombreuse société de joyeux compagnons, riant et chantant, ou comme lui balancés dans leurs hamacs.

Pendant la première partie de sa veille, Boule-de-Neige ne songea qu'à ne pas s'écarter des instructions du capitaine et à maintenir le *Catamaran* sous le vent.

Il avait bien été parlé de la nécessité de surveiller la mer dans l'espoir d'y découvrir une voile; mais par l'épais brouillard qui avait envahi le large, le plus fort navire eût passé inaperçu même à une encâblure du radeau.

Boule-de-Neige, par conséquent, ne se préoccupa point de chercher à percer l'obscurité, ni à bâbord ni à tribord. Il se contenta de suivre les avis reçus, c'est-à-dire d'écouter de toutes ses oreilles, et nous savons qu'elles étaient de taille.

Bien qu'il fût impossible d'apercevoir un bâtiment, les voix de l'équipage ou tout autre bruit inhérent au service eussent pu dénoter son voisinage, car c'est souvent ainsi que se signalent les vaisseaux par les nuits sombres.

Plus souvent encore arrive-t-il en ces occasions que deux navires se côtoient presque, puis s'éloignent l'un de l'autre sans s'être doutés de ce rapprochement, passant ainsi que deux spectres géants poursuivant en silence un but mystérieux.

L'aurore arriva sans que le noir pilote eût surpris d'autre bruit que celui de la brise s'engouffrant dans la voile du radeau, ou le sourd gémissement de l'eau qui moutonnait contre les barils vides attachés à ses flancs.

A mesure que le jour croissait et que le bord supérieur du disque du soleil s'éleva au-dessus de l'horizon, le brouillard se dissipa un peu, et Boule-de-Neige vit au loin quelque chose qui fit bouillonner son sang dans ses veines, tandis que son cœur battait à se rompre dans sa vaste poitrine.

Au même instant et comme mû par un ressort, il se dressa tout debout; sa main laissa échapper le gouvernail, qui paraissait la brûler comme un fer rougi à blanc, et, se tournant à tribord, il se plongea dans une longue contemplation.

Qu'était-il donc survenu pour déterminer chez le Coroman ce trouble, cette émotion? Quel spectacle pouvait le captiver à ce point ?

C'était la terre !

Une vue si inespérée et si consolante eût valu la peine qu'il en vociférât la nouvelle, comme cela se pratique en pareil cas. Pourtant il n'en fit rien. Au contraire, il s'enferma dans un mutisme absolu, tout en arpentant la petite surface du radeau ou en reprenant ses méditations par la joue de tribord.

C'est que le malheureux se croyait le jouet d'une illusion, et ne désirait pas faire tressaillir ses compagnons sous le coup d'une fausse joie, suivie d'un désenchantement plus amer.

Bien que ses notions de géographie nautique fussent très limitées, Boule-de-Neige en savait assez long sur les plus basses latitudes de l'océan Atlantique. Plus d'une fois il les avait parcourues, tantôt dans les fers lui-même, tantôt libre, mais à bord d'un négrier. Il ne connaissait point de terre dans la partie où il supposait être en ce moment. Il n'avait jamais entendu parler d'une île, d'un roc, voire d'un récif dans ces parages. Ce ne pouvait être ni l'île de l'Ascension, ni la petite île Saint-Paul, puisque ni l'une ni l'autre ne se trouvaient sur la route présumée du *Catamaran*.

Quelle était donc cette terre inconnue qu'il apercevait si distinctement, qu'il ne pouvait admettre une erreur de ses sens et devait enfin se rendre à la réalité ?

Une fois cette conviction bien arrêtée dans son esprit, il se détermina à avertir ses camarades, et d'une voix tonnante :

— Terre ! oh ! cria-t-il.

— Terre ! répéta Ben, éveillé en sursaut et se frottant les yeux. Qui parle de terre, ici ? C'est toi, Boule-de-Neige ? Eh bien ! mon garçon, je t'avertis que tu te trompes.

— Terre ! répéta William.

Il n'y eut pas jusqu'à Lili qui n'eût compris le sens de cette exclamation, faite pourtant dans une langue étrangère.

— Mais où donc est-elle, cette terre ? demanda le marin, en enjambant les planches pour tourner la voile qui limitait son champ de vision.

Que j'y perde mon nom si ce n'est pas une île !

— Ici par tribord, massa Ben.

— On jurerait que c'est la terre ! affirma le marin. Que j'y perde mon nom si ce n'est pas une île, pas bien grande à la vérité !...

— Et habitée, interrompit Boule-de-Neige. Je vois les gens aller et venir. Aussi vrai que le soleil nous éclaire, il y a des groupes de plus de quinze à vingt personnes. Regardez bien.

« Aussi vrai que le soleil nous éclaire » était une figure vraiment impropre en ce moment, car le soleil avait bien de la peine à se dégager de l'épais brouillard, et les contours de l'île ou de ce qu'on prenait pour telle ne se distinguaient qu'imparfaitement.

Il est certain cependant que Boule-de-Neige, dont les regards s'étaient arrêtés plus longtemps vers cette terre promise, distinguait réellement une vingtaine d'individus. Ben Brace et William, maintenant que leur attention avait été éveillée, voyaient également des formes indistinctes se mouvoir sur la plage.

— Que le ciel me bénisse! s'écria le marin après quelques instants d'examen attentif, ce sont des hommes!... des hommes et des femmes!... dont quelques-unes sont vêtues de blanc. Quels peuvent être ces insulaires dont je n'ai jamais entendu parler? Je ne puis en croire mes yeux, bien que je les voie là devant moi! Je n'ai jamais entendu parler d'une île dans cette partie de l'Atlantique; et s'il y en a une, c'est qu'elle n'a fait son apparition que depuis un an ou deux. Si c'était une terre fantôme, comme on dit un vaisseau fantôme? Qu'en dis-tu, Boule-de-Neige?

— Je dis que ce n'est rien de tout cela, massa Ben, et qu'il nous est facile de nous en assurer en mettant le cap dessus.

Le marin suivit le conseil du noir, et, retournant au gouvernail, il manœuvra de manière à accoster bientôt cette terre hypothétique.

L'île ne paraissait pas d'une grande étendue. Elle avait tout au plus une centaine de mètres de longueur; et encore, avec le brouillard dont elle émergeait, il était prudent de suspendre son estimation, si l'on voulait éviter des erreurs. Elle semblait élevée de plusieurs pieds au-dessus de l'Océan. L'une de ses extrémités formait un cap, tandis que l'autre descendait par une pente douce vers la mer. C'était surtout sur le point culminant que se voyaient les habitants. Il y avait des groupes affairés de trois et quatre personnes, quelques couples, et pas mal d'individus isolés. On s'apercevait aisément qu'ils étaient de tailles différentes et vêtus très diversement, leurs costumes variant à l'infini de coupe et de couleur. Les uns paraissaient grands et forts, les autres chétifs et petits, et naturellement Boule-de-Neige en concluait que les uns étaient les enfants des autres.

Un certain nombre paradaient avec une sorte de lance fort longue. D'autres, armés de la même manière, se tenaient penchés vers la terre, tandis que le plus grand nombre fouillait le sol avec d'énormes pioches. Il est vrai que tous ces détails se devinaient plus qu'ils ne se voyaient réellement, et nos amis eussent été bien embarrassés de dire à quelle sorte de travail se livraient ces insulaires si actifs et si occupés. Parfois ils recommençaient à se demander s'ils n'étaient pas les dupes d'un mirage, d'une fantasmagorie. Ça pouvait-il bien être une île habitée par des êtres humains? Boule-de-Neige l'affirmait hautement. Il croyait à sa découverte et en était tout fier. Ben était plus sceptique, et, malgré les apparences qui donnaient raison au noir et auxquelles il était parfois tenté de se laisser prendre comme lui, il réservait son jugement pour le moment où l'on serait assez près pour n'avoir plus à redouter une illusion d'optique.

Du reste, ce n'était pas l'existence de l'île que le matelot contestait. A l'époque dont nous parlons il en surgissait souvent de nouvelles, là où l'on ne s'attendait pas du tout à en rencontrer. Et même aujourd'hui, où l'on a quelques raisons de croire que la mer a été sillonnée dans tous les sens et n'a plus d'imprévu pour le navigateur, la découverte de rochers, de bancs de sable et d'îlots, n'est point rare. Ce qui étonnait Ben, c'était la quantité de gens qui semblaient la peupler.

S'ils n'eussent été qu'une vingtaine ou une trentaine, il aurait pu s'expliquer cette circonstance, bien que l'explication n'eût rien eu de bien agréable ni pour lui ni pour ses compagnons. Alors on eût pu supposer que l'équipage du *Pandore* avait atterri sur l'île, vierge encore de tous pas humains, pour y chercher un refuge temporaire; et les pioches maniées avec cette fiévreuse ardeur indiquaient que l'on forait des puits pour se procurer de l'eau potable.

Mais il n'en était rien. Les habitants de l'île étaient trop nombreux pour qu'on pût admettre qu'ils représentaient l'ancien équipage du *Pandore*. Cette conviction détermina nos pauvres naufragés à s'en approcher avec moins de défiance.

Les doutes de Ben concernant l'île mystérieuse subsistèrent jusqu'au moment où il aperçut distinctement au point le plus élevé de cette terre problématique, un drapeau rouge qui flottait au vent.

Cette couleur est rare sur l'Océan. Il fallait bien se rendre à l'évidence, l'homme avait marqué là son passage, et l'homme civilisé encore ! Ce n'étaient point les plumes de l'oiseau des tropiques chères aux chefs de la Polynésie, pas plus que la poche rouge du vautour des mers.

Ce ne pouvait être que ce que c'était réellement : un drapeau !

Un chef de la Polynésie.

Ben mit bas son incrédulité systématique et annonça dans son langage ému et imagé qu'il n'y avait plus qu'une centaine de brasses à traverser pour se trouver de nouveau en relations avec de vrais humains, hommes, femmes et enfants.

Jusque-là, chacun, combattu entre le doute et l'affirmation, s'était contenu. La certitude hautement exprimée par le marin, leur chef naturel, fit disparaître toutes les hésitations, et le bonheur de contempler cette terre si proche, terme de tant de souffrances, détermina une telle explosion de joie chez Boule-de-Neige et les deux enfants, qu'ils se livrèrent aux démonstrations les plus incohérentes. Un long cri de triomphe gonfla simultanément toutes les poitrines.

La prudence aurait dû cependant leur conseiller de s'abstenir de cette bruyante manifestation. Bien que, pour des raisons déjà expliquées, les habitants de l'île ne pussent pas être les hommes du *Pandore*, il était possible qu'ils appartinssent à une tribu de sauvages non moins à redouter.

Qui pouvait certifier à nos trop confiants amis que ce n'étaient point des cannibales? Personne assurément.

Cette crainte eût dû, semble-t-il, s'imposer à un égal degré aux quatre naufragés du *Catamaran*. Cependant elle ne vint à l'esprit que de Ben Brace. Son expérience ne lui avait que trop appris combien elle pouvait être fondée.

Il avait visité les îles Fidji et connu le roi Thakombau et ses grands dignitaires. Il avait vu de près les vastes marmites, les rôtissoires et les casseroles destinées à la chair humaine, les plats sur lesquels on la servait, les couteaux avec lesquels on la découpait. Mieux encore! Il avait assisté à un grand festin où des hommes et des femmes préparés pour tous les goûts, cuits au four, rôtis, bouillis, en sauce, furent mangés par les courtisans du roi Thakombau. Et, chose horrible à dire ! il avait vu son propre capitaine, commodore d'une escadre de la Grande-Bretagne, ayant assez de poudre et de canons pour faire sauter l'île de Viti, théâtre du banquet, il l'avait vu, disons-nous, s'y asseoir, témoin impassible de cet infernal spectacle. Brillant résultat du principe de non-intervention appliqué à des monstres que l'on décore du nom de nation !

Combien différente fut la conduite de ce commandant yankee, Wilkes, qui s'honora par le désaveu formel d'une participation tacite à ces actes hideux ! Lui aussi visita ces mêmes cannibales et fut invité à un banquet de même nature. Le feu de ses quarante canons donna au roi barbare et à son peuple une leçon qui ne suffit pas assurément pour faire abroger cette coutume dénaturée, trop ancrée dans leurs mœurs, mais qui néanmoins leur donna pour longtemps à réfléchir sur la légitimité de leurs odieux festins.

Tous ces souvenirs repassaient en foule dans l'esprit de Ben, et ce n'était pas sans une certaine appréhension qu'il voyait le radeau s'approcher de l'île mystérieuse. Il sentait la nécessité d'agir avec une grande circonspection, et il se détournait pour communiquer à ses amis le résultat de ses réflexions, quand le joyeux hourra de Boule-de-Neige, vingt fois répété par William et Lili, vint le déconcerter. Ces cris imprudents produisirent un effet qui changea le cours des pensées de tous.

Leurs acclamations traversèrent l'Océan, portées par le calme du matin, et causèrent le plus étonnant changement à vue au milieu de la population de l'îlot. Il fallait qu'elle appartînt à une race bien étrange, car elle s'envola immédiatement à l'audition de ce bruit inaccoutumé, et on la vit quelque temps planer dans les airs.

— Ce n'étaient donc que des oiseaux ! s'écria le Coroman très désappointé.

— Oui vraiment, mon pauvre Boule-de-Neige, et je n'en suis pas plus fâché pour ça. Certainement ce n'étaient que des oiseaux, et même je reconnais la forme de leurs ailes. Il y a des frégates, un pingouin et des fous, sans compter les autres. Il y en a de toutes les espèces, et l'île probablement n'a pas d'autres habitants.

XXII.

LA BALEINE.

Bien que les oiseaux, en prenant leur vol, eussent détruit une des illusions des naufragés, l'île leur restait encore. Là, point de doute possible. Le drapeau, signe de ralliement, y était toujours, doucement agité par la brise matinale. L'île devait être inhabitée; car pourquoi les oiseaux se fussent-ils dispersés, s'ils étaient habitués aux accents de la voix humaine? Et puisqu'elle était déserte, il devenait superflu de prendre les mêmes précautions pour s'en approcher, si ce n'est afin d'éviter les écueils cachés qui signalent quelquefois les abords des terres. Pour hâter le moment où on poserait de nouveau le pied sur la terre ferme, il fut convenu que tous, y compris William, allaient pagayer.

Le *Catamaran*, poussé par la brise et l'énergie de ses rameurs, avança avec rapidité et se trouva en peu de temps à quelques brasses de l'île. Le brouillard s'était complètement dissipé, et le regard portait facilement au loin. Ben laissa retomber sa rame et examina curieusement cette terre inconnue.

— Une terre, ça! fit-il après un court examen. Une singulière île que celle-là! Que j'y perde mon nom si c'en est une. Il n'y a pas un pouce de terre végétale là-dessus. Cela ressemble assez à un rocher, si l'on veut; mais il y a une chose dont ça se rapproche encore plus, c'est la baleine. Je parierais que c'est un cachalot.

— Cela y ressemble fort en effet, ajouta Boule-de-Neige, qui paraissait très peu flatté d'avoir à constater la ressemblance.

— Quand je te le dis, reprit le marin d'un ton qui n'admettait pas d'objection. Ah! cela s'explique, continua-t-il, comme si une nouvelle lumière se faisait dans son esprit. Comment ne l'ai-je pas deviné plus tôt? C'est un énorme cétacé qui a été tué par un baleinier. Le drapeau planté sur son dos a été mis là comme point de ralliement pour le reconnaître de plus loin. Dieu clément! si seulement la baleinière pouvait revenir!

Tout en parlant, Ben s'était redressé, et, se plaçant sur le point le plus élevé du *Catamaran*, il fouilla l'horizon sans plus s'inquiéter de l'île prétendue que si elle n'existait pas.

On comprendra le but de cette inspection minutieuse, aussitôt reprise qu'achevée, et l'espoir que cela fit entrer au cœur de ses auditeurs. La baleine ayant été tuée, il lui fallait maintenant les pêcheurs de la baleine.

Pendant plus de dix minutes, il scruta la surface des flots, jusqu'à ce qu'il eut acquis la certitude qu'aucun point de la rose des vents n'avait échappé à sa muette interrogation.

Au début de ses recherches, la confiance était peinte sur son mâle visage, et ses camarades en augurèrent qu'ils pouvaient se livrer à la joie ; mais peu à peu l'expression chagrine qui lui était devenue habituelle envahit sa physionomie, et chacun en subit plus ou moins le contre-coup moral. Aussi loin que le regard pouvait s'étendre on ne distinguait rien qui décelât un navire.

Baleine.

Plus désappointé qu'il ne désirait le laisser paraître, le capitaine ramena son attention vers le cachalot dont leur embarcation les rapprochait rapidement. Le brouillard, en se dissipant, lui avait rendu ses vraies proportions. Mais, bien que l'énorme carcasse ne pût plus être prise pour une île, elle avait néanmoins des dimensions colossales, et l'on eût pu la prendre pour un gros rocher noir de plus de vingt mètres de longueur.

Cinq minutes après, le *Catamaran* accostait la baleine. La voile fut carguée, et Ben, jetant une corde autour d'une des nageoires pectorales, l'y attacha solidement. On eût dit une petite chaloupe amarrée à un puissant vaisseau de guerre.

Ben avait différentes raisons pour être pressé d'escalader cette montagne de chair, et dès que la sécurité du *Catamaran* eut été assurée, il entreprit son ascension.

Ce n'était point une petite affaire que cette escalade. Elle présentait bien ses dangers. L'épiderme glissant du léviathan lubréfié par le fluide onctueux que sécrète l'animal rendait la montée excessivement périlleuse.

Un ou plusieurs bains forcés n'étaient pas une perspective de nature à beaucoup effrayer un bon nageur comme Ben, mais on comprendra qu'il se fit une loi de la plus extrême prudence, si l'on réfléchit que l'on voyait rôder autour de l'énorme carcasse plus de vingt squales qui n'eussent fait qu'une bouchée du premier gibier jeté en pâture à leur faim.

Mais Ben Brace n'était point homme à s'effrayer; secondé par Boule-de-Neige, et en se servant comme d'un étrier de la nageoire pectorale qui leur servait d'amarre, il parvint sans encombre sur la croupe du monstre.

Aussitôt qu'il eut assuré son équilibre, une corde lui fut jetée, grâce à laquelle Boule-de-Neige fut hissé à son tour sur ce singulier pied-à-terre; puis les deux marins, se prémunissant de leur mieux contre les glissades, se dirigèrent vers la queue de l'animal, ou, comme disait Ben, sur la poupe de ce navire échoué.

Au milieu, on remarquait au-dessus de la ligne vertébrale une protubérance de plusieurs pieds de haut : c'était la nageoire dorsale, le point où le drapeau avait été planté. Arrivés là, ils firent halte pour contempler la mer qu'éclairait le soleil levant.

Le but des deux marins était de reconnaître à nouveau l'horizon, afin de découvrir les harponneurs de la baleine morte. Hélas ! leur proie était bien là ; mais eux, où étaient-ils ?

Après avoir longuement et infructueusement interrogé l'espace, le marin concentra son attention sur son étrange pied-à-terre et les quelques objets qui s'y rencontraient. Outre le drapeau déjà mentionné, que l'équipage des baleinières appelle *whift*, il y avait d'autres preuves que l'énorme cétacé avait succombé sous les coups de l'homme. Deux forts harpons se voyaient dans les flancs charnus où leurs pointes de fer étaient ensevelies jusqu'à la garde ; à leurs manches épais étaient attachés des filins qui retenaient de larges blocs de bois flottant comme des bouées sur l'Océan.

Ben les désigna sous le nom de « drogues ». Il était familier avec tous les instruments faisant partie de l'équipement d'une baleinière. Avant de prendre du service, il avait lui-même manié le harpon et était au fait de tous les usages de la pêche de la baleine.

— Oui, dit-il en reconnaissant tous ces souvenirs de son passé, c'est bien ce que je pensais, et pourtant j'ai peut-être tort de croire que le navire ait poussé jusqu'ici. Je n'aime pas ces drogues.

— Et pourquoi donc, massa Ben ?

— C'est que si elles n'existaient point, je pourrais affirmer, sans crainte de me tromper, qu'un bâtiment a mouillé dans ces eaux, et peut, par conséquent, y revenir.

— Mais il a bien fallu de toute manière qu'il y vînt. Autrement, comment le drapeau et les harpons seraient-ils où ils sont ?

— Oh! mon pauvre Boule-de-Neige, on voit que tu n'y connais rien. Ils ont pu être lancés sans que les hommes qui les lançaient s'en soient seulement approchés.

Le nègre ouvrit de grands yeux effarés. Evidemment il ne comprenait pas.

— Vois-tu, mon garçon, la présence de ces drogues m'est un indice certain que la baleine n'était pas morte quand le bateau est parti. Ces bois ont été mis là pour l'empêcher de s'éloigner beaucoup. Il devait y avoir une bande de spermacetis, et les hommes de l'équipage ne voulaient pas perdre leur temps pour celui qui était blessé ; c'est pour cela qu'ils lui ont mis ces harpons comme entraves et cet étendard rouge comme point de ralliement. Ma première impression avait été différente ; je m'étais dit que si la baleine n'eût pas été morte, personne n'eût pu l'escalader pour planter sur son dos le chiffon qui doit aider à la reconnaître.

— Et là vous aviez raison ! interrompit Boule-de-Neige.

— C'est ce qui te trompe, mon vieux, et je vais te le prouver. Tu vois que la hampe n'est pas enfoncée en ligne droite dans le dos de l'animal. Elle incline d'un côté, parce que le corps se trouvait légèrement penché ; mais un habile « headsman » a pu facilement le lancer de son bateau, et je réponds que c'est ainsi que cela a été fait.

— Qu'importe que cela ait été fait d'une manière ou d'une autre ? interrompit Boule-de-Neige, qui ne voyait pas encore clairement où son camarade voulait en venir.

— Cela importe beaucoup au contraire, noiraud ; ne vois-tu pas que si la bête avait été harponnée et tuée sur place, les pêcheurs ne seraient pas loin? Ils n'auraient pas abandonné une si belle capture.

— Oui, je comprends.

— Si bien que maintenant je ne sais que penser. Malgré les drogues, l'animal a pu dériver très loin de l'endroit où il a reçu le coup mortel. Cela arrive souvent. Celui-ci est un des plus gros que j'aie jamais vus et devait avoir une force considérable ; dans ce cas, je crains fort que nous n'ayons pas plus de chance qu'auparavant d'être rencontrés par les pêcheurs.

Ce disant, le marin promena son regard sur l'immensité; mais si loin qu'il le portât, il n'aperçut rien, et sa tristesse s'en accrut encore. Toutefois il n'en laissa rien paraître.

Lui et le nègre passèrent leur journée entière au sommet de leur observatoire; ils ne pouvaient se décider à s'en éloigner, retenus par un vague espoir que ceux à qui revenait l'honneur de cette riche capture ne voudraient pas en perdre le bénéfice. De plus, ils éprouvaient un sentiment indéfinissable de sécurité à sentir leur frêle embarcation amarrée à ce léviathan. C'était presque pour eux comme un rivage.

Mais il existait un autre motif pour les déterminer à rester : c'était le parti qu'eux-mêmes pouvaient tirer de l'énorme cachalot. Ils savaient parfaitement que sous cet épiderme noir et grossier se trouvaient diverses substances, dont une au moins pouvait ajouter à leur confort.

Il y avait d'abord cet amoncellement de graisse qui, bouillie ou pressée, fournirait au moins cent barils d'huile ; ceci leur importait peu, puisqu'ils n'avaient ni pots pour fondre, ni muids pour contenir cette riche provision, et surtout point de navire à fréter pour la transporter à l'endroit où ils en eussent tiré de l'or.

Ben savait aussi que le crâne du cachalot renferme une cavité profonde, remplie d'un produit d'une pureté extrême, qui n'a besoin pour servir d'aucune préparation : c'est le spermaceti, connu dans le commerce sous le nom de blanc de baleine. On se le procure en défonçant le crâne de l'animal, et l'on peut alors en recueillir de dix à douze barils.

Il ne leur en fallait pas le quart de cette quantité. Une couple de tonneaux devaient amplement suffire à leurs besoins, et leur procurer une douceur infinie.

Ce qui leur avait le plus manqué, c'était incontestablement la possibilité de faire cuire leurs aliments, et désormais elle allait leur être rendue. Ils n'auraient plus le regret de voir la répugnance avec laquelle la pauvre Lili partageait leurs repas de chair crue. Seul, l'excès de la faim pouvait la déterminer à porter à ses lèvres cette viande racornie ; cela les avait souvent émus l'un et l'autre, et les deux braves cœurs se réjouissaient de pouvoir épargner cette souffrance et ce dégoût à la fillette.

Pour cela, il fallait sacrifier deux des barils vides qui soutenaient le *Catamaran*. On fit l'expérience que quatre suffisaient amplement à lui conserver sa légèreté.

Les deux barils remplis de spermaceti leur assuraient du combustible pour un temps indéterminé. La fameuse malle de Ben fournit un vase d'étain avec lequel on puisa dans le crâne ouvert de la baleine.

Ce fut un moment de fête pour l'équipage que celui où l'on transporta sur le radeau le vase contenant le précieux liquide et où il fut convenu qu'on allumerait le feu. On se réjouissait joliment à cette heure que le vieux loup de mer eût conservé la manie de la pipe, et de tout temps réservé dans les profondeurs de son coffre des trésors de briquet, d'amadou, voire d'allumettes.

On déroula un bout de corde goudronnée que l'on mit tremper dans l'huile comme une mèche, et le pot d'étain se trouva converti en une sorte d'immense veilleuse. Mais l'important, c'est que cela faisait surtout un fourneau portatif d'une simplicité primitive, mais très appréciée ; on y installa une énorme tranche de poisson ; quelques minutes plus tard, un fumet délicieux se répandait à bord, et nos amis s'asseyaient autour d'un repas qui leur parut succulent ; ils le mangeaient pour la première fois sans répugnance.

Comme le spermaceti brûlait toujours, Boule-de-Neige, chez lequel, nous l'avons dit, la bosse de l'économie avait pris des proportions considérables, eut l'idée de ne pas laisser perdre cette belle flamme vive et claire et de continuer le cours de ses opérations culinaires.

— Bah ! dit-il en riant, si je fais cuire le souper maintenant, il n'y aura pas besoin d'allumer le feu ce soir.

Il alla donc chercher une nouvelle tranche de baleine qu'il soumit à l'action de la flamme. Ben le regardait faire, les mains dans ses poches ; mais son cerveau ne restait pas pour cela inactif.

— Boule-de-Neige, dit-il tout à coup, si tu peux faire cuire notre dîner, pourquoi ne ferais-tu pas cuire tout ce que nous avons ici de provisions ? Nous serions dorénavant assurés de les garder intactes aussi longtemps que nous en aurions besoin.

— Bonne idée, massa Ben, et que je vais mettre à exécution. C'est en effet ainsi que l'on conserve pendant des mois la morue, le maquereau, le hareng.

— Oh! ne nous parle pas de toutes ces bonnes choses, noiraud, tu nous en ferais venir l'eau à la bouche.

— Pensez-vous que nous aurons assez de feu pour tout cela ? demanda William.

Ben le rassura.

— Le cerveau d'un cachalot de grande taille, comme celui que nous avons sous les yeux, lui dit-il, contient environ deux mille litres de spermaceti liquide; il reste, en outre, une énorme masse de chair et de graisse dont l'huile s'extrait au moyen d'un procédé appelé « tryniq » par les baleiniers. D'autres substances inflammables se trouvent encore dans la carcasse de la baleine. Nous pourrions donc, vois-tu, entretenir un feu du 1ᵉʳ janvier à la Saint-Sylvestre sans crainte de le voir s'éteindre faute d'aliment.

— Ah! massa Ben, massa Ben, cria tout à coup Boule-de-Neige, pour qui les choses se résumaient uniquement à leur côté pratique et qui passait le garde-manger en revue, ne parlons pas tant du feu, mais un peu plus de ce que nous mettrons dessus. C'est ici que nous sommes à court. Voyez plutôt.

Chacun s'approcha, et l'on sympathisa bientôt avec la détresse du cuisinier. La quantité de provisions laissait réellement prise à des réflexions peu encourageantes.

— Ah! nous sommes bien bons de nous désoler ainsi, s'écria tout à coup Ben, en se frappant le front et en éclatant de rire.

Allons, console-toi, mon vieux, je te fournirai bientôt assez de viande à cuire pour que ta noire toison ait le temps de devenir toute blanche. Nous voilà bien embarrassés pour peu de chose. En manque-t-il là, de la viande crue ?

Et du geste il indiquait la mer.

En effet, des requins de différentes espèces se pressaient par vingtaine autour de l'immense carcasse, accompagnés de leurs pilotes et de leurs sucets. La mer semblait littéralement vivante. Dans un rayon de plusieurs centaines de mille brasses il y avait à peine une verge carrée sur laquelle on ne vit saillir au-dessus de l'eau des nageoires dorsales de requins.

La baleine morte expliquait suffisamment l'affluence singulière de ces tyrans des eaux. Ce n'était pas qu'ils eussent la moindre intention de s'attaquer à elle, car la conformation particulière de sa bouche rend ce monstre incapable de se nourrir à même d'une proie de cette étendue. Mais, ayant probablement suivi les péripéties de la chasse, un secret instinct les avertissait de ne point s'éloigner d'un butin auquel sans doute reviendraient les chasseurs, et près duquel ils auraient la chance d'attraper plus d'un bon morceau au moment du dépeçage.

— Hum ! s'écria le marin, ils ont l'air assez affamé pour mordre à n'importe quel appât. Nous en capturerons sans peine autant que nous le désirerons.

— Et comment les attraperez-vous, massa Ben ? Nous n'avons, que je sache, rien qui ressemble à un hameçon destiné à ces messieurs-là.

— Ne t'inquiète pas de cela, noiraud. J'ai mon affaire et la leur. Les brutes sont presque apprivoisées par l'espoir de satisfaire leur gloutonnerie. Si, avec un de ces engins enfoncés dans le cachalot, je n'en harponne pas une douzaine, je veux bien y perdre mon nom. Allons, camarade, plante là tes fourneaux et viens m'aider. Je te réponds que tu y retourneras bientôt avec de la besogne toute taillée.

Le nègre, enchanté de cette perspective, abandonna entre les mains novices de William son rôti à demi cuit, et suivit le marin dans sa nouvelle ascension.

XXIII.

BIEN PRÈS DE LA MORT.

Ben avait emporté avec lui la hachette et se dirigeait vers cette partie du cachalot où le harpon était si profondément enfoncé. Il ne perdit pas de temps pour entailler l'orifice de la plaie, afin de dégager l'arme, et bientôt la partie barbelée du dard commença à paraître. Boule-de-Neige, toujours impatient d'agir, en saisit le manche, [et, y appliquant sa force herculéenne, le détacha d'un seul coup.

Malheureusement pour le nègre, il avait mal calculé son élan. Ayant déjà fait plusieurs efforts infructueux, il ne s'attendait pas à retirer l'arme aussi rapidement, et son équilibre s'en trouva compromis. Ses deux pieds, mal assurés sur la surface huileuse du cétacé, lui manquèrent à la fois, et il tomba lourdement.

Si désagréable que soit une chute en tout état de cause, ce n'est encore rien quand on s'en relève à peu près sain et sauf; mais dans le cas de notre pauvre Boule-de-Neige, il ne pouvait en être ainsi. Il prévit aussitôt les conséquences inévitables de sa chute et poussa un cri terrible, surhumain.

La blessure faite par le harpon se trouvait un peu sur le flanc, qui, à partir de là, présentait un plan brusquement incliné vers la mer. C'est sur cette première pente que le Coroman était tombé ; mais, entraîné par l'impulsion croissante des corps emportés dans l'espace, il lui devenait non seulement impossible de se relever, mais même de se retenir. Et au bas de la brusque déclinaison qu'il descendait s'ouvrait la gueule d'une vingtaine de requins affamés.

C'en était fait : il ne lui restait plus qu'à mourir !

Heureusement, Boule-de-Neige n'avait pas abandonné le harpon et opérait sa descente sur le côté opposé à celui où flottaient les drogues. Cette double circonstance, bien insignifiante en apparence, suffit à lui sauver la vie. A mi-côte, il se sentit soudain arrêté ou du moins bien ralenti dans sa chute. Le harpon, qu'il serrait convulsivement des deux mains, était amarré par une ligne à la drogue flottant de l'autre côté de la carcasse ; et bien que la pièce de bois n'offrît pas une résistance suffisante pour retenir le corps de Boule-de-Neige, elle servait du moins à ralentir sa glissade.

Cependant, le nègre eût inévitablement fini par atteindre la mer, et passer de là dans les estomacs d'une dizaine de squales sans l'intervention opportune du marin, qui, juste à temps, au moment où les orteils du noir n'étaient plus qu'à six pouces de l'eau, saisit la corde et l'empêcha d'aller plus loin.

Mais, bien que ce fût déjà un point d'une importance capitale, cela ne suffisait pas. Le brave marin découvrit bientôt avec un serrement de cœur indicible que c'était tout ce qu'il pouvait. Il était dans l'impossibilité absolue de le faire remonter, ses forces ne se prêtant pas à un effort de plus. L'infortuné Boule-de-Neige restait donc suspendu, se retenant littéralement des griffes et de la dent à la peau huileuse du cachalot.

Le pauvre diable ne se faisait point illusion sur sa situation. C'était du reste difficile. Il entendait le bruit de va-et-vient des squales qui s'impatientaient dans l'eau et tournaient et retournaient pour tâcher de le happer quelques secondes plus tôt. Quand son regard s'abaissait instinctivement, il pouvait distinguer avec horreur leurs nageoires triangulaires et noires, leurs yeux menaçants et brillants de convoitise. Il y avait de quoi glacer d'épouvante le cœur du plus brave.

— Tenez bien, massa Ben! cria-t-il avec désespoir. Tenez bien, pour l'amour de Dieu, ne laissez pas glisser d'un pouce! Cela suffirait pour que ces monstres me saisissent. Pour l'amour du ciel, retenez-moi, retenez-moi !

Ben n'avait pas besoin d'être stimulé par cet appel pathétique. Il tenait la corde de toutes ses forces et n'eût pu tenter d'en faire davantage. Il n'osait même pas changer de position pour essayer d'augmenter la tension ou se donner à lui-même plus de solidité, le plus léger mouvement pouvant compromettre l'existence déjà si précaire de son noir compagnon. Jamais peut-être, dans le cours de sa carrière si accidentée, le nègre n'avait couru un semblable danger. Une once eût suffi à faire pencher la balance du mauvais côté. Mais son heure n'était pas venue ; il était écrit qu'il devait encore en réchapper.

La catastrophe aurait cependant fini par se produire, si le nègre et le marin fussent restés seuls, chacun à son extrémité de corde. Les forces du second diminuaient sensiblement, tandis que le poids du premier, qui ne se retenait plus avec la même énergie, croissait en proportion, et, malgré sa bravoure, le cœur de Ben Brace tressaillait d'angoisse dans sa poitrine, quand l'issue de la lutte changea du tout au tout. Deux mains grêles mais nerveuses se posèrent près des deux mains crispées, épuisées, du marin, et la corde se tendit subitement; William, le petit William était là.

L'enfant avait vu la chute de Boule-de-Neige, et, devinant son péril, il était accouru ; seulement il lui avait fallu le temps d'escalader cet abrupt rempart de matières huileuses. De là, le retard. Ses efforts réunis à ceux du marin eurent pour résultat de faire remonter le Coroman lentement, mais sûrement, sur le dos de la baleine, où il arriva pantelant et épuisé.

Il s'écoula un certain temps avant que Boule-de-Neige eût recouvré sa respiration et sa tranquillité d'esprit. Le marin avait été presque aussi maltraité par l'émotion et les efforts ; et tous deux restèrent longtemps sans parler. On eût dit qu'ils avaient oublié le dessein qui les avait amenés sur le dos de la baleine.

Dès que Boule-de-Neige put articuler quelques paroles, ce furent des expressions de reconnaissance qui s'échappèrent de ses lèvres, et on peut le dire, de son cœur, à l'adresse de Ben d'abord, puis de William, auxquels il devait d'avoir échappé à une mort horrible et certaine.

Ben s'occupait moins du vieux camarade, maintenant en sécurité, que de son jeune sauveteur. Ses yeux revenaient sans cesse avec une expression de tendresse et d'orgueil vers son protégé.

Ben tenait la corde de toutes ses forces.

La présence d'esprit et la décision dont il avait fait preuve le comblaient de satisfaction. Il se disait que bien d'autres à sa place fussent restés sur le radeau, paralysés par la surprise et l'effroi, ou témoignant de leur sympathie par des cris inutiles, et il se sentait tout heureux d'avoir deviné les grandes qualités que cachait l'extérieur modeste de l'enfant. Toutefois, il ne voulait pas le gâter par des louanges ; aussi renferma-t-il dans son cœur toutes les démonstrations de son affection quasi paternelle, et son regard humide exprima seul les sentiments intimes de joie orgueilleuse qui l'agitaient.

Après de mutuelles et cordiales félicitations, suite bien naturelle d'une crise aussi grave et aussi heureusement dénouée, tous les trois reprirent, comme si de rien n'était, leur tâche interrompue. William, ayant succédé à Boule-de-Neige dans ses fonctions de cuisinier à bord du *Catamaran*, retourna à son fourneau, très satisfait d'avoir une bonne raison à alléguer pour se hâter d'aller tranquilliser Lili, qui, ne sachant rien de précis sur ce qui s'était passé, était encore dans une profonde inquiétude.

Ben reprit le harpon des mains de Boule-de-Neige, qui s'y cramponnait encore par un reste de terreur nerveuse. Il commença à relever une des drogues pour s'assurer des lignes, puis, en bon général, avant d'engager le combat, l'ex-baleinier examina le champ de bataille et les positions des assiégés.

Une assemblée de squales se tenait à la place où Boule-de-Neige avait failli tomber. Ils semblaient l'attendre encore et se résigner difficilement à la perte d'une proie qui avait passé si près de leurs museaux de gourmets.

Le but de Ben était d'en apporter une demi-douzaine et de renouveler ainsi les provisions du *Catamaran*; car, si répulsifs que ces monstres puissent être aux yeux et à la pensée, certaines parties de leur corps donnent une chair excellente digne d'un connaisseur, et à plus forte raison appréciée par des estomacs affamés.

Leur capture eût été chose facile, si le harponneur avait pu se rapprocher d'eux; mais l'épiderme huileux de la baleine empêchait le marin de s'aventurer sur une pente glissante dont il appréciait les dangers, et il lui fallut avoir recours à un autre procédé.

Dans la direction de la queue du cétacé, le plan était beaucoup moins incliné et la déclinaison mieux ménagée. Autour se jouaient sans défiance un certain nombre de squales. Il était aisé de les attirer à la portée de l'engin que Ben Brace maniait de façon à le rendre formidable.

Il chargea Boule-de-Neige de lui apporter quelques morceaux de la graisse qu'on avait détachée en creusant le cachalot pour dégager le harpon, puis il se dirigea vers l'appendice caudal du cétacé. Tout en avançant, il laissait de profondes entailles dans la chair spongieuse qu'il foulait, afin de s'assurer à lui et à son camarade des endroits où le pied pût se fixer sur cette surface perfide.

Au point où il désirait s'arrêter, il fit avec plus de soin encore trois autres trous profonds. Puis, satisfait de ces précautions, il prépara son harpon et attendit de pied ferme que les requins s'offrissent à ses coups.

D'abord ceux-ci témoignèrent une certaine appréhension,

mais Ben connaissait un excellent moyen de vaincre cette réserve modeste qui s'alliait si mal avec ses desseins. Il suffisait pour cela de lancer le morceau de graisse que Boule-de-Neige avait apporté à cette intention, et il le leur jeta en effet. A peine l'amorce eut-elle touché le flot, que les squales, oubliant leur timidité ou leur défiance, s'élancèrent en avant, la gueule ouverte pour s'en emparer.

C'était le moment que Ben attendait.

Sur les vingt squales qui chargèrent pour se disputer cette bonne fortune, dix-neuf seulement s'en retournèrent sains et saufs. Le vingtième, transpercé par le harpon de l'ex-baleinier, fut amené hors de son élément et hissé à bord, malgré sa résistance désespérée.

Là, Boule-de-Neige l'attendait; et il eut maille à partir avec la hache du noir, maniée par un bras vigoureux qu'animait, disons-le, la satisfaction de la revanche.

L'une après l'autre, un certain nombre de ces vilaines bêtes vinrent rejoindre la première, et Ben ne songea à leur faire grâce que lorsqu'il eut vraiment devant lui une provision de viande suffisante pour entreprendre le tour du monde.

En tout cas, s'ils n'étaient pas arrivés à varier très largement leurs menus, ils pouvaient néanmoins considérer l'avenir sans appréhension. Le vivre et la boisson leur étaient assurés pour une période indéterminée.

Les morceaux les plus délicats des squales ayant été séparés des os et coupés en tranches minces, il ne s'agissait plus que de les soumettre à la cuisson sur un feu de spermaceti.

Nous l'avons déjà dit, le combustible ne manquait plus. La

« case » du cachalot en contenait assez pour faire cuire tout ce qu'il y avait de requins à quatre lieues à la ronde, et on pouvait les évaluer à plusieurs centaines.

Cette partie de l'Atlantique, bien que fort éloignée de toute terre, est très peuplée et très vivante. La mer est quelquefois couverte de poissons de toute nature, qui se groupent autour d'un navire comme pour lui interdire le passage, tandis que les airs sont remplis d'oiseaux des espèces les plus variées.

C'est là qu'on rencontre de nombreuses baleines se livrant en paix à tous leurs ébats, des bancs entiers de marsouins, d'albaçores, de bonites, et généralement de tous les poissons qui vivent par troupes, en quête de leur proie favorite. A leur tour les espadons et les espèces du requin toujours escortées de leurs satellites viennent dans ces eaux fécondes se pourvoir à peu d'efforts de leur nourriture préférée.

Là, des bandes d'exocets étincellent au soleil, tandis que les bonites les poursuivent avec acharnement, et que les airs retentissent des cris des oiseaux de proie assemblés pour prélever leur part à ce riche banquet toujours servi.

On se demandera pourquoi un si grand nombre de créatures diverses se trouvent agglomérées sur un même point, et quelle nourriture elles peuvent trouver si loin de la terre.

La réponse est bien simple. Ces espèces subsistent l'une par l'autre. Dans ces eaux si claires et si pures en apparence existe un courant continuel de production et de destruction, et c'est là que l'on peut observer de plus près ce problème encore irrésolu de la génération spontanée.

Il est vrai de dire que l'Océan n'est pas si peuplé dans toutes ses parties. Il existe de vastes étendues où poissons et oiseaux sont extrêmement rares et où l'on navigue plusieurs jours de suite sans apercevoir une créature vivante. Ce sont les steppes ou les déserts de l'Océan ; comme ceux de la terre, ils sont inhabités, probablement parce que pour une raison qui nous échappe, ils sont inhabitables. Au premier abord on ne s'explique pas ces différences, puisque la mer nous produit l'effet d'être partout semblable, à la profondeur près. La véritable explication ne se trouve point dans les différences de profondeur, mais dans les différences de courants.

Chacun sait que les grands Océans sont partout coupés de courants dont la largeur est des plus variables. Ces courants ne sont pas formés par des orages temporaires, mais par des vents ayant une direction constante et régulière ; comme les « trades » ou vents alizés dans l'Atlantique et le Pacifique, les moussons dans l'océan Indien, les « pamperos » de l'Amérique du Sud et les « northers » du golfe du Mexique.

Il existe une autre cause dont on ne saurait assez tenir compte, c'est la rotation de la terre sur son axe. C'est ce qui fait que les « trades », par exemple, se dirigent toujours vers l'ouest par la seule tendance centrifuge de l'atmosphère.

Il arrive souvent que deux courants se rencontrent ; alors de grandes quantités de substances végétales et animales, détritus de toutes sortes, épaves de rivages éloignés, oiseaux et poissons morts, se trouvent rassemblés. Ces débris forment la nourriture incessamment renouvelée de certaines espèces inférieures, destinées à leur tour à sustenter des espèces plus perfectionnées.

C'est dans ces régions que se réunissent à profusion toutes les variétés de la méduse et des espèces de la même famille.

Ces régions sont connues des navigateurs sous le nom « d'eaux épaisses » et servent de lieu de rendez-vous aux baleines, aux dauphins, aux marsouins, aux squales, en un mot, à presque tous les tyrans des mers, et, par un enchaînement invisible, mais compréhensible, aux habitants de l'air qui vivent des mêmes déprédations.

Nous avons laissé les naufragés occupés à organiser une cuisine sur une grande échelle, comme s'il s'agissait pour eux de préparer un dîner maigre à l'équipage d'un vaisseau de guerre.

Comme nous l'avons dit, le combustible était abondant, et l'on pouvait se procurer des mèches en quantité suffisante dans le tas de filin mis de côté sur un coin du radeau pour parer à toute es éventualités. Mais ce qui laissait à désirer, c'était le fourneau ; le pot d'étain qui aurait suffi pour cuire un seul repas ne suffirait jamais pour la grande cuisson qu'ils voulaient entreprendre. Avec du temps et de la patience ils pouvaient espérer d'en venir à bout ; mais ce temps leur était trop précieux pour qu'ils pussent le gaspiller, et, quant à la patience, c'était dans leur situation, une vertu qu'on les excusera d'avoir négligée.

Le besoin d'un vaste fourneau se faisait impérieusement sentir, et rien ne pouvait le leur procurer ; il ne se trouvait à bord du *Catamaran* pas un seul objet qui pût en tenir lieu, et ils avaient à craindre d'endommager leur embarcation en y allumant un grand feu, qui pouvait se terminer par un incendie.

Telle était la difficulté imprévue qui se dressait devant les naufragés, maintenant que les tranches de requin s'empilaient et s'alignaient, n'attendant plus que la cuisson.

Ils eurent beau discuter la chose en conseil, la tourner et la retourner, elle était absolument insoluble.

Que faire?

Boule-de-Neige soupirait en pensant à sa cambuse si bien montée, à ses casseroles étincelantes, à son fourneau splendide, et surtout à ce chaudron reluisant comme l'or, où il confectionnait de si bons ragoûts.

Mais Boule-de-Neige n'était pas homme à s'abandonner à de vains regrets, surtout quand il pouvait mieux employer son temps ; en dépit des théories de certains individus qui refusent à la race noire sa part de l'intelligence commune, Boule-de-Neige était doué d'une rare sagacité, surtout en ce qui concernait son métier, et moins de dix minutes après que la question de fourneau eut été agitée, il avait trouvé le moyen d'y suppléer. Son invention, bien que non brevetée, pouvait rivaliser avec toutes celles qui ont pris naissance jusqu'à aujourd'hui sous la calotte des cieux. En tout cas, elle avait le mérite d'être admirablement appropriée à des circonstances, on en conviendra, peu ordinaires.

— Pourquoi donc, pourquoi donc, répéta-t-il à mesure que son idée prenait corps dans son cerveau, nous faire tant de souci pour nous procurer un fourneau? Ce n'est pourtant pas malin.

— Qu'est-ce qui n'est pas malin? demanda Ben.

— De faire le feu ici où nous sommes.

La conversation avait lieu sur le dos du cétacé.

— Ici où nous sommes? Je ne comprends pas, répondit le marin. A quoi bon discuter où nous allumerons le feu, tant que nous n'avons ni pot, ni casserole, rien pour le contenir, en un mot?

— Et si je n'en ai pas besoin, moi? répondit l'ex-cuisinier. Je vais vous montrer bientôt, massa Ben, un vase assez vaste pour contenir toute l'huile de la carcasse du vieux cachalot, comme vous l'appelez.

— Explique-toi, mon vieux, explique-toi vite.

— Je ne demande pas mieux. Donnez-moi la hache, et vous comprendrez mon projet sans tarder.

Ben passa la hache sans se faire prier.

Le nègre tint parole.

En quelques coups il eut creusé dans la carcasse du cétacé une profonde cavité.

— Maintenant, massa Ben, cria-t-il quand il eut fini, en balançant la hache sur son épaule d'un air de triomphe, qu'est-ce que c'est que ça? N'est-ce pas une lampe assez vaste pour contenir toute l'huile qu'il vous plaira d'y verser et des mèches de toute dimension? Si vous la voulez un peu plus grande ou un peu plus profonde, vous n'avez qu'à parler; on va vous servir sur-le-champ. Eh! massa Ben, qu'est-ce que vous dites de celle-là?

— Hourra pour toi, Boule-de-Neige; c'est juste ce qu'il nous fallait. Tu n'es pas bête, sais-tu, mon vieux, tout nègre que tu es. Dire que moi je suis un blanc et que l'idée ne m'en est pas seulement venue! c'est trop fort! Oui, oui, c'est bien, très bien; nous n'aurons plus maintenant qu'à y verser le spermaceti, à y plonger un morceau d'étoupe et à y mettre le feu. Allons! je vois que nos victuailles seront cuites plus tôt que nous ne l'espérions.

La cavité creusée par Boule-de-Neige fut aussitôt remplie d'huile ; puis on organisa une rôtissoire ; une rame d'un côté, un anspect de l'autre en furent les supports. Une longue flèche de fer prise à l'un des harpons servit de broche. On y enfila autant de tranches de requin qu'elle en put tenir, puis on alluma la mèche.

Il fallut bientôt songer à retourner le rôti.

Les cordes goudronnées prirent feu comme de l'amadou, et bientôt après une flamme vive et claire s'éleva à plusieurs pieds au-dessus du cétacé, faisant rissoler le rôti, qu'il fallut bientôt songer à retourner.

XXIV.

LE GRAND RADEAU. — SUITES DE LA LOTERIE.

Tandis que cet étrange phénomène d'une baleine flambant au milieu de l'Océan ébahissait les habitants du royaume humide, et que nos amis se délectaient à voir le succès de leur invention, une scène d'un autre genre se passait à peu de distance.

A huit ou dix lieues de là on eût pu voir un radeau beaucoup plus grand que le *Catamaran* errer à l'aventure sur les flots. Il était monté par une vingtaine d'hommes. D'hommes ! avons-nous dit. De démons plutôt, dont le regard ne s'animait plus qu'au souffle des passions mauvaises. Il ne leur restait d'humain que la forme, et encore ! Les uns, affaissés sur eux-mêmes, abrutis, hagards, regardaient devant eux sans rien voir ; les autres, se traînant difficilement au milieu des muids vides, des débris de mâts, d'espars et d'objets de toutes sortes qui encombraient le plancher de leur embarcation, ressemblaient à des âmes en peine. Un petit nombre, à la voix fébrile, aux regards enfiévrés, gesticulaient, allaient et venaient comme des possédés, des possédés du « delirium tremens ».

Ce qu'il y avait de plus affreux dans cet horrible assemblage de choses sans nom, dans ce désordre immonde, c'est que parmi ces squelettes ambulants, décharnés, il y en avait un plus décharné encore. Mais lui du moins était arrivé au terme de ses maux. Il venait d'être fraîchement dépecé, et certaines parties de ses membres se trouvaient entre les mains de ces cannibales éhontés qui mordaient à même à belles dents, cherchant à en extraire plus de sucs nourriciers qu'il n'en restait après.

Un baril de rhum occupait le centre de cette embarcation de maudits. Il était placé au pied du mât et il était vide : cela suffit à expliquer tous les débordements dont était témoin ce petit coin perdu entre l'immensité de l'Océan et l'infini des cieux.

Les os épars sur les couples révélaient assez d'où provenait la diminution de l'équipage depuis sa séparation du navire incendié ; car le lecteur a déjà reconnu les naufragés du *Pandore*, les sauvages compagnons dont Ben Brace et notre ami William étaient à si grand'peine parvenus à s'éloigner. Les cris, les imprécations, les gémissements se faisaient entendre de toutes parts, car tous étaient plus ou moins sous une influence alcoolique. Soudain une voix s'éleva, qui domina le tumulte et l'apaisa comme par enchantement.

— Allons ! disait un homme à longue barbe noire, dans lequel il eût été difficile de reconnaître les formes autrefois corpulentes du Français Legros, allons ! messieurs, il s'agit de tenter de nouveau le sort. Ne voyez-vous pas, ajouta-t-il avec un blasphème, qu'il est temps de choisir entre manger et mourir ?

Que signifiait cet étrange discours ?

Le squelette humain si soigneusement dépouillé, les os dispersés sur les planches ne pouvaient laisser aucun doute sur la nourriture à laquelle, à défaut de tous autres aliments, les misérables avaient dû l'existence depuis les deux derniers morceaux de biscuit distribués le lendemain de l'incendie. Ils avaient bien, il est vrai, dans les premiers temps, tué un petit requin, mais ce coup de fortune ne s'était pas renouvelé. Bien qu'il y en eût toujours une vingtaine autour du radeau, aucun ne s'approchait assez pour qu'il fût possible de le capturer. Les malheureux avaient même sacrifié quelques bribes de leurs horribles festins pour amorcer. Mais toutes leurs tentatives étaient restées vaines. On eût dit que ces monstres des mers avaient horreur de ce qui venait de ces autres monstres terrestres, ou plutôt qu'ils se réservaient pour l'instant peu éloigné où ils auraient, venant de là, une fête complète et un repas plus ample.

Legros avait conservé sur ses camarades l'ascendant fatal qu'il avait pris à bord du négrier, et cet ascendant n'étant plus contre-balancé par celui de Ben Brace, qui seul osait discuter les caprices du despote, il se montrait plus arbitraire que jamais. Il en profitait pour faire lourdement peser sa tyrannie sur les plus faibles. Les plus forts ou les plus adroits formaient autour de lui une espèce de garde, soutenant son autorité, pour profiter des avantages qu'elle leur assurait. A eux étaient réservés les plus larges rations d'eau et les meilleurs morceaux de leur horrible nourriture.

Cette partialité avait plus d'une fois amené des rixes sanglantes ; sauf ces tentatives désespérées, Legros se serait cru tout permis et n'eût pas reculé devant une autocratie qui lui eût conféré une suprématie absolue. Lui et ses acolytes auraient bien voulu disposer sans conteste de l'existence des infortunés que la souffrance avait plus abattus ou que la nature avait moins prédisposés à la violence.

Il n'en était pas encore arrivé là. Cette puissance qu'il s'était arrogée n'allait pas jusqu'à lui donner le droit de choisir la victime destinée à assouvir leur faim. Le sort pouvait seul trancher cette question de vie ou de mort.

Legros et ses amis auraient bien voulu se soustraire à une mesure qui les exposait comme les autres, mais le parti des faibles était encore le plus nombreux, et il fallait compter avec lui. Une première tentative dans ce sens avait été faite, on s'en souvient, pour William, et n'avait rencontré que peu d'opposition, si ce n'est chez Ben Brace, parce que le mousse ne faisait pas partie intégrante de l'équipage ; mais du moment qu'il s'agissait d'un des leurs, il fallait y regarder de plus près, et le Français craignait encore de risquer sa peau, si l'on en venait aux mains à ce sujet.

A la proposition de tenter de nouveau le sort, personne ne se récria. C'était la troisième fois qu'on allait avoir recours à ce moyen désespéré, et les infortunés qui devaient tous le redouter également s'y soumettaient sans réclamation. Quelques joues blanchirent sous le hâle dont elles étaient couvertes, quelques lèvres blémirent et tremblèrent, mais la majorité de l'équipage en était arrivée, soit par l'ivresse, soit par la souffrance, à ne plus connaître le prix même de l'existence.

La plupart de ceux qui tenaient encore debout se levèrent et se rapprochèrent de Legros, le promoteur de cette lugubre loterie. C'était toujours à lui que, par une sorte de consentement tacite, revenait l'honneur de la diriger. Deux ou trois de ses fidèles se tenaient près de lui, attentifs à ses moindres signes.

Si émouvante que fût cette grave question, elle se traitait de la manière la plus simple.

Legros tenait un de ces sacs de forme oblongue bien connus de tous les marins, au moins de ceux de la marine anglaise. Ce sac contenait vingt-six boutons, nombre exact de ceux qui avaient survécu précédemment et devaient de nouveau prendre part au tirage. Ces boutons, en corne noire, étaient tous exactement pareils (c'étaient des boutons d'uniforme), à l'exception d'un seul de couleur rouge foncé, comme s'il eût été trempé dans le sang. Il l'avait été en effet, car c'était celui qui désignait la victime.

Aucune différence n'y était sensible au toucher, même pour les doigts les plus délicats, et il n'en existait pas parmi les mains calleuses de ces misérables. Il n'y avait point d'ordre de tirage ; les chances étaient égales pour tous. Le bouton fatal pouvait aussi bien sortir le premier que le dernier.

Sous cette impression de parfaite égalité, jamais aucun murmure, aucune difficulté ne s'élevait. Nul n'hésitait à avancer la main le premier. Sitôt donc que Legros eut pris le sac, assez fermé pour qu'on ne pût y introduire qu'une main à la fois, un homme s'avança, qui, d'un air de sombre détermination, plongea son bras dans l'ouverture entrebâillée.

Un par un, chaque bouton était sorti du sac et étalé sur la paume bien ouverte de la main de son possesseur, pour témoigner qu'il avait encore le droit de vivre, puis on le remettait de côté pour servir la première fois que cet étrange ballottage devrait recommencer.

Du reste, le tirage n'avait rien de solennel; au contraire, plusieurs des misérables présents avaient le triste courage de plaisanter pendant sa durée, sur le plus ou le moins de chances qu'ils supposaient à tel ou tel ou à eux-mêmes; mais quelques autres eussent vraiment fait pitié s'il avait existé à bord des cœurs accessibles à un pareil sentiment. Ils s'approchaient défaillants, les affres de l'agonie peintes sur le visage. C'est à peine si leurs doigts tremblants conservaient la force de saisir et d'amener le jeton qui pouvait leur être fatal, et c'était en détournant la tête qu'ils le soumettaient au contrôle public.

Ceux qui avaient laissé percer le plus de frayeur étaient également ceux qui se livraient ensuite aux démonstrations les plus bruyantes, les plus déplacées, en se voyant encore une fois sauvés.

Le Français continuait à tenir le sac d'un air indifférent. Mais il était facile pour un observateur attentif de voir que ce calme était plus apparent que réel. Nous l'avons déjà vu, Legros était lâche. Il pouvait, sous l'empire de la colère, ou excité par le désir de la vengeance, se battre comme un autre et paraître braver le danger; mais dans la lutte alors engagée, où il avait le sort pour seul antagoniste et où il ne lui était pas possible d'avoir recours à la ruse, son courage artificiel l'abandonnait complètement.

Tant que la loterie en fut à ses débuts, il conserva son air calme et gouailleur. Il y avait encore tant de chances de vie contre une de mort. Toutefois, à mesure que le tirage avançait, et que, l'un après l'autre, ses compagnons exhibaient le bouton noir, on aurait pu voir le visage de Legros s'altérer et son sang-froid faire place à une émotion que ses yeux inquiets n'essayaient plus de dissimuler.

A mesure que chaque bouton sortait du sac, Legros jetait sur lui des regards anxieux. On arriva aux cinq derniers. Alors il ne lui fut plus possible de déguiser son trouble et ses appréhensions. Ses chances heureuses se trouvaient diminuées à un point qui pouvait lui inspirer de sérieuses alarmes.

A ce moment, il interrompit le tirage pour réfléchir. Sa position s'améliorerait-elle s'il cédait à quelqu'un le sac qu'il avait tenu jusque-là? Cela changerait-il le courant de malechance qui semblait établi contre lui et qu'il sentait s'accentuer à chaque instant? Il avait tenté de faire sortir le bouton rouge en secouant le sac en tous sens pour l'amener dessus, espérant le faire prendre par un de ses compagnons. Peine inutile! le bouton fatal s'obstinait à rester au fond.

Toute réflexion faite, qu'est-ce que ça pouvait faire que ce fût lui ou un autre qui tînt le sac? Qu'importait qu'il fût le vingt-et-unième ou le vingt-sixième à tirer? Mieux valait continuer son office. Il était peu probable que le jeton fatal restât le dernier. Il y en avait encore cinq avant lui.

Le Français annonça d'un air indifférent qu'il était prêt à reprendre le tirage.

Les numéros 21, 22, 23, 24, sortirent tour à tour.... et tous.... noirs!

Il n'en restait plus que deux : celui de Legros et d'un marin irlandais, qui était peut-être le moins perverti de cette bande d'hommes arrivés au dernier degré de la corruption et de l'avilissement.

L'un des deux devait mourir. Lequel serait-ce?

On peut à peine dire que l'intérêt augmentât; car dès l'abord il avait été suprême pour chacun des assistants ; mais il changeait de caractère. Devenu moins égoïste pour la plupart, il avait néanmoins acquis les proportions d'une question de parti ; car il existait depuis longtemps chez les deux hommes entre lesquels le hasard allait décider, une rivalité haineuse, une vieille rancune, dégénérée en une véritable vendetta.

Cette haine remontait aux premiers jours de l'embarquement à bord du *Pandore*. Elle avait pris son origine dans une querelle survenue entre Legros et Ben Brace. Larry O'Gorman, un peu par esprit de nationalité, un peu par un reste d'équité naturelle, avait pris parti pour l'Anglais contre le Français, et avait contribué à sa victoire. De là était née une hostilité réciproque, sans cesse accrue par les mauvais procédés du vindicatif Français à l'égard de l'Irlandais, devenu sa bête noire. Certes, il n'aimait pas Ben Brace, mais le sentiment qu'il éprouvait contre ce dernier était presque sympathique en comparaison.

Plusieurs disputes s'étaient élevées entre eux, dans lesquelles Legros, plus habile ou plus rusé, avait triomphé ; mais aucune lutte sérieuse n'avait permis de juger de la force de ces deux hommes, qui semblaient également éviter un combat dont l'issue aurait pu être définitive. L'Irlandais d'ailleurs n'avait point l'humeur querelleuse.

Ils étaient donc seuls face à face, ces deux hommes, dont l'un devait mourir pour prolonger l'existence des autres. Leurs yeux caves, leurs joues proéminentes et osseuses, leurs poitrines amaigries dont on pouvait compter les côtes, promettaient aux affamés du radeau un triste repas.

Le Français cependant paraissait le moins affaibli des deux, probablement par suite de la part avantageuse qu'il avait su prélever dans la distribution des vivres. Les hommes des deux camps opposés disputaient déjà sur la supériorité de l'un sur l'autre au point de vue de la tendreté.

Tirons un voile sur cet horrible tableau, esquissé à grands traits uniquement pour montrer à quel degré d'abaissement moral peuvent tomber des hommes sans principes aux prises avec les tortures des besoins matériels.

Un temps d'arrêt s'était produit, comme il arrive fréquemment aux heures de crise. Il régnait un silence profond. Un esprit enclin à la superstition eût trouvé quelque chose de plus lugubre qu'à l'ordinaire dans les bruits plaintifs qui résonnaient autour du radeau et que les cris, les imprécations, les accès de démence des misérables atteints de « delirium tremens » empêchaient généralement d'entendre. Les vagues qui se heurtaient aux muids vides rendaient un son désolé qui eût fait penser à des gémissements d'agonisants ou à des plaintes d'âmes en peine.

Les deux hommes se dévisageaient d'un air de défi; leurs camarades faisaient cercle autour d'eux.

— Je propose, dit tout à coup l'Irlandais, de jouer notre vie au plus fort. Ces jetons-là sont bons quand le sort doit décider entre un certain nombre; mais quand il ne reste plus que deux adversaires en présence, il vaut mieux, ce me semble, remplacer le tirage par la lutte. Qu'en dites-vous, camarades?

Bien qu'inattendue, la proposition trouva des partisans.

L'équipage, qui n'était plus directement influencé par un intérêt personnel, pouvait juger avec impartialité. Il n'y avait rien de déloyal, bien au contraire, dans la motion d'O'Gorman, et elle réunit aussitôt un certain nombre d'adhésions. Les partisans de Legros étaient beaucoup plus nombreux, et ils restèrent muets, attendant la décision de leur chef avant de se risquer à émettre une opinion peut-être contraire à la sienne. Toutefois, personne ne doutait qu'il n'acceptât.

Legros, plus fataliste que l'Irlandais, trouvait que la malechance s'était trop ouvertement déclarée contre lui pour tenter un combat dont les suites, pensait-il, pouvaient être fatales sous l'influence de sa mauvaise étoile.

Contre l'attente générale, il manifesta donc au contraire la volonté très arrêtée de s'en remettre au sort; mais un observateur sagace eût certainement remarqué dans sa manière d'être un je ne sais quoi de suspect qui l'eût amené à soupçonner qu'il comptait moins pour le favoriser sur la chance que sur sa ruse ou son adresse.

Personne ne songeait à le suspecter, personne, si ce n'est pourtant celui qui y avait un intérêt immédiat. Lui seul remarqua la rapide pression de main échangée entre lui et un de ses fidèles; ou du moins, si d'autres la virent, ils l'attribuèrent à un témoignage de sympathie bien naturel envers un ami, dans une situation aussi critique.

Il s'était en effet passé quelque chose d'important dans cette poignée de main furtive, car de ce moment Legros retrouva son assurance, et avec elle toute son arrogance.

— Parbleu, monsieur l'Irlandais, cria-t-il, vous ne supposez pas que j'aie peur de vous, par hasard? Du reste, personne ici ne le croirait; mais je veux, comme les autres, ne m'en rapporter qu'au hasard, malgré les mauvais tours qu'il m'a joués quelquefois. Du reste, nous n'avons rien à nous reprocher. Vous ne me paraissez pas beaucoup plus avant que moi dans ses bonnes grâces. Nos chances sont égales. Rapportons-nous en donc au sort. Ce qu'il y a de bon, c'est qu'un des deux cessera bientôt d'avoir à s'en plaindre.

Comme l'Irlandais n'avait aucun droit particulier d'altérer le cours des choses, la majorité tint bon pour que la loterie suivît son cours. Legros continuait à tenir le sac.

A ce moment, une nouvelle discussion s'éleva. Il ne s'agissait pas de savoir quel serait celui qui tirerait, mais s'il ne serait pas plus sage de faire tenir le sac par un tiers, afin de le faire secouer une dernière fois par une main désintéressée.

Legros s'y opposa, disant que, puisqu'on lui avait confié une mission, il s'en acquitterait jusqu'au bout. Il fit ressortir que ce n'était point son avantage, puisque jusqu'à présent le sort lui avait été contraire; il considérait comme un devoir de se montrer calme et maître de lui, quoi qu'il advînt, témoignant ainsi combien il était indifférent même devant la mort.

Ce discours produisit l'effet désiré. La majorité se prononça en faveur de Legros. Il fut décidé qu'on ne lui retirerait pas le dangereux honneur de tenir le sac et que c'était à l'Irlandais qu'incombait la charge de faire choix du dernier bouton. L'Irlandais s'approcha hardiment et amena.... le bouton noir!...

Le bouton rouge appartenait à Legros.... C'en était fait. La loterie était terminée. Il ne lui restait plus qu'à faire son devoir.... à mourir.

Mais lui, avec une désinvolture et un sang-froid parfaits qui stupéfièrent les spectateurs :

— Sacrebleu! s'écria-t-il, le sort m'en veut décidément. Allons, il s'agit de montrer qu'on sait mourir; mourons! C'est égal, je veux auparavant me donner la satisfaction de regarder le maudit jeton qui me vaut ça.

Tout en parlant, le marin élevait le sac de la main gauche, tandis que la droite plongeait dans l'intérieur et semblait avoir de la difficulté à trouver ce qu'elle voulait. Bientôt, impatienté, il saisit le sac par le fond et trouva enfin dans un coin l'objet tant cherché.

Sa main ressortit fermée. Poussés par une curiosité instinctive, tous s'étaient rapprochés et suivaient de l'œil ses mouvements comme s'ils ne savaient pas d'avance ce qui pouvait rester dans le sac fatal. Un moment, il resta immobile, hésitant, puis, prenant son parti en brave, sa main crispée se détendit, il présenta sa paume ouverte au contrôle de tous les assistants...,

Qu'on juge de la surprise générale! Lui aussi amenait un bouton noir.

Deux personnes seulement avaient lieu de ne point partager la stupéfaction de tous, et c'étaient ces deux-là, Legros et celui de ses acolytes qui lui avait à la dérobée pressé la main, c'étaient, disons-nous, ces deux-là qui témoignaient le plus haut de leur étonnement.

Une grande rumeur éclata. Quelques marins, suspectant la bonne foi de leur camarade, s'avancèrent, lui arrachèrent le sac des mains, le retournant et le secouant avec fureur.

Le bouton rouge tomba sur les planches.

La plupart des hommes étaient hors d'eux-mêmes. Ils reconnaissaient que, jouant franc jeu, ils avaient été dupés, et les personnalités blessantes commencèrent à se faire entendre de toutes parts.

Les amis de Legros, excités par leur chef, essayaient de calmer les autres, repoussant l'accusation de tromperie et insinuant qu'il y avait seulement eu méprise dans le compte des boutons.

— Oui, oui, affirmait celui-là même qui avait donné la poignée de main, on en a mis vingt-sept au lieu de vingt-six. Voilà toute l'histoire. Et comme nous avons compté tous ensemble, nous sommes fautifs au même titre, et nous devons tous subir les conséquences de notre inattention. Il faut recommencer et être plus soigneux.

Comme il n'était pas possible de démontrer mathématiquement la fausseté de cette allégation, on la laissa passer, mais personne n'était convaincu. On sentait, au contraire, que quelque tour déloyal avait été commis ; et pour beaucoup, le seul coupable était Legros, dont la manœuvre, pendant qu'il cherchait le gage de sa condamnation, avait paru louche. N'avait-il pas tenu le poing fermé aussi bien en plongeant la main par l'ouverture du sac qu'en l'en retirant ?

En tout cas, tous étaient mécontents. Ceux qui venaient d'échapper à la terrible alternative de vie ou de mort s'y trouvaient replacés ; mais la crainte les fit taire, et ils parurent se résigner. Pas tous cependant.

L'Irlandais à part gardait le silence et se livrait à une méditation profonde. Quand enfin l'équipage entier parut avoir consenti au renouvellement de l'épreuve, marquée par un incident aussi étrange, et que l'on en commença les premières formalités, il s'arracha à sa rêverie, et, s'élançant résolument au milieu des groupes :

— Ah mais non! s'écria-t-il, cela ne se fera pas, je m'y oppose !

Et comme tous les yeux se tournaient vers lui avec étonnement :

— Non, reprit-il, assez de loterie comme ça pour le moment, tant que l'autre affaire ne sera pas expliquée. Il y a eu trahison, n'est-ce pas? Vous êtes tous d'accord pour en convenir; mais vous ne savez pas comment le prouver, et alors vous vous taisez ! Eh bien! c'est moi qui parlerai et confondrai l'imposteur qui n'a pas eu le courage d'affronter la destinée commune.

Cette interpellation véhémente et inattendue passionna tous les auditeurs. Enfin, on allait donc savoir.... Et tous se pressaient autour d'O'Gorman.

Quel que fût celui qui avait triché dans une affaire de cette importance, il était désigné d'avance à la mort, et par conséquent tous les innocents étaient intéressés à ce que la vérité se fît jour. Il fallait que le châtiment tombât sur le vrai coupable, et qu'il n'y eût pas lieu pour ceux qui avaient échappé au premier tirage d'encourir inutilement les chances d'un second.

L'expression de Legros et de son acolyte avait singulièrement changé, celle du premier surtout; ses lèvres blanches, ses regards mal assurés, ses yeux brillants d'un feu sombre, son maintien craintif décelaient un coupable qui se sent découvert et qui recule moins devant l'opprobre que devant le châtiment qui l'attend.

XXV.

DUEL A MORT.

Le regard ferme d'O'Gorman, fixé sur Legros avec un mépris non déguisé, le désignait assez à la vindicte de ses camarades, comme étant l'homme auquel il faisait allusion.

Cependant Legros, qui avait d'abord fui ce regard accusateur, voyant l'attention de tout l'équipage rivée sur lui, sentit la nécessité de cacher son trouble et de tenir tête à l'orage. Il fit donc quelques pas vers O'Gorman et s'écria d'un ton de défi :

— Monsieur l'Irlandais, serait-ce moi que vous oseriez dévisager ainsi? Auriez-vous par hasard l'infernal toupet de chercher à insinuer que c'est moi qui suis l'auteur de cette manœuvre déloyale, si manœuvre déloyale il y a? Vous en seriez encore bien capable!

— Ah! tu te décides enfin à comprendre, mon bel ami. Tu y as mis le temps. Apprends donc que je n'ai pas voulu insinuer la chose, mais l'affirmer hautement. Ce n'est pas mon habitude d'aller par quatre chemins, et quand j'ai quelque chose à dire à quelqu'un, je le lui dis en face. C'est pourquoi je te répète à ta barbe et sans trembler, entends-tu bien, que c'est toi seul qui as mis le bouton supplémentaire dans le sac. C'est vous, mòssieu Legros, et pas d'autres !

— Impudent menteur ! s'écria le Français, blême de fureur et le poing levé. Impudent menteur !

— Un peu plus de calme, Français de malheur. Ce n'est pas Larry O'Gorman que l'on fait taire par des cris et des menaces. Je répète et j'affirme que c'est toi qui as mis le deuxième bouton noir.

— Il ne suffit pas d'affirmer ; peux-tu le prouver, O'Gorman ? s'écrièrent de différents côtés les amis de Legros, intervenant dans la discussion.

— Quelle autre preuve voulez-vous ? Quand j'ai mis la main dans le sac, il n'y avait que deux jetons ; pas davantage. Je le sais, je les ai assez tâtés l'un après l'autre pendant que j'hésitais à faire mon choix. S'il y en avait eu un troisième, je l'aurais senti et tâté également. Je suis prêt à jurer sur la croix de saint Patrick qu'il n'y en avait que deux à ce moment.

— Cela ne veut rien dire. En quoi cela prouve-t-il que le troisième bouton n'était pas dans un coin du sac ou dans quelque pli de la toile où tu n'as pas pu le toucher ? demanda celui des amis de Legros qui prenait toujours sa défense avec le plus de chaleur.

— Des plis ! Allons donc ! il n'y en avait que dans la paume de sa main, là où il tenait le bouton si soigneusement enfermé.

Et tenez, c'est ce chenapan de beau parleur qui lui a glissé le bouton. N'essaie pas de nier, Bill Barler. J'ai fort bien vu qu'il se passait quelque chose de suspect entre toi et lui au moment de tirer. J'ai vu vos pattes se serrer et quelque chose glisser entre vos doigts. Sur l'heure je ne savais pas trop ce que c'était, mais maintenant je le sais, et j'affirme que c'était le bouton.

L'accusation de l'Irlandais était formelle et reposait sur des données plausibles. Le cas était grave, chacun le sentait. Tout se réunissait pour accabler Legros. Les deux hommes dont le tour avait précédé celui d'O'Gorman, assuraient n'avoir trouvé dans le sac que le nombre de boutons qui devait s'y rencontrer. Ils affirmaient les avoir tous palpés séparément, dans l'espoir de reconnaître au toucher celui qui était teint de la couleur fatale.

— La chose est assez claire! cria l'Irlandais, qui trouvait déjà le châtiment trop différé. La duperie est évidente. Cet air de chercher et de ne pas trouver n'était qu'une feinte, une pure comédie. Legros a tenu tout le temps dans sa main fermée le bouton donné par Barler. Si j'eusse tiré le rouge, il n'en avait pas besoin. C'est lui que le sort a condamné, c'est lui qui doit mourir, et je ne vois pas pourquoi nous recommencerions à tirer.

— Canaille! menteur! vociféra Legros, si je t'empoigne!

Et, tirant son couteau, il s'élança sur l'Irlandais, dans l'espoir de se défaire d'un accusateur aussi acharné.

— Un peu plus de calme donc! cria celui-ci, se mettant d'un bond hors de la portée de son assaillant. Tout beau! plus de sang-froid, môssieu le Français, ou vous pourriez avoir à vous en repentir, et nous servir de rôti avant d'avoir eu le temps de dire un *Pater* pour votre vilaine âme. Allons, continua-t-il en se mettant sur la défensive, tu peux y venir maintenant. Je t'attends de pied ferme, toi et ceux qui voudront te soutenir. Allons-y gaîment.

Et sa phrase se termina par un sifflement de défi.

Personne ne pensait plus à décider la question par le sort. L'attitude déterminée des adversaires annonçait qu'ils ne se ménageraient point. L'antagonisme mortel des deux chefs, Legros et O'Gorman, promettait de fournir plus de vivres que ne l'eût fait la loterie. Nul ne songeait à intervenir ; chacun avait un intérêt personnel à ce que la lutte qui se préparait fût vite terminée, et plus d'un, dans le secret de ses pensées, comptait sur au moins deux victimes. La prochaine loterie qui devait remettre toutes les vies en jeu s'en trouverait reculée d'autant.

Les marins se divisèrent en deux camps ; celui du Français, de beaucoup le plus nombreux un quart d'heure auparavant, était bien diminué. Ses plus fidèles adhérents étaient révoltés de la déloyauté avec laquelle il avait failli remettre leur sort en question, en obligeant à un autre tirage, et, même à part cette considération personnelle, un reste d'honneur révolté s'était manifesté dans quelques cœurs.

Les partisans des deux champions se groupèrent donc à chaque extrémité du radeau, laissant le champ libre aux mouvements des combattants.

L'arme choisie était le couteau. Il existait bien à bord des hachettes, des coutelas et des harpons ; mais l'espace étant limitée, il avait été interdit aux adversaires d'en faire usage. On avait pensé qu'une lutte corps à corps exigeait une arme courte et d'un maniement facile.

Legros et O'Gorman se tenaient en face l'un de l'autre dans l'attitude du défi, la jambe en avant, le bras armé de six pouces de fer, les muscles tendus et les yeux injectés de sang.

Par un de ces contrastes fréquents entre la pureté de la nature et l'excitation des passions mauvaises de l'homme, ce moment de la journée avait un charme pénétrant; le soleil couchant, d'un rouge pourpre, jetait autour de lui des reflets enflammés. Si indifférents que fussent les deux ennemis à ce qui ne parlait pas aux sens, ils se tournèrent pourtant d'instinct vers ce splendide spectacle qu'aucun d'eux ne pensait revoir.

Legros et O'Gorman se tenaient en face l'un de l'autre dans l'attitude du défi.

Les combattants ne s'attaquèrent pas tout de suite; ils se tinrent sur la défensive, car la pointe aiguë des couteaux, les menaçant en pleine figure, avait de quoi faire réfléchir. Ils semblaient par des feintes et des retraites simulées vouloir essayer leurs forces et s'échauffer avant d'engager un combat sérieux.

Les spectateurs témoignaient le même intérêt qu'à un combat de coqs. Chez la plupart pas l'ombre d'une émotion. Que leur importait ? Quelques autres jetaient aux deux adversaires des paroles d'encouragement pour les exciter l'un contre l'autre ; mais les plus intéressés à cette lutte fratricide et dégradante pour l'humanité, semblaient être les requins. Comme s'ils eussent deviné qu'il se passait quelque chose d'insolite qui leur assurait l'immunité, ils s'étaient rapprochés et groupés autour du radeau, dardant sur les deux champions des yeux pleins de convoitise.

Ni les uns ni les autres n'étaient d'humeur à attendre longtemps. Les marins commençaient même à manifester des signes d'impatience, et dans les deux camps on entendait retentir :

— Ils ont peur ! ils caponnent ! Ils ne valent pas mieux l'un que l'autre !

— Allons donc, Legros, fais-lui tâter de ton couteau, criaient les amis du Français.

— Voyons, Larry, donne-lui de ta lame ! Qu'attends-tu ? hurlaient les partisans d'O'Gorman.

— Allez-y : vous n'êtes donc plus des hommes ?

Toutes ces exclamations se croisaient dans l'air avec les accents des nationalités les plus diverses. Elles produisirent l'effet désiré. Les combattants se précipitèrent l'un sur l'autre. Mais le bras gauche de chaque adversaire rencontra la lame meurtrière et para le coup.

Ils en furent quittes pour ce qu'ils traitèrent de simple égratignure ; l'odeur du sang versé ou l'irritation de la blessure les surexcitèrent toutefois, car ils se cherchèrent éperdument dans une nouvelle lutte corps à corps. Ils se séparèrent sans s'être dangereusement blessés, mais animés d'une nouvelle fureur. La haine les aveuglait, et ils se portaient des coups mal dirigés. A la troisième passe, chacun d'eux saisit le bras droit de son antagoniste pour l'empêcher de se servir de son arme, et ils continuèrent ainsi la lutte. Ce n'était plus une question d'adresse, mais de force musculaire ; ils se tenaient étroitement enlacés, tournant, virant, se renversant, se cabrant sous l'étreinte, mais ne lâchant point prise, car lâcher prise c'était la mort assurée à bref délai. Ils combattirent ainsi quelques minutes sans réussir à se faire perdre pied. Les spectateurs étaient obligés de lutter d'adresse pour éviter les contre-coups de ce combat sauvage. Le radeau ne parvenait pas à retrouver son équilibre.

Il devint bientôt évident que Legros aurait le dessous si le combat se maintenait dans les conditions où l'Irlandais l'avait placé. Ce dernier était incontestablement le plus fort ; mais son adversaire lui était bien supérieur en ruse et en malice. Il trouva moyen en luttant de se tenir rapproché du bras droit d'O'Gorman ; puis, allongeant le cou, il saisit brusquement le bras de celui-ci entre les dents. Aussi prompte que la pensée, sa main gauche glissa vers la droite et y prit le couteau qui menaça au même moment la poitrine de son antagoniste. C'en était fait d'O'Gorman....

Comment pouvait-il, privé de ses deux bras, se soustraire au coup fatal ? Les spectateurs retenaient leur haleine et jugeaient le combat terminé.... A leur grande surprise, l'Irlandais échappa à son ennemi.

Heureusement pour lui, le drap de sa jaquette n'avait jamais été de première qualité, et le long usage n'avait point remédié à ce défaut. Il lui suffit d'un effort énergique pour se débarrasser du Français, à qui il ne resta entre les dents qu'un lambeau d'étoffe.

L'Irlandais avait retrouvé non seulement ses avantages, mais en avait acquis de nouveaux; car son bras droit était libre, tandis que la main gauche du Français était seule assurée.

Les acclamations des partisans de celui-ci avaient cessé, et le combat continuait dans un silence profond. Cela ne pouvait durer plus de quelques secondes, et la défaite de Legros était considérée par tous comme un fait accompli.

Les passes se succédaient avec rapidité. Enfin O'Gorman parvint à enfoncer son couteau dans la main de son adversaire; celui-ci poussa un cri de douleur et laissa échapper son arme, qui passa dans l'interstice de deux planches et disparut dans l'Océan.

Un nouveau cri de rage et de désespoir monta aux lèvres de Legros renversé, acculé.... Le moment fatal était venu, la lame acérée d'O'Gorman effleurait déjà sa poitrine, quand une main vigoureuse arrêta le bras levé de l'Irlandais, et une voix de stentor fit retentir ce cri :

— Ne le tuez pas; ce n'est plus nécessaire ! Regardez là-bas : sauvés ! Nous sommes sauvés !

L'homme qui venait si à point d'interrompre le duel tendait la main dans la direction de l'ouest. Les yeux de tous se tournèrent vers le point indiqué. Ces mots magiques : Nous sommes sauvés ! eurent un effet immédiat non seulement sur les spectateurs de cette tragédie sanglante, mais aussi sur ses acteurs. Les rancunes s'étaient apaisées, les dissensions oubliées, et tous, unis dans une pensée commune, interrogeaient l'horizon.

L'Irlandais avait sans commentaires desserré son étreinte et lâché son couteau, et les deux ennemis s'étaient, comme si de rien n'était, mêlés au reste de l'équipage.

— Qu'est-ce donc? demandait-on tout d'une voix : la terre?

Hélas! aucun n'était assez ignorant des latitudes qu'il traversait pour admettre semblable hypothèse.

— Une lumière! ne voyez-vous pas? dit l'homme dont l'exclamation avait détourné l'attention de tout le monde. Regardez! juste à l'endroit où le soleil descend, ce n'est qu'un point, mais je le distingue parfaitement; ce doit être la lampe de l'habitacle d'un navire.

— Carrajo! interrompit un Espagnol, c'est simplement une lueur que le soleil a laissée derrière lui. C'est le « ignis fatuus » que vous croyez voir, amigo!

— Bah! ajouta un autre, en supposant que ce soit le phare d'un bâtiment, qu'en résultera-t-il de bon pour nous, qu'une déception de plus? Si la lumière est dans l'habitacle, le vaisseau qui la porte a la poupe sur nous. Quelle chance aurions-nous alors de la rejoindre?

— Pardieu! c'est bien une lumière, reprenait un troisième. Pecaïré! mes enfants; et cependant je vous réponds que ce n'est pas la lampe de l'habitacle! Je m'y connais, moi.

— Io tambieu, dit un Espagnol.

— Ich sehe, grommela un lourd Allemand.

Et pendant quelques minutes on ne s'entendit plus au milieu des vociférations de toute cette bande, échangeant ses impressions au sujet de ce feu lointain. Pour tous cela devenait un navire, les feux de la cambuse, la préparation du dîner, et il leur semblait déjà flairer les émanations d'un café savoureux, d'un bouillon substantiel, d'un repas civilisé, en un mot. Le crépuscule tombait, le point lumineux s'était accru en force et en étendue ; c'était un véritable feu resplendissant sur le ciel sombre.

De ce moment, ils n'eurent plus qu'une idée : mettre le cap sur ce feu rayonnant qui ne pouvait venir que d'un vaisseau, puisqu'il n'existe point de terre dans cette partie de l'Océan.

La certitude à cet égard était si grande, que, malgré l'impossibilité de se faire entendre à une pareille distance, les infortunés se mirent à le héler, épuisant sans compter le peu de forces que leur avaient laissées de longs jours de souffrances. Il y avait plus de vingt milles de distance entre eux et le but tant désiré, et quelques-uns, en proie à des illusions provenant de l'affaiblissement de leurs facultés, affirmaient qu'il était à quelques brasses à peine.

D'autres cependant raisonnaient plus sainement, et ceux-là, prêchant de parole et d'exemple, travaillaient de tout leur pouvoir à mettre le radeau en état d'accoster le bâtiment, quel qu'il fût, qui leur promettait salut et délivrance. Les rames et la voile, abandonnées depuis longtemps, furent reprises, et l'on songea à trouver le moyen de diriger l'embarcation que jusqu'alors on avait laissée dériver au gré des vents et des courants.

La toile fut soigneusement parée, les écoutes tendues et serrées, et le mât assujetti et redressé.

Comme l'objet vers lequel on se dirigeait ne se trouvait pas sous le vent, deux hommes furent placés au gouvernail, qui consistait en une large planche jouant sur les couples de l'arrière. Par ce moyen, on maintint le radeau dans la direction de la lumière.

Ceux des marins qui n'étaient pas occupés à la voile ni au gouvernail, étaient disposés sur deux rangs et nageaient ; quelques-uns seulement avaient des rames, les autres se servaient de ce qui leur était tombé sous la main, barres de cabestan, anspects, morceaux de planche, tout ce qui pouvait aider à avancer, si peu que ce fût.

C'était, à leur avis, une question de vie ou de mort, cette lutte suprême ! Il fallait atteindre le vaisseau en vue ou se résigner à mourir. Un jour de plus sans nourriture devait amener la mort pour au moins un d'entre eux ; deux jours de plus sans eau, c'était la soif avec toutes ses horreurs, avec des tortures mille fois plus intolérables que tout ce qu'ils avaient enduré jusque-là.

Sous leurs efforts énergiques et bien combinés, et l'énorme voile qu'ils avaient rétablie, l'embarcation, malgré sa grossièreté toute primitive, faisait un chemin considérable, bien qu'elle fendît l'eau trop lentement encore au gré de leurs désirs.

Par moments, ils gardaient un profond silence ; d'autres fois ils se laissaient aller à des imprécations, maudissant tour à tour la lenteur de leur radeau, et ce vaisseau qui ne venait pas à leur rencontre. Plus ils avançaient, moins ils étaient à même de constater leurs progrès. Quelques-uns affirmaient que le problématique navire s'enfuyait devant eux.

Pas un instant ne s'écoulait sans que quelqu'un ne se retournât pour juger de l'avance que l'on pouvait avoir gagnée sur ce feu mystérieux. A chaque fois il revenait à son poste de rameur avec plus de découragement sur la physionomie et d'amertume dans le cœur.

Ceux qui étaient le plus las de cet exercice physique qui outrepassait leurs forces et leur courage, n'hésitaient pas à affirmer qu'ils distinguaient la mâture du bâtiment qui, toutes voiles dehors, se dérobait à leur atteinte.

Quelques marins se prirent même à douter de l'existence du vaisseau. Ils supposaient plutôt avoir été déçus par quelque phénomène de phosphorescence, peut-être la carcasse de quelque gros poisson flottant à la surface de l'eau. Beaucoup avaient été témoins de cas pareils, et leurs conjectures ne soulevèrent par conséquent point d'opposition ni d'incrédulité.

Le mécontentement et le désappointement étaient à leur comble et se fussent probablement manifestés par un abandon complet des projets de poursuite caressés jusqu'alors, quand un fait autrement inattendu se produisit.

Ce fut la disparition instantanée de la lumière.

Elle s'éteignit, non par gradations successives, non en s'évanouissant à l'horizon, mais, ainsi que l'exprimait un marin, comme si une tonne d'eau salée eût été jetée dessus.

Aussitôt rames et gouvernail furent abandonnés. De toute manière il eût été inutile de s'y tenir plus longtemps. Le ciel était sombre, sans lune, pas une étoile ne brillait. Seule la mystérieuse lueur maintenant disparue les avait guidés. Rien ne leur restait plus pour diriger leur course. La brise soufflait dans toutes les directions. Mais que leur importait ? Ils abandonnèrent le radeau à ses caprices, et, plus désespérés que jamais, ils s'en allèrent à l'aventure vers ce coin de l'Océan où leur misérable et coupable existence était destinée à s'achever.

XXVI.

LARRY O'GORMAN. — AMIS OU ENNEMIS.

La nuit était sombre, avons-nous dit; un épais brouillard descendit sur la mer et s'ajouta à cette obscurité, enveloppant le radeau et l'équipage de telle sorte, qu'il eût été impossible de distinguer la lumière, si, comme on l'avait un moment espéré, elle eût pu se rallumer à l'horizon.

Les infortunés causaient entre eux, et naturellement leur conversation roulait sur ce qui les avait occupés avant l'apparition du mirage, du feu follet qui avait interrompu le cours de leurs opérations.

La faim, la faim aiguë, cruelle, les ramenait à la scène inachevée dont ils attendaient l'apaisement de leurs souffrances. Ils se représentaient avec amertume que cet apaisement eût déjà été obtenu, s'ils ne se fussent pas leurrés de cette décevante espérance terminée par l'étrange disparition qui les rejetait dans le désespoir.

Et tandis qu'une vapeur noire et humide s'abattait sur eux comme un voile funéraire, à cette heure de minuit toujours si solennelle, on aurait pu les entendre se demander à demi-voix :

— Quel est celui qui va mourir ?

La solution de cette question était plus facile qu'auparavant. Pour tous il ne devait plus y avoir de tirage. Il s'agissait de laisser les deux hommes entre lesquels le sort n'avait pu prononcer terminer leur différend par les armes.

Cette décision était assez conforme à la justice, si l'on en excepte l'Irlandais, dont le triomphe eût été assuré sans l'intervention d'un tiers qui lui avait arraché son ennemi. Des arbitres plus justes eussent fait valoir cet argument en sa faveur, et l'eussent exempté des nouveaux risques à courir pour lui; mais que pouvait-il attendre d'un jury composé de trafiquants d'esclaves, dont plus de la moitié subissait l'ascendant de son adversaire ? Aussi ne faut-il pas s'étonner que l'on votât à la majorité pour la reprise du duel à mort entre les deux champions.

La nuit empêchait l'exécution de cette sentence barbare, et la reprise des hostilités fut retardée jusqu'aux premières lueurs du soleil levant.

Satisfait de cette résolution, l'équipage prit le parti de chercher à se reposer autant que la faim, la soif, les émotions passées, les appréhensions de l'avenir et la dureté de leur couche leur permettraient de le faire. Il est vrai que leur lassitude, approchant de la prostration, compensait un peu tant de causes d'insomnies.

Quelques-uns ronflèrent bientôt à la façon de Boule-de-Neige, car il est des organisations qui dormiraient au seuil des enfers. D'autres erraient dans un état de demi-somnambulisme, se maintenant au milieu de tant de choses faites pour les faire tomber par un prodige d'équilibre.

Le silence n'était troublé que par les gémissements de la brise qui effleurait la voile, par le bruit de l'eau que séparaient brusquement les couples de l'embarcation, par la respiration bruyante des dormeurs, et les mots incohérents échappés à ceux que tourmentait quelque horrible cauchemar.

Parfois l'un de ceux qui ne pouvaient trouver le repos se levait et heurtait en passant un camarade endormi; alors des imprécations et des menaces s'échappaient des lèvres de celui qui venait d'être rendu au sentiment de la triste réalité, et une rapide altercation s'ensuivait, puis tout retombait dans le calme.

A cette heure matinale où la nuit est le plus sombre, on eût pu voir deux hommes accroupis au pied du mât. Leur corps penché en avant et appuyé sur leurs mains et sur leurs genoux indiquait assez qu'ils ne courtisaient point le sommeil, ils cherchaient seulement à se rapprocher.

Quelques mots de leur conversation surpris au passage eussent édifié sur leurs intentions l'auditeur indiscret; mais personne n'avait intérêt à surprendre le secret de leurs pensées, et tout le monde autour d'eux était trop absorbé dans sa souffrance ou le besoin de repos physique, pour que leurs manœuvres n'échappassent pas à tout contrôle.

Le sujet de leur conférence était un homme étendu non loin d'eux, et dont les ronflements sonores trahissaient le sommeil profond. C'était l'Irlandais O'Gorman, l'un des acteurs de ce drame terrible qui devait se dénouer à l'aube dans le sang. Quels que fussent les vices de cet homme, on ne pouvait lui reprocher d'être un poltron, car il dormait plus calme peut-être que tout autre à l'approche du matin qui devait décider de sa vie.

Afin de jouir encore du parfum d'une liqueur qui ne lui était que trop chère, l'Irlandais s'était couché à côté du barillet de rhum, maintenant vide. Les deux scélérats qui s'entretenaient de lui ne pouvaient donc de leur place apercevoir que la masse sombre que formait le bas de son corps, dont la partie supérieure était masquée par le tonnelet. Cela ne les empêchait pas de tourner fréquemment vers lui des regards que n'animait certainement pas la bienveillance.

— Comme il dort! murmura l'un; a-t-on jamais entendu pareils ronflements? Un sanglier seul pourrait rivaliser avec lui.

— C'est une vraie toupie, affirma l'autre.

— C'est bon! si nous savons nous y prendre, reprit le premier interlocuteur avec un geste significatif, il ne se réveillera plus. Que dis-tu de ça?

— Je suis prêt à tout ce qui te conviendra. Que veux-tu faire?

— Un seul coup suffira, s'il porte au bon endroit; avec quelques pouces de fer dans le cœur, il n'aura pas le temps de pousser deux soupirs, il ne s'en apercevra que dans l'autre monde. Peste! je lui envie presque une sortie de celui-ci aussi prompte et aussi facile.

— Tu crois que cela pourra se faire sans bruit?

— Sans le moindre; l'un de nous lui tiendra quelque chose sur la bouche pour lui faire taire la langue, tandis que l'autre.... Tu comprends?

Ces scélérats n'osaient pas même nommer l'acte qu'il leur paraissait si simple d'exécuter.

— Bien; supposons la chose terminée sans encombre; que diront les autres au matin? On devinera qui a fait le coup; les soupçons tomberont sur nous; peut-être pas sur moi, mais assurément sur toi, après ce qui s'est passé aujourd'hui. As-tu bien réfléchi à tout cela?

— Me crois-tu si bête d'agir à l'étourdie? Certainement j'ai pensé à tout.

— Eh bien?

— D'abord ils ne sont pas très méticuleux du moment qu'on leur donne quelque chose à mettre sous la dent; ensuite, s'ils faisaient du tapage, notre parti est de beaucoup le plus fort, donc rien à craindre de ce chef. Du reste, conviens qu'il vaudrait autant mourir une bonne fois tout de suite que de souffrir mille morts comme nous le faisons.

— Oui, c'est assez mon avis.... Mais encore?

— Cela n'en viendra pas là; j'ai une idée qui simplifiera tout. Il est aisé de sauver les apparences en lui donnant l'air de s'être suicidé.

— Que veux-tu dire?

— Diable! quelle tête dure! Le brouillard t'est donc entré dans la cervelle? Ne sais-tu pas que l'Irlandais a un couteau, et un couteau bien affilé encore? Peste! je le connais, moi! Eh bien! on peut le lui voler et le laisser dans la blessure.... Comprends-tu maintenant?

— Oui, cette fois j'y suis.

— Alors va voir à te procurer le couteau. Cela pourrait donner l'éveil de me voir rôder autour de lui. Toi, tu n'auras l'air de rien, et cela ira tout seul....

— C'est bien. Faut-il que j'y aille tout de suite ?

— Le plus tôt ne sera que le mieux. Une fois le couteau en notre possession, nous pourrons aviser.

L'homme se dressa sans bruit et gagna lentement la place où l'Irlandais, perdu dans ses rêves, reposait abrité par le baril de rhum.

Legros se leva, s'appuya au mât et attendit le retour de son complice.

A quelles réflexions troublantes il était en proie ! Sa haine eût peut-être suffi à le pousser au crime, mais la raison déterminante était surtout l'indicible terreur de ce moment fatal qu'il voyait approcher. Il s'était assez mesuré avec O'Gorman pour s'être assuré de la supériorité musculaire de ce dernier; donc il n'avait point de quartier à espérer. L'aube prochaine verrait sa défaite et son trépas !

Le misérable ! éperdu à la pensée de la mort, il ne trouvait d'autre remède à ce mal évidemment redoutable que de charger sa conscience d'un meurtre aussi lâche !

Il sentait bien qu'on aurait peut-être quelques doutes sur ce prétendu suicide; mais dans l'état de démoralisation où était l'équipage, il ne redoutait guère une enquête sérieuse; et comme il l'avait dit, tout vaudrait mieux que cette lutte avec la certitude d'être vaincu.

Pendant ce temps, son âme damnée, Bill Barler, l'autre bandit, se glissait vers O'Gorman, faisait mine de se coucher un moment à ses côtés, puis, comme si la place n'eût point été favorable au repos qu'il prétendait chercher, il regagnait le pied du mât et glissait quelque chose de brillant à son complice.

Les deux hommes restèrent l'un près de l'autre, en apparence engagés dans une conversation indifférente. Cependant ils se rapprochaient du baril par des mouvements si insensibles, si gradués, et à des intervalles si éloignés, qu'eût-il fait jour, nul n'aurait pu les remarquer....

Quand ils furent à portée, Legros s'assit négligemment d'un côté, tandis que Bill Barler se penchait de l'autre sur le dormeur.... Nul encore ne les remarqua....

Puis, simultanément une couverture tombait sur la bouche d'O'Gorman, tandis que quelque chose de luisant scintillait dans l'ombre et le frappait au cœur....

Un cri étouffé se fit entendre.

Etait-ce la plainte de quelque dormeur oppressé par un mauvais rêve?... Nul ne chercha à le savoir.

Une seconde après, Legros et son complice regagnaient en tremblant leur place au pied du mât et se rasseyaient sans oser prononcer une parole.

Le sommeil d'O'Gorman, si bruyant jusqu'alors, était devenu calme tout à coup. L'infortuné dormait pour toujours.

Nous avons laissé l'équipage du *Catamaran* occupé à fumer de la chair de requin sur le dos du cachalot.

Pour en obtenir une provision suffisante qui leur permît, si besoin était, un voyage de l'autre côté de l'Atlantique, ils avaient travaillé tout le jour et continué leurs opérations culinaires pendant les premières heures de la nuit. Ils avaient entretenu leur feu allumé en jetant du spermaceti frais dans le brasier de chair qu'ils avaient creusé.

L'abondance du combustible, nous l'avons dit, leur permettait de rôtir des requins durant toute une année. Mais ils s'étaient aperçus que l'huile ne brûlait pas sans mèche, et leurs cordes leur étant trop précieuses pour être inutilement transformées en étoupe, ils résolurent par économie d'éteindre leur feu avant de prendre du repos. Pour ce faire, ils avaient versé sur la mèche enflammée une quantité assez forte de spermaceti, qui avait étouffé sa flamme en supprimant son contact avec l'air.

Ils se trouvèrent ainsi dans l'obscurité pour retourner au radeau sur lequel ils se réunissaient pour passer la nuit; mais ils avaient tant de fois fait ce trajet depuis quelques jours, que, malgré les ténèbres profondes, ils retrouvèrent leur chemin sans difficulté.

Ils se laissèrent glisser des épaules du cétacé au moyen de la corde qu'ils avaient attachée à sa large nageoire pectorale et se mirent gaîment à souper d'un rôti chaud qu'ils avaient apporté avec eux, et qu'ils arrosèrent de vin des Canaries additionné.

Après quoi ils s'endormirent, plus satisfaits et plus confiants qu'il ne leur était encore arrivé de le faire depuis leur naufrage. Bientôt un profond silence régna sur le *Catamaran*.

En ce même instant une scène bien différente, et dont ils ne se doutaient guère, se passait à six milles d'eux; car il est à peine nécessaire de dire que le feu aperçu par les misérables du grand radeau n'était autre que la lueur du fantastique fourneau de Boule-de-Neige.

C'était le moment où l'extinction de ce feu avait plongé tout le monde dans la consternation.

Après une nuit d'un repos d'autant plus complet, que plus grande était sa satisfaction du travail accompli, du résultat acquis, et qu'il était heureux de se sentir à l'ancre, Ben s'éveilla frais et dispos, et tout surpris de ne point apercevoir le cétacé à travers les quelques mètres d'eau qui les en séparaient. Il avait perdu tout espoir du retour du baleinier et était désireux d'achever rapidement la besogne commencée, pour reprendre au plus vite le lent et monotone pèlerinage qui, du moins, les rapprochait toujours un peu du but : la terre.

Il se dirigea donc vers Boule-de-Neige, qui ne goûtait rien tant que son sommeil du matin, et, sans cérémonie, il employa les moyens les plus énergiques pour l'arracher à la béatitude de son repos. Au train qu'il fallait faire, William et Lili furent réveillés avant lui, et l'équipage entier se retrouva prêt pour l'action.

Un déjeuner sur le pouce fut servi et avalé à la hâte, puis les trois hommes regagnèrent leur poste de travail et d'observation, confiant à Lili la garde du *Catamaran*, qui eût pu être remise en plus mauvaises mains.

L'ex-cuisinier, à la tête de sa petite escouade, arriva sans encombre au sommet de la carcasse ; mais il eut toutes les peines du monde à retrouver l'emplacement de sa cuisine.

Après avoir tâtonné quelque temps, il découvrit enfin l'orifice de son fourneau. Dès lors cela alla tout seul. Il y inséra une nouvelle mèche ; bientôt après une flamme vive et claire s'élevait, et la broche improvisée se couvrait d'une quantité considérable de tranches de requins.

De ce moment il n'y avait plus rien à faire pour nos trois amis qu'à retourner le rôti et à le renouveler lorsqu'il était à point. Ces petites opérations culinaires, très peu compliquées en elles-mêmes, n'étaient pas de nature à absorber le temps et les facultés de Boule-de-Neige. Aussi, accroupi devant son feu, celui-ci jouissait-il avec délices des douceurs du *far-niente*, si cher à sa race, et de la chaleur de la belle flamme rayonnante qui contrebalançait agréablement l'humidité pénétrante de cette brume matinale. Ses compagnons étaient restés debout.

Cinq minutes s'étaient à peine écoulées, quand on vit le nègre sursauter comme si la tarentule l'eût piqué.

— Ah! Providence! s'écria-t-il en même temps.

— Qu'y a-t-il donc, Boule-de-Neige? demanda le marin.

— Chut! n'avez-vous rien entendu?

— Non, rien, répondirent ensemble Ben et William.

— Eh bien! moi, j'ai entendu quelque chose.

— Et quoi?

— Ah! si je le savais! Mais j'ai peur de le deviner.

— Est-ce un cri d'oiseau, un bruit d'ailes?

— Non, non, massa Ben. Chut! parlez bas. Je crois bien que c'était une voix humaine, mais je ne suis pas assez sûr pour l'affirmer. Taisons-nous! Nous l'entendrons peut-être encore!

Bien qu'assez disposés à l'incrédulité, ses compagnons obéirent à son injonction. Si Boule-de-Neige avait de grandes oreilles, il les mettait bien à profit, et ce n'était pas la première fois que ses camarades auraient eu la preuve de sa finesse d'ouïe surprenante.

Au même instant on entendit d'en bas la voix grêle de Lili, qui ne se mêlait jamais à leurs conversations quand ils s'absentaient du radeau.

— Ah! Boule-de-Neige, criait l'enfant à son protecteur spécial, j'entends parler là-bas sur l'eau. Ecoutez!

— Chut! petite Lili, répondit le nègre à demi-voix, chut! ma mignonne, ne vous faites pas entendre. Tenez-vous tranquille comme une bonne et chère fille que vous êtes.

L'enfant se tut aussitôt, et tous se remirent à écouter avec une nouvelle ardeur. Ben et William, convaincus par l'exclamation de Lili, prêtèrent une oreille d'autant plus attentive. Ils ne furent pas longtemps avant de saisir un bruit à peine perceptible, mais auquel on ne pouvait se méprendre.

C'étaient des voix humaines!

Certes, elles devaient être encore loin, à en juger par la difficulté de les percevoir, disait William.

Mais Ben et le noir, plus expérimentés que lui, savaient que le brouillard pouvait contribuer à en amortir le son, et que, par conséquent, amis ou ennemis étaient peut-être beaucoup plus rapprochés qu'ils ne le paraissaient.

Quel que fût du reste l'éloignement, il diminuait d'une manière de plus en plus sensible, et nos amis pouvaient juger à coup sûr que la carcasse du cachalot était le point de mire vers lequel tendaient les inconnus.

Sur quoi étaient-ils montés? Etait-ce une baleinière, un négrier, un navire marchand?

Ah! s'ils avaient pu résoudre cette question affirmativement sur un de ces trois points, comme leurs hourras et leurs cris d'allégresse eussent dès longtemps révélé leur présence!

Mais personne ne songeait à élever la voix. Chacun cherchait plutôt à dissimuler sa présence, et les visages exprimaient plutôt la consternation que la joie si naturelle qui eût dû s'y rencontrer.

Quelques paroles murmurées par Ben Brace expliqueront son attitude et celle de ses camarades.

Ces cinq mots étaient :

— Damnation! c'est le grand radeau!

— Le grand radeau! répéta Boule-de-Neige. Le croyez-vous réellement, massa Ben? demanda-t-il comme frappé d'épouvante.

— Que le ciel me confonde si je sais que croire, mon vieux camarade, mais si je ne me trompe....

— Quoi? interrogea l'ex-cuisinier, remarquant l'hésitation du marin à achever sa phrase.

— A dire vrai, je crains que nous ne soyons dans de mauvais draps.... Car je ne sais comment ils auront vécu jusqu'ici; et s'ils n'ont pas eu comme nous la chance de pêcher quelques requins, il est à supposer que....

Le marin se tut encore brusquement et termina sa phrase par un regard significatif du côté de William.

Boule-de-Neige acquiesça de la tête pour montrer qu'il avait compris ce qui ne devait pas atteindre les oreilles de l'enfant déjà ébranlé.

— Quant à l'eau, continua le marin, il leur en restait bien peu, et ce qu'ils en avaient n'aura pu leur durer jusqu'à présent. Ils avaient bien en outre des quantités de rhum; mais, loin de leur être profitable, cette circonstance était désastreuse pour eux. Je sais bien qu'ils peuvent comme nous avoir recueilli de l'eau de pluie; mais à ce moment le rhum durait encore, et ils ne devaient pas avoir la tête bien libre pour tant de réflexion et de prudence. Par conséquent, en admettant même qu'ils eussent eu suffisamment de nourriture, ils doivent être demi-morts de soif, et en ce cas.... gare à nous !

— Oui ; car, en ce cas, ils sont capables de tout pour s'emparer de notre provision d'eau !

— Nous pouvons y compter ! Mais s'ils en viennent à nous voler, ils ne se contenteront pas de notre eau, ils nous prendront bien tout le reste avec, et la vie par-dessus le marché. Que le ciel fasse donc que nous nous soyons trompés et que ce ne soient pas eux !

— Et que diriez-vous si c'étaient ceux du canot, massa Ben ? Car enfin cela pourrait être....

— C'est vrai, répondit le marin, cela se pourrait.... Je n'avais pas pensé à ceux-là. S'il en est ainsi, nous courrons moins de danger. Ils ne doivent pas être réduits à une si dure extrémité que les autres, et, en tout cas, ils ne sont jamais que cinq ou six. Il y a donc quelque chance d'en venir à bout. A moi seul, je me charge de trois d'entre eux, s'ils bougent ! Et je parierais que toi, Boule-de-Neige, aidé de William, tu ne reculerais pas devant les trois autres. Ah ! je voudrais être sûr que ce fussent eux ! Cela serait trop de chance ! Mais non ! Ils avaient une bonne chaloupe, une boussole, un compas. Ils doivent être loin d'ici, s'ils ont joué des rames. Tiens, Boule-de-Neige, ouvre tes oreilles, c'est le cas de t'en servir. Tu connais bien les voix des hommes de l'équipage. Tâche d'écouter si tu en reconnais quelqu'une.

Durant ce dialogue qui avait lieu à voix basse, les sons mystérieux avaient cessé. Ben et le nègre se turent et prêtèrent l'oreille de nouveau ; mais dix minutes se passèrent sans qu'ils entendissent rien.

Comme on le pense, dans l'état de leurs esprits, ils n'en éprouvaient aucun regret. Plût au ciel, au contraire, qu'ils eussent été induits en erreur ! Tel était leur souhait le plus ardent.

Tout à coup une réflexion tardive, donnant un nouveau cours à ses pensées, vint frapper Ben Brace et le replonger dans ses perplexités.

Qui prouvait que ces voix fussent des voix ennemies ? qu'elles vinssent du canot ou du grand radeau ?... Ne se pouvait-il pas au contraire qu'elles provinssent de la baleinière revenue pour s'assurer de sa proie ?...

A cette pensée, le pauvre marin se sentit secoué par un frisson d'épouvante et eut toutes les peines du monde à maîtriser le : Ohé du vaisseau ! qui lui monta tout naturellement aux lèvres. Grâce à sa prudence habituelle, il se contint pourtant. Il réfléchit à temps que si ses premières conjectures ne le trompaient pas, il s'exposait, lui et ses compagnons, à une perte certaine.

Il communiqua ses hésitations à Boule-de-Neige, et celui-ci les partagea. Tous deux se disaient avec amertume qu'ils laissaient peut-être passer à cent brasses d'eux un bâtiment qui pouvait les recueillir et les sauver ; que ce navire allait s'éloigner, caché à leur vue par l'épaisse brume, et que dans quelques instants, une heure à peine, il aurait fui sans espoir de retour, et avec lui, leur chance de rapatriement.

Et dire qu'un seul mot, un seul cri, pouvait les sauver; et que ce cri, ils n'osaient pas, ils ne devaient pas le pousser! Après une lutte douloureuse, la sagesse l'emporta : ils se turent.

D'ailleurs, le raisonnement les aida à ce sacrifice.

— Si c'est le baleinier, se disaient-ils, il revient pour tirer parti de sa capture. Un animal pouvant donner une centaine de barils d'huile est une prise trop importante pour être abandonnée. Il est impossible, si ce sont les pêcheurs, qu'ils n'aient pas résolu de la retrouver, fallût-il pour cela y perdre quelque temps et y consacrer les efforts les plus persévérants. Ils attendront donc pour continuer leur route que le brouillard se soit dissipé, et nous saurons nous-mêmes à qui nous avons affaire.

Un peu tranquillisés par cette logique, ils attendirent, non sans émotion, que le soleil levant vînt éclaircir leurs doutes.

XXVII.

LA POURSUITE.

Ils n'eurent même pas à attendre le délai qu'ils s'étaient fixé.

Boule-de-Neige, le marin et William, toujours sur le cachalot, écoutaient attentivement. Le nègre avait appuyé son oreille sur la peau glutineuse du cétacé, s'imaginant avec naïveté que c'était un excellent conducteur du son.

Tout à coup, une voix rude, qui eût fait tressaillir un sourd, résonna à quelque distance.

— Sacrebleu! disait la voix d'un ton d'indéniable surprise, regardez, camarades, nous avons un mort parmi nous!

Le diable lui-même eût-il articulé ces quelques mots, qu'ils n'eussent pu produire un effet plus terrifiant sur les trois hommes aux aguets. L'intonation seule du premier juron avait suffi à leur révéler la présence de Legros, dont ils connaissaient trop bien le vocabulaire grossier.

— Çà, c'est massa Legros !... dit le nègre avec une terrible emphase.

Personne ne répondit. L'attention de tous était trop surexcitée par ce tragique début.

D'autres voix se succédèrent avec rapidité.

— Un mort ! Tiens ! c'est vrai.... Qu'est-ce donc ?

— C'est l'Irlandais, par ma foi ! Et voyez : il a été assassiné.

— Voilà encore le couteau dans la blessure.

— Mais voilà qui est le plus fort. C'est son propre couteau ; je le reconnais, car il m'a appartenu. Voici son nom sur la poignée : Larry O'Gorman. Il l'a gravé lui-même le jour où il me l'a acheté.

Il y eut un intervalle de silence, comme si on s'occupait à vérifier le fait avancé.

— Vous avez raison, reprit quelqu'un. Son nom y est bien tout au long.

— Ça s'explique alors ; il doit s'être suicidé, suggéra une voix jusqu'alors muette.

— Cela ne m'étonnerait pas du reste, interrompit un nouvel interlocuteur. Il s'attendait à mourir ce matin.... Il aura préféré en finir tout de suite.

— Et pourquoi donc se serait-il plus qu'un autre attendu à mourir ? demandèrent avec aigreur des hommes intervenant pour la première fois dans la discussion.

— Comment, camarades ? Vous oubliez donc que le combat entre lui et môsieu Legros n'était pas terminé ?

— Mais non ; tout le monde le sait.... Et puis.... après ?...

— Et puis après ?...

— Qu'est-ce que ça prouve ?

— C'est juste ce que je soutiens.

— En tout cas, ça ne prouve pas qu'il fût certain d'y rester, puisqu'il avait été vainqueur une première fois.

— Allons, allons, on joue à de vilains jeux parmi nous. Cet homme est mort, c'est incontestable ; mais de là à dire que c'est lui qui s'est tué, il y a loin, et je proteste en son nom. Pourquoi l'aurait-il fait ? Je le répète, il y a un assassin ici, et je demande qu'il soit connu.

— Et qui accusez-vous, s'il vous plaît ?...

— Je n'accuse personne ; je constate un fait, voilà tout. Que ceux qui ont vu quelque chose de nature à mettre sur la voie s'avancent et parlent. Nous devons bien ça à notre camarade, mort si misérablement.

Il y eut une pause. Nul ne se souciait d'ouvrir la bouche. Le silence se prolongeait.

— Holà, camarades, cria une voix sauvage, semblable au grognement de l'hyène. J'ai faim, moi, une faim de requin affamé. Je propose qu'on remette l'enquête à un moment plus propice. Déjeunons d'abord, cela nous éclaircira les idées. Après, si l'on veut, on recherchera tout ce qu'on voudra.

Personne ne répondit à cette horrible proposition.

Le tumulte qui s'éleva tout à coup avait une cause différente.

— Une lumière ! une lumière ! vociféraient plusieurs voix.

— C'est la même que nous avons vue hier au soir. C'est un feu de cambuse. Il doit exister un navire à cent toises.

— Ohé du vaisseau ! ohé du vaisseau !

— Drôle de navire qui ne répond point quand on le hèle !

— Ohé du navire !

— Aux rames ! aux rames ! que tout le monde s'y mette, sacrebleu ! Les loups de mer se sont donc endormis !

Il n'y avait pas à se tromper sur la signification de ces paroles. Le marin et Boule-de-Neige échangèrent un regard désespéré. Ils se retournèrent. La flamme joyeuse de leur fourneau improvisé répandait autour d'elle chaleur et lumière. Ils avaient oublié leur feu, et c'était celui-ci qui les avait trahis. L'appel aux rames leur disait assez qu'ils allaient être poursuivis à outrance.

— Les voici qui viennent ! murmura Boule-de-Neige. Ah ! c'est fini !... Quoi faire ? mon Dieu, quoi faire ? massa Ben !... Si nous restons ici, c'en est fait de nous....

— Rester ici ?... Et qui donc pourrait y songer ? répondit le marin, sans se préoccuper désormais d'amortir l'éclat de sa voix. Vite, Boule-de-Neige, vite, William, regagnons notre embarcation, nous n'avons que le temps de démarrer, mais nous l'avons. Allons, mon vieux, ne te démoralise pas comme cela. Le *Catamaran* est solide. Nous savons ce qu'il vaut, nous qui l'avons construit, et je réponds de sa marche. Courage ! nous les dépasserons encore.

— Oui, oui, massa Ben, vous avez raison, répondit le nègre, qui se laissait glisser le dernier sur le radeau où William était déjà sain et sauf.

Couper le câble qui attachait l'embarcation à la nageoire de la baleine et la pousser vigoureusement au large fut l'affaire d'un instant.

Mais, dans ce court intervalle, le soleil avait achevé d'absorber le brouillard, et l'on voyait maintenant assez loin devant soi pour que l'ensemble de ce curieux tableau fût visible d'un coup d'œil, et voici ce qu'il présentait :

L'énorme carcasse d'abord, émergeant des flots comme un grand bloc noir, puis d'un côté le *Catamaran*, frêle avec son modeste équipage, tandis qu'à cent mètres à peine, le grand radeau arrivait, monté par une vingtaine d'hommes, hâves et décharnés, les uns occupés aux rames, les autres au gouvernail ou à la voile, tous apparemment très surpris de ce qu'ils voyaient et encore incertains sur ce qu'ils devaient faire.

Le grand radeau arrivait, monté par une vingtaine d'hommes hâves et décharnés.

Quant aux gens du *Catamaran*, leur étonnement n'était que médiocre; ils savaient à quoi s'en tenir, la conversation qu'ils avaient surprise les ayant suffisamment renseignés; mais l'équipage du grand radeau ne s'attendait absolument à rien de ce qui venait ainsi à l'improviste frapper ses regards, et il ne savait à quoi accorder le plus d'attention.

Quelques-uns criaient et gesticulaient à la vue de ce feu au-dessus duquel se coloraient encore des tranches bien appétissantes pour des estomacs affamés ; d'autres cherchaient à se rendre compte de ce qu'était cette embarcation si semblable à la leur, que cela paraissait en être une réduction ; les autres se perdaient en conjectures sur les quatre personnes qui la montaient. On était encore trop loin, et l'atmosphère n'était pas assez pure pour qu'il fût possible de distinguer leurs traits. Si elles n'eussent été que deux, on aurait pu penser à Ben et à William, mais on les avait vus s'éloigner sur quelques planches, probablement depuis longtemps disjointes ; les tonnes, le mât et la voile eussent suffi pour dérouter cette supposition, s'il n'y eût eu surtout le fait que le radeau minuscule était monté par quatre individus.

Lorsque, sur le grand radeau, on découvrit qu'on avait affaire à des fugitifs, on ne perdit pas de temps en conjectures oiseuses. On comprit de suite ; ils avaient quelque chose qu'ils tenaient à conserver sans partage. Qu'est-ce que ça pouvait être ? Un de ces infortunés, résumant ce que l'on pouvait avoir de plus précieux sur la surface de l'Océan, parla d'eau potable.

C'était parler de liberté et d'avenir au condamné montant à l'échafaud.

Ce fut fini. Dès que cette idée se fut emparé d'eux, elle souleva chez ces hommes demi-morts de soif une telle convoitise, que chacun se précipita sur les rames, n'ayant plus qu'un but : unir leurs forces dans un suprême effort et s'emparer du *Catamaran*.

En quelques minutes, ils eurent joint le cétacé. Ils poussèrent une bordée de reconnaissance tout auprès pour s'assurer de ce que c'était; puis, ayant deviné dans quelles circonstances il s'était échoué là, quelques-uns optèrent pour s'installer à son ombre et profiter de cette aubaine inattendue de nourriture.

La majorité fut hostile à cette motion, et Legros, son chef, comme toujours, leur démontra en quelques mots la faute qui serait faite en se contentant de nourriture, quand c'était la soif qui les faisait le plus souffrir.

— Parbleu! s'écria Legros, nous avons des provisions à portée. Ce qui nous manque, c'est à boire. Ce n'est pas sur la baleine que nous trouverons de l'eau, tandis que ces fuyards en ont bien certainement. Suivons-les; si nous ne les rejoignons pas, nous aurons tout loisir de revenir en arrière et de nous approprier ce qui nous conviendra.

Cette proposition était trop raisonnable pour n'être pas acceptée d'emblée, et les rameurs redoublèrent d'énergie.

— Nous n'aurons point de difficulté à retrouver l'animal, continua Legros. Dans une demi-heure, le brouillard aura tout à fait disparu; et fussions-nous à vingt milles, nous pourrions revenir à la carcasse guidés par la fumée de ce feu infernal. Poussez en diable, enfants, et souvenez-vous qu'il y a de l'eau dans ces tonnes, c'est moi qui vous le garantis.

Ces derniers mots produisirent un effet magique.

La chasse continua pendant quelque temps sans que les deux embarcations, séparées par quelques centaines de mètres à peine, et enveloppées dans une brume transparente, pussent se reconnaître, ou plutôt que les poursuivants pussent reconnaître ceux qu'ils poursuivaient, ce qui les intriguait fort, comme on peut le croire.

Enfin le temps s'éclaircit tout à fait, et ceux du grand radeau distinguèrent la tête crépue de leur ancien cuisinier. Une nouvelle explosion de cris et d'exclamations annonça aux fuyards qu'ils étaient reconnus.

— Holà, crièrent aussitôt plusieurs voix, arrêtez donc, Boule-de-Neige ! Pourquoi diable avoir coupé votre câble si précipitamment? Attendez-nous, nous ne voulons pas vous faire de mal.

Cette injonction eut, comme on le pense, un résultat tout contraire à celui qu'on en attendait. Boule-de-Neige redoubla d'efforts, pour éviter de renouer des relations dont il prévoyait le résultat, et, stimulé par Ben, il se surpassa vraiment.

Cette superbe indifférence à leur requête polie eut pour effet d'exaspérer des gens qui n'avaient jamais brillé par la patience. Les imprécations, les blasphèmes se succédèrent sans interruption. Toutes les menaces que l'homme hors de lui peut faire à son semblable, Boule-de-Neige les entendit retentir à ses oreilles. Ce ne fut plus le désir d'étancher leur soif matérielle qui excita les brigands du grand radeau, ce fut une véritable soif de vengeance ; sous cette double impulsion, leur embarcation semblait prendre des ailes. Deux cents mètres au plus les séparaient l'une de l'autre, et les chances du *Catamaran* diminuaient peu à peu, malgré l'énergie et la résolution de ceux qui le montaient.

XXVIII.

LARRY O'GORMAN EST VENGÉ.

Nous avons laissé les deux équipages luttant pour se gagner de vitesse. Le *Catamaran*, meilleur voilier, mieux construit que le grand radeau, l'eût certainement emporté sur ce dernier, si la brise avait été favorable.

Malheureusement, elle soufflait à peine, et la question devenant une question de rames faisait tourner les chances contre la petite embarcation des fuyards. En effet, son équipage ne possédait qu'une paire de rames, tandis que celui du grand radeau en avait tant qu'il lui en fallait; car, entre ses mains, anspects et barres de cabestan, tout remplaçait les avirons manquants, et on comptait au moins une douzaine de rameurs.

Des gens moins fortement trempés que nos amis eussent renoncé à soutenir une lutte suivant toute apparence sans espoir, et se fussent abandonnés au sort redoutable qui leur paraissait destiné.

Mais ni le marin anglais ni le Coroman n'étaient de l'étoffe dont se font les faibles ou les désespérés, et même à la vue de leurs ennemis presque triomphants, ils ne cessaient de s'encourager à la résistance, résolus de ne pas leur céder tant qu'il y aurait entre eux quelques pouces d'eau.

— Non, disait le marin, il ne nous servirait de rien de les implorer.... Autant vaudrait demander grâce à une troupe de requins. Ne perdez pas un coup de rame, Boule-de-Neige, mon vieux; nous pouvons encore les lasser.

— Ne craignez rien de moi, massa Ben, répondait le nègre. Je ramerai tant qu'il me restera une once de force dans le bras et un souffle dans la poitrine. Ne craignez pas que ce soit moi qui cède.

Si tendue que fût la situation, les deux hommes avaient un motif pour ne pas perdre tout courage. Pour le comprendre, il ne fallait qu'observer la mer à quelque distance derrière eux. Une ligne sombre s'élevait à l'horizon. Peut-être n'eût-elle pas attiré l'attention d'un œil moins intéressé que celui de Ben Brace; mais pour le marin qui la considérait depuis quelques minutes, elle avait une signification particulière. Elle annonçait un changement de temps, et les nuages qui s'amoncelaient au ciel présageaient une bourrasque.

Il fit part de ses observations au nègre, et tous deux se remirent à espérer. Ils pouvaient, à l'aide du vent, prendre de l'avance sur leurs ennemis. Aussi leurs yeux étaient-ils fixés à l'arrière, non pas tant sur ceux qui les poursuivaient, comme ceux-ci le croyaient, que sur cette lointaine espérance de salut.

— Si nous réussissions à nous tenir loin d'eux encore vingt minutes, murmurait le marin, d'ici-là le vent nous aurait sauvés ! Et dire qu'il souffle avec une violence si considérable à trois nœuds à l'arrière ! Rame, rame sans t'arrêter, Boule-de-Neige, si tu tiens à ta vie.... Que j'y perde mon nom s'ils n'avancent pas plus vite que jamais.

Le ton d'angoisse qui accompagna ces dernières paroles prouvait combien le capitaine du *Catamaran* se faisait peu d'illusions. Le nègre y répondit par un grand signe de tête, indiquant que lui aussi se rendait compte de l'horreur de leur situation.

Pendant quelque temps, Boule-de-Neige et Ben restèrent silencieux, trop occupés à leurs rames pour échanger leurs impressions.

Le grand radeau se montrait très bruyant depuis qu'il se croyait victorieux. Les cris, un moment apaisés par l'incertitude du succès, avaient redoublé ; les menaces les plus épouvantables retentissaient, s'entrecroisant avec les blasphèmes et les rires diaboliques de cet équipage de démons.

C'était surtout à l'instigation de Legros qu'obéissaient toutes ces natures perverses. Il se tenait à l'avant du radeau avec une longue gaffe, il dirigeait les rameurs, les encourageait, excitait leurs passions mauvaises, en leur répétant qu'ils trouveraient à bord de leur prise de la nourriture et de l'eau en quantité.

Inutile d'ajouter que ces assertions répétées, que nul ne pouvait contrôler, mais que l'on croyait plutôt vraies que fausses, déterminaient chez ces hommes, mourant de faim et de soif, une ardeur singulière. Le but était du reste si proche ! Ce mot magique, « de l'eau, » vibrait à leurs oreilles, et le grand radeau marchait rapidement.

Dix minutes plus tard, un homme très agile eût pu sauter d'un bord à l'autre. L'équipage du *Catamaran* voyait avec désespoir cette proximité dangereuse s'accroître en dépit de ses efforts, surtout parce que, à quelques centaines de mètres en arrière, arrivaient lentement les vagues noires aux crêtes blanches et ondulées, signe précurseur d'un gros temps qui eût été le salut. Le ciel s'assombrissait au-dessus de leurs têtes comme pour rendre plus affreux le sort cruel qui les menaçait.

— Que le ciel me confonde! s'écria le marin, faisant allusion au vent tardif qui ne se levait pas. Il viendra pourtant..., mais trop tard pour nous sauver.

— Trop tard! répéta la voix gouailleuse de Legros, dont les dents acérées se montraient au milieu de sa barbe noire et inculte et lui donnaient un air de férocité épouvantable. Que parlez-vous de trop tard, monsieur Brace? Ce mot ne s'applique pas à nous qui allons nous désaltérer de votre eau, et à votre santé encore! Ha! ha! ha! Et toi, fils de cuisinier, continua-t-il en s'adressant au nègre, pourquoi ne pas déposer ta rame? A quoi cela t'avance-t-il, vieux moricaud? Ne vois-tu pas que nous aborderons en quelques secondes? Laisse donc là ton inutile aviron qui ne peut te sauver. Ce sera autant de gagné. Si tu ne le fais pas de bon gré, je t'avertis du reste que je t'écorcherai vif pour voir l'envers de ta vilaine peau.

— Ah! ça, jamais!... Je vous en défie, massa Français. Vous ne m'aurez jamais vivant. Il a encore une bonne lame le moricaud, et vous pourriez fort bien faire connaissance avec elle.

avant de mettre vos menaces à exécution. Ainsi donc, prenez plutôt garde à vous, au lieu de vous occuper de moi.

Le Français ne répondit pas à ce défi.

Le *Catamaran* était maintenant à portée de sa gaffe, et, se penchant à l'avant, il la planta vivement dans les couples d'arrière.

Il y eut lutte pendant deux ou trois secondes; mais, grâce à un habile coup de rame du marin, non seulement les deux radeaux ne restèrent pas accrochés, mais le croc, détaché des planches, échappa à l'étreinte de Legros et s'en fut tomber assez loin hors de sa portée.

La secousse fut si violente, qu'il en perdit l'équilibre; mais, au lieu de s'affaisser horizontalement, il parut s'enfoncer. On eût dit que ses jambes étaient entrées dans le plancher du radeau.

C'était en effet ce qui venait d'arriver; car, dès que les deux équipages furent revenus de leur surprise, ils ne virent plus du Français que le buste et la tête. Toute la partie inférieure de son corps se trouvait retenue entre les planches qui l'avaient empêché d'enfoncer complétement.

Il eût mieux valu pour lui avoir fait un véritable plongeon. A peine ce bizarre accident était-il arrivé, qu'un cri surhumain s'échappa de sa gorge. Une pâleur mortelle envahit ses traits convulsionnés. Evidemment il y avait plus que le contre-coup d'une chute sans gravité.

Un de ses camarades, précisément ce coquin de Barler que nous avons vu si dévoué à son chef, se précipita pour l'aider à se relever ou du moins à enfoncer plus profondément dans cette trappe dont il était impossible qu'il se tirât tout seul.

Il l'attrapa par les deux bras et se mit en devoir de le soulever à lui. Mais tout à coup on le vit le laisser aller avec horreur et se détourner précipitamment.

Cette inexplicable conduite s'éclaircit bien vite. Tous arrivèrent pour en avoir la clef. Hélas ! ce n'était plus Legros, mais seulement un demi-cadavre. La moitié inférieure de son corps, à partir de l'abdomen, avait été coupée aussi nettement que par une paire de gigantesques cisailles.

Ils ne virent plus du Français que le buste et la tête.

— Un requin ! s'écria une voix, résumant d'un mot l'impression des deux équipages.

Un spectacle aussi inattendu et aussi horrible impressionna vivement ceux qui en furent les témoins. Il en résulta un moment de stupeur, pendant lequel les deux partis restèrent inactifs, la rame en l'air, ayant presque oublié les uns leur poursuite, les autres leur retraite.

Cette suspension d'hostilités fut favorable au *Catamaran*, dont les qualités nautiques, nous l'avons déjà dit, surpassaient de beaucoup celles du grand radeau. Moins intéressés au sort du malheureux Français, Ben Brace et Boule-de-Neige furent les premiers à reprendre leurs rames, et avant que les compagnons de Legros eussent réfléchi qu'ils s'enfuyaient, ils avaient rétabli une certaine distance entre les deux embarcations.

La malheureuse fin de leur camarade avait frappé de terreur les bandits. Cette catastrophe leur semblait en quelque sorte une preuve de sa culpabilité, culpabilité dont le plus grand nombre n'avait jamais douté.

La vue des restes mutilés de leur chef ne les troubla donc pas longtemps; et s'il se fût seulement agi de venger sa mort, ils eussent très certainement renoncé à leur poursuite. Ce qui les engagea à continuer, à persévérer quand même, ce fut ce cri : « A l'eau! à l'eau! » poussé par quelques gosiers brûlants. Et tous se remirent avec accord aux avirons.

Avec accord, avons-nous dit. Oui, dans un sens, mais non pas dans l'autre. La tête qu'ils s'étaient habitués à laisser penser pour eux, l'œil impérieux qui commandait une obéissance passive, faisaient défaut. Ils n'agissaient plus qu'avec cette irrégularité, cette mollesse, premiers présages de la défaite.

Peut-être cependant, grâce à leur nombre, eussent-ils repris quelque avantage, si un grand changement ne fût survenu pendant le temps d'arrêt.

La ligne sombre observée par Ben s'était étendue, le ciel était chargé de nuages menaçants, les vagues battaient avec violence les deux radeaux, tout présageait une tempête.... Et maintenant, le *Catamaran*, plus fin voilier, semblait prendre vie et s'éloigner gaiment du danger, si bien qu'on le vit, toutes voiles dehors, disparaître à l'horizon lointain.

La lutte était devenue impossible. Aveuglés par l'écume que lançaient les vagues, menacés par les lames violentes qui les prenaient en travers et paraissaient à chaque instant devoir les engloutir, les hommes du *Pandore* avaient assez à faire à se cramponner sur les couples d'où dépendait leur salut, et c'est à cela qu'ils employèrent le peu de forces qui leur restaient.

Ainsi, une fois de plus, le *Catamaran* échappait à un danger terrible, une fois de plus la Providence était littéralement intervenue en sa faveur.

Telle était l'opinion bien arrêtée de Ben Brace. Le digne marin subissait une véritable transformation morale. Il croyait que Dieu veille de près sur ceux qui ont confiance en lui, et voilà pourquoi sa foi n'avait pas chancelé, même en voyant le grand radeau les serrer de si près.

Pourtant cette même brise qui venait de les sauver devenait tout à coup violente et inégale, et leur constituait un nouveau péril. De minute en minute, elle dégénérait en ouragan. Mais devant la mer bouillonnant autour de lui, couvert de l'écume que lançaient les vagues furieuses, il se disait encore que le ciel ne les avait pas délivrés de leurs ennemis pour les laisser périr sous les coups de la tempête.

Les radeaux n'étaient plus en vue l'un de l'autre; une heure avait suffi pour mettre entre eux une distance de plusieurs milles.

Le *Catamaran*, toujours bien gouverné, continuait à se diriger vers l'ouest.

Nos pauvres amis n'avaient négligé aucune précaution. Dès qu'ils virent leurs ennemis loin derrière eux, ou plutôt qu'ils les eurent perdus de vue et qu'ils n'eurent plus rien à craindre de ce côté, ils carguèrent la voile qui avait trop d'étendue pour une brise aussi forte ; cela maintint l'équilibre du radeau et lui donna une marche régulière. La confiance de Ben Brace ne l'empêchait pas de faire tout ce qui était en son pouvoir pour rendre la tâche de la Providence moins difficile, et il avait prescrit et appliqué toutes les mesures qu'indiquait la prudence.

Car, ne l'oublions pas, la situation était nouvelle pour eux.

C'était le premier orage qui les atteignait depuis l'incendie du *Pandore*. Ils avaient jusqu'alors navigué dans ce qu'on nomme « la mer d'été », dans cette région tropicale où des semaines entières s'écoulent sans qu'un souffle plus fort vienne rider son flot uni comme un miroir, où les calmes sont plus à redouter que les tempêtes.

Le *Catamaran* n'ayant jamais marché que par une brise douce qui faisait ressortir ses qualités nautiques, restait à savoir comment il se comporterait devant un gros temps et peut-être une tempête.

Jusqu'à midi, le vent fraîchit toujours. C'était tout ce que les deux hommes pouvaient faire de guetter les vagues qui se brisaient autour d'eux, de préparer le *Catamaran* à les supporter, et de surveiller les couples qui pouvaient à tout moment se disjoindre.

Quant aux deux enfants, ils avaient dû, dès le début, être

solidement attachés au mât, afin que les incessants coups de mer qui assaillaient le radeau ne les emportassent pas au large, loin de tout secours. Même Ben et Boule-de-Neige, si habitués aux oscillations d'un plancher de marin, avaient dû, par mesure de précaution, s'attacher aux poignets de longues cordes amarrées aux planches du radeau pour n'être point balayés par les lames.

Une fois entre autres, ils se crurent arrivés à leur dernière heure. Une vague énorme de plusieurs pieds de hauteur passa sur eux et les submergea tous les quatre pendant plusieurs secondes. Sans l'agencement tout spécial de leur embarcation, ils eussent infailliblement péri ; mais les tonneaux vides luttaient pour reconquérir leur place à la surface, et ce fut grâce à cela que nos pauvres naufragés revirent la lumière du jour. Heureusement pour eux qu'au milieu du calme ils n'étaient jamais restés une demi-journée sans s'occuper de fortifier leur radeau et de le préparer aux assauts d'une mer en courroux. Tous bénissaient la sagesse du brave marin, qui n'avait jamais perdu de vue les dangers auxquels leur *Catamaran* pouvait être en proie, et avait, dans la mesure où les circonstances s'y prêtaient, paré à tous. Sans lui, sans son travail patient, sans sa surveillance de tous les instants, c'en était fait d'eux, tandis qu'ils avaient pu sortir sains et saufs d'une position exceptionnellement grave.

Avant le coucher du soleil, le vent tomba, la mer redevint calme ; et le *Catamaran*, gonflant sa voile au souffle d'un zéphyr caressant, reprit sa marche sous un ciel sans nuage.

XXIX.

LE « GIG ».

La nuit fut plus agréable que le jour. Elle fut calme et sereine. Avec le retour du beau temps, nos amis purent se permettre un repos dont ils avaient si grand besoin, après tant d'émotions et de fatigues. Ils avalèrent quelques bouchées d'une nourriture tellement saturée d'eau de mer, qu'elle en était presque immangeable, et s'étendirent. Ni les couples mouillées, ni leurs vêtements trempés ne les empêchèrent de goûter le plus profond sommeil. Sous un climat plus froid, leur condition eût été déplorable ; sous la zone torride, les heures de la nuit sont assez chaudes pour faire trouver un lit humide non seulement supportable, mais agréable.

Ce n'était pas leur habitude de s'endormir tous à la fois. En général, à l'exception de la petite Lili, que son âge et son sexe exemptaient de toute corvée, William, Boule-de-Neige et Ben se relayaient dans une sorte de quart, consacré à s'assurer de la marche du *Catamaran*, comme aussi de veiller à ce qu'aucun navire ne passât à portée en restant inaperçu.

Dans la nuit spéciale dont nous parlons, il y eût eu, en outre, à s'occuper de ne point se laisser surprendre par l'équipage du grand radeau ; car lui aussi avait dû, sous l'influence de l'ouragan, faire un chemin considérable. Mais nos pauvres amis étaient sur les dents, il était de toute nécessité qu'ils refissent par le sommeil leurs forces épuisées.

Tout à coup, de même qu'ils s'étaient endormis tous ensemble, ils furent tous réveillés en sursaut par un cri clair et perçant, un cri unique dans son genre. Il fallait qu'il fût bien puissant pour arracher Boule-de-Neige lui-même à sa torpeur.

Le Coroman fut le premier à se livrer à des conjectures.

— Du diable si je sais ce que j'ai entendu, et vous ? demanda-t-il en se frottant les yeux et les oreilles, pour s'assurer qu'il n'était pas le jouet d'une illusion.

— Que le ciel me confonde si je le sais moi-même, répondit le marin tout bouleversé. En tout cas ça m'a produit un drôle d'effet. On eût dit la voix d'un homme qui se noie, n'est-ce pas ?

— Cela ressemble encore plus à la voix d'un homme coupé en deux comme celui d'hier.

— Oui, oui, c'est ça ; on eût dit le dernier cri de massa Legros.

— Et cependant, non ; ce n'était pas encore tout à fait cela, car j'ai peine à croire que le bruit qui nous a réveillés soit réellement sorti d'un gosier humain.

— Je ne crois pas que le grand radeau soit près d'ici. Nous avons toujours couru à l'ouest depuis que vous avez fait lâcher prise à cette gaffe du diable. Nous en sommes loin, bien sûr, et ce cri ne peut venir des survivants du *Pandore*.

— Regardez, regardez, cria le petit William, interrompant le dialogue ; j'aperçois quelque chose.

— Où ? De quel côté ? Que crois-tu que ce soit ?

— C'est là-bas, à bâbord, à environ trois encâblures. Je ne voyais qu'une masse noire, mais on jurerait un bateau.

C'en est un, massa Ben, j'en réponds.

— Un bateau ! Que le ciel me confonde s'il n'a pas raison, le petit ! Et pourtant c'est impossible, parfaitement impossible. Qui pourrait admettre un excursionniste se promenant pour son plaisir au beau milieu de l'Atlantique, à cinq cents lieues de toutes terres ?

— C'en est un pourtant, massa Ben, j'en réponds.

— Que cela en ait tout l'air, j'en conviens, mais.... Et même....
Oui, oui, c'en est un. Je distingue sa forme à présent. Oh ! c'est
bizarre ! On dirait qu'il y a quelqu'un dedans. C'est un homme
seul qui se tient au milieu, droit comme un mât. C'est évidemment celui qui a poussé ce cri lamentable, tel que je n'en avais
jamais entendu.

Comme pour confirmer l'assertion du marin, le cri se renouvela, vibrant, étrange, sauvage ; et s'il ne produisit pas à ceux qui
l'entendirent une impression d'horreur aussi profonde, c'est
que les bruits changent de nature dans le sommeil ou dans la
veille, dans les ténèbres de la nuit ou à la lueur du jour.

Quoi qu'il en soit, leur opinion à cet égard fut bientôt fixée ; ils
avaient affaire à un fou, et à un fou furieux, car ce hurlement
lugubre fut suivi de paroles incohérentes, de discours insensés,
interrompus à leur tour par ces éclats de rire aux notes éclatantes et funèbres qui ne résonnent guère que dans les cabanons
d'aliénés.

Tous écoutaient, haletants, frappés d'une indicible émotion.

La nuit avait été sombre et sans lune, mais l'aube était proche.
L'horizon avait déjà revêtu cette teinte rosée qui précède le
lever de l'aurore. Une lueur indécise jetait de pâles reflets sur
l'Océan, et au milieu de ces vapeurs flottantes la vue embrassait
une distance considérable.

Fou à lier ou sain d'esprit, il y avait là, non loin d'eux, un
homme, un de leurs semblables. Allaient-ils le fuir ?

Ils eurent bientôt résolu cette question. Ils étaient assez forts
pour avoir raison d'un insensé, quel qu'il fût. Ils mirent donc
aussitôt le cap dans la direction du bateau ; et quel ne fut pas

leur étonnement quand, au bout de dix minutes, ils purent reconnaître la chaloupe du *Pandore* et son capitaine !

Aucun doute ne pouvait subsister dans l'esprit de l'équipage du *Catamaran* sur l'identité du bateau et la forme humaine qui le montait.

Mais restait encore pour les surprendre et les embarrasser quelque chose d'obscur, d'inexplicable : c'était de retrouver un seul homme, au lieu de six qui étaient partis dans le canot du capitaine.

Qu'étaient devenus les absents, le charpentier, les aides et les deux marins qui avaient fui ensemble le navire incendié ? Etaient-ils étendus au fond du bateau et cachés à la vue du *Catamaran* ? Avaient-ils succombé à quelque catastrophe mystérieuse et terrible, ne laissant après eux qu'un seul survivant incapable même de raconter le désastre ?

Le *Gig* était assez élevé sur l'eau. Les marins ne pouvaient voir par-dessus ses plats-bords, à moins de s'en rapprocher ; ce que maintenant ils hésitaient à faire.

En effet, dès qu'ils avaient reconnu l'embarcation et son occupant, ils avaient cargué la voile et mis en panne, se servant de leur rame pour empêcher le radeau de gagner de l'avant.

Cette manœuvre prudente leur avait été inspirée par une appréhension instinctive. Ils savaient que les hommes qui s'étaient embarqués sur le *Gig* ne valaient pas mieux que ceux du grand radeau ; car, en matière de scélératesse, les officiers du bord ne le cédaient en rien à leur équipage. Ceci bien établi, restait à savoir si l'on devait s'aventurer dans un voisinage aussi peu rassurant. Si ces hommes se trouvaient sans nourriture et sans eau, ils essaieraient, selon toute probabilité, comme leurs camarades l'avaient fait, de dépouiller le *Catamaran* de ses provisions. Avec de telles gens, il ne fallait espérer ni pitié, ni merci ; et comme il n'y avait non plus aucun secours à en attendre, ne valait-il pas mieux s'en éloigner avant d'avoir été aperçus ?

Telles furent les pensées qui se pressèrent dans l'esprit de Ben Brace, et dont il fit part à ses compagnons.

Les cinq hommes qui manquaient étaient-ils oui ou non à bord du *Gig* ?

Ils pouvaient être couchés au fond, mais il était peu probable qu'ils fussent endormis avec un bruit semblable à celui que le fou continuait à faire.

— Par la Providence ! murmura Boule-de-Neige, je ne crois pas qu'il en reste d'autre que le capitaine, dont le corps seul peut répondre à l'appel, car la cervelle a déménagé en plein.

— Je ne le crois pas non plus, répondit le marin. Il n'y a qu'à voir la légèreté de l'embarcation pour s'assurer qu'elle n'est pas lourdement chargée. Avec six hommes à bord, un bateau de sa dimension ne pourrait avoir les plats-bords aussi hauts que ceux-ci. Non, s'il y a quelqu'un en dehors du capitaine, ils ne sont pas plus d'un ou deux. Nous n'avons donc pas à craindre de nous en approcher. Mettons le cap sur eux ; qu'en dis-tu, Boule-de-Neige ?

— Je n'ai pas la moindre objection, massa Ben, du moment que c'est votre avis. Le petit également est prêt à en courir la chance. S'il reste des hommes avec le capitaine, ils ne doivent pas être de force à nous intimider. Sans nous flatter, nous en valons bien quatre à nous deux, et notre brave William mérite de compter aussi.

— Je suis presque certain, répondit le marin, qui pesait encore le pour et le contre afin de ne pas aventurer les vies confiées à sa responsabilité, je suis presque certain qu'il doit être seul à bord. S'il en est ainsi, ce que nous avons de mieux à faire est de rejoindre le bateau et de nous en emparer. Nous aurons peut-être un peu de mal à venir à bout du capitaine, s'il est réellement fou, mais cela vaut la peine de l'essayer. Ainsi, tout bien calculé, tentons l'aventure! Qui ne risque rien n'a rien !

Boule-de-Neige reprit la direction du gouvernail, et, sur l'ordre de son commandant, il remit le cap sur le bateau en dérive, tandis que le marin et William prenaient les rames.

Il paraissait peu probable que l'homme du *Gig* les eût aperçus. Ses cris et ses discours incohérents ne s'adressaient à personne, mais semblaient uniquement causés par un délire furieux.

A mesure qu'ils approchaient cependant, la légère brume étendue sur la mer disparaissait, chassée par les brillants rayons du soleil levant, et les vociférations de l'homme, changeant de caractère, et s'adressant directement à eux, ne laissèrent plus à Ben Brace et à Boule-de-Neige de doute possible sur la certitude d'avoir été vus.

— Voile ho ! ohé du navire ! Qu'est-ce que c'est qu'un bâtiment pareil? Mettez en panne, maudits marins d'eau douce, ou sinon, je vais vous couler, moi !

L'ex-capitaine du *Pandore* était décidément fou. Ses discours, ses gestes grotesques, ses plaintes frénétiques, tout l'attestait. Ce spectacle eût été burlesque au possible, s'il n'eût été navrant.

Dans l'état de surexcitation de cet homme, il était dangereux de s'en approcher. Cela devenait évident pour l'équipage du radeau. Aussi, dès que ce dernier fut arrivé à une demi-encâblure, nos gens s'arrêtèrent courts et essayèrent de parlementer, afin de voir si par de bonnes paroles il serait possible de tranquilliser le malheureux insensé.

— Capitaine, cria le marin, hélant son ancien chef d'un ton de voix amical, c'est moi ! Ne me reconnaissez-vous pas ? Je suis Ben Brace de notre pauvre vieux *Pandore*, vous savez. Nous nous sommes maintenus à flot sur ces quelques débris, depuis l'incendie du navire, et ce n'est pas sans peine, moi et Boule-de-Neige....

A ce moment, le rapide résumé du marin fut interrompu par un véritable cri de démon. On était assez près du capitaine maintenant pour distinguer son visage convulsé et l'expression des yeux hagards qu'il roulait sans cesse.

Il avait écouté le marin tranquillement jusqu'au moment où le nom de Boule-de-Neige frappa ses oreilles, mais alors ses traits subirent une contraction violente et la pupille de ses yeux se dilata d'une manière effrayante.

— Boule-de-Neige ! cria-t-il ; Boule-de-Neige !... Ah ! l'infernal animal ! Le maudit chien !... Montrez-le-moi, sang et furie ! C'est lui qui a mis le feu à mon navire. Où est-il? Qu'on me le montre ! Que je puisse seulement poser ma main sur son noir gosier. J'apprendrai à ce nègre hideux comment on porte les chandelles pour s'éclairer jusque dans l'autre monde. Ah ! Boule-de-Neige ! Où.... Où est-il ?...

A ce moment, ses yeux, jusque-là errants dans le vague, devinrent fixes. Il avait reconnu le Coroman.

Ce regard était de nature à faire frémir Boule-de-Neige, mais il eut à peine le temps d'en comprendre la portée, car le fou, poussant un nouveau cri farouche, s'élança d'un seul bond par-dessus le plat-bord de son canot.

Pendant une ou deux minutes on le perdit de vue sous l'eau. Puis il reparut à la surface et nagea d'un élan vigoureux vers le *Catamaran*.

Une douzaine de brassées eussent suffi pour mener le fou au radeau, et on n'eût pu l'empêcher d'aborder sans avoir recours à quelque violence probablement mortelle. Pour éviter d'en venir à cette extrémité, les rames furent remises en mouvement et le *Catamaran* poussé rapidement dans une direction opposée.

Mais l'aliéné nageait avec une telle souplesse et une telle agilité, que c'était tout ce que l'équipage pouvait faire de se maintenir hors de sa portée. Il fallut que les deux marins missent toute leur énergie à ramer de conserve pour prendre quelque avance et acquérir la certitude de n'être pas rejoints. Alors s'engagea une chasse bizarre sans grand avantage des deux côtés.

Combien de temps eût pu durer cette course au clocher sans précédent? C'est ce qu'il serait impossible de dire. Peut-être jusqu'à ce que l'insensé, ayant usé ses forces factices, se laissât couler. Il n'avait aucune idée de regagner son bateau, car pas une fois il ne détourna la tête pour calculer la distance qui l'en séparait.

Au contraire, il nageait droit devant lui, les yeux fixés sur l'unique objet qui eût pris possession de son âme : le Coroman.

Il était aisé de juger par ses discours de ce qui se passait dans son esprit, car, même dans l'eau, il ne cessait d'injurier et de menacer le nègre, dont le nom revenait sans cesse sur ses lèvres.

La lutte n'eût pu durer longtemps encore. La force surnaturelle que la folie prêtait au nageur ne pouvait le soutenir toujours. Il devait infailliblement périr noyé.

Mais ce n'était pas à ce genre de mort qu'il devait succomber. Un autre plus affreux lui était destiné, bien qu'il ne s'en doutât pas ; depuis quelques instants déjà l'équipage du *Catamaran* pouvait prévoir le sort cruel qui l'attendait. Derrière lui, à une demi-encâblure à peine, s'avançaient deux monstres repoussants, deux requins de l'espèce appelée « tête à marteau ». Tous les deux étaient parfaitement visibles, car ils nageaient à fleur d'eau, leurs sombres nageoires dorsales saillant au dehors et tendues comme des voiles d'étai.

Bien qu'ils n'eussent pas été aperçus plus tôt par ceux du *Catamaran*, il est probable que ces rusés animaux avaient dû suivre le *Gig* depuis quelque temps, pressentant là une proie assurée.

Ils avançaient maintenant côte à côte dans la même direction que le nageur, et il ne pouvait subsister un doute quant à leur dessein : ils le poursuivaient avec la même âpreté qu'il mettait, lui, à poursuivre le *Catamaran*.

L'insensé ne les vit pas ; il ne soupçonnait même point leur présence ; et les eût-il aperçus, il n'eût pas seulement compris le danger, ni tenté d'y échapper. Il les eût, suivant toute probabilité, confondus avec les visions fantastiques dont son imagination exaltée était remplie.

En aucun cas, il n'eût pu se soustraire aux requins sans l'intervention des gens du radeau; et encore eût-il fallu que ce secours fût prompt et habilement donné. Certes, ils ne demandaient pas mieux que de l'apporter ce secours. Leurs cœurs étaient émus de pitié en voyant cet infortuné, si fou furieux qu'il fût, dans cette situation critique. Bien qu'il constituât pour eux un danger redoutable, il était homme comme eux après tout, c'était un de leurs semblables. Et puis, leur sentiment naturel d'hostilité contre les monstres de l'abîme surpassait encore celui qu'ils eussent pu ressentir pour l'homme qui allait devenir leur proie.

Leurs cœurs étaient émus de pitié en voyant cet infortuné.

S'exposant à tous les périls d'une rencontre que quelques minutes auparavant ils voulaient éviter à tout prix, ils suspendirent leurs rames et firent voile vers lui. Boule-de-Neige lui-même employa toutes ses forces à ramener le *Catamaran* près de celui qui, dans sa rage insensée, le menaçait d'une destruction certaine.

Leurs généreuses intentions toutefois ne devaient pas être couronnées de succès. Le malheureux fou était inévitablement condamné. Avant qu'ils se fussent avancés assez près pour tenter en sa faveur quelque manœuvre décisive, les requins l'avaient cerné. Ne pouvant plus rien désormais, les marins cessèrent des efforts superflus et devinrent spectateurs de l'horrible catastrophe.

Ce ne fut pas long. Les monstres ayant nagé de chaque côté de leur victime, leurs corps hideux se trouvèrent en parallèle avec le sien. Le pauvre fou aperçut alors l'un d'eux, et avec un instinct de conservation qui avait survécu à sa raison perdue, il biaisa du côté opposé pour l'éviter; mais ce mouvement n'eut d'autre résultat que de le mettre plus à portée du second, qui, se tournant subitement, le saisit entre ses terribles mâchoires.

Le cri qui s'ensuivit sembla sortir de la moitié de son corps, car l'autre, nettement tranchée, avait déjà disparu entre les dents du zygœna.

Il n'y eut qu'une seule plainte. Avant qu'une autre eût pu prendre naissance dans la gorge de l'infortuné, sa seconde moitié était saisie par l'autre squale et entraînée dans les muettes profondeurs de l'abîme qui ne rend rien.

XXX.

CONJECTURES.

Au bateau ! Telle fut la pensée qui se présenta à l'esprit de l'équipage du *Catamaran*, dès la fin de cette tragédie. Ils avaient hâte d'en fuir le théâtre ensanglanté ; et pour cela, ils tendirent leur voile et firent force de rames vers le *Gig*.

Il leur devenait maintenant impossible d'admettre l'hypothèse de la présence à bord des cinq hommes partis avec le capitaine. Le bateau avait dû être abandonné, avant ce moment, par ceux qui y avaient cherché refuge, à l'exception de l'infortuné qu'on y avait retrouvé, prenant l'Océan pour confident de ses haines impuissantes et de ses rages insensées.

Mais alors où étaient ceux qui manquaient ? Qu'avaient-ils pu devenir ? Telle était la question qui préoccupait l'équipage du *Catamaran*, en s'avançant vers le bateau déserté. Il se livrait aux conjectures les plus diverses, tout en reconnaissant qu'elles ne reposaient sur aucunes données vraisemblables.

D'après ce dont ils avaient été les témoins sur le grand radeau, et ce qu'ils savaient des dispositions morales des hommes montés dans le canot, ils avaient le droit d'admettre que les drames les plus terribles avaient eu lieu à bord de la petite embarcation.

Et pourtant comment concilier avec les faits ces conclusions révoltantes? Le *Gig* s'était éloigné du *Pandore*, approvisionné, sinon pour un long voyage, du moins en quantité suffisante pour que ceux qui le montaient n'eussent, pendant bien des jours, à souffrir ni du manque d'eau ni du manque de nourriture. William avait été le témoin de leur départ furtif et pouvait affirmer ce qui en était. Quel malheur imprévu avait donc pu les frapper au début de leur voyage et le changer en désastre? Puisque ce n'était pas le besoin, qu'était-ce donc? La tempête peut-être?...

Dans ce dernier cas, le bateau eût été submergé ou chaviré, et le capitaine n'aurait pas été de force à le remettre à flot sans aide. Comment et pourquoi aurait-il seul survécu?

Du reste, il n'y avait pas eu de tempête assez forte pour déterminer une catastrophe de cette espèce; il fallait toujours en revenir à la supposition de quelque désaccord, suivi d'une mêlée sanglante.

Fort intrigués, mais incapables de résoudre la question, ils hâtaient de tous leurs efforts le moment qui, pensaient-ils, leur livrerait la clef de l'énigme.

Enfin, ils accostèrent.

Là, ils se trouvèrent en face d'un horrible spectacle bien fait pour les confirmer dans leurs suppositions premières; mais ils n'acquirent aucune lumière de nature à éclairer les causes et les péripéties de ce drame lugubre, dont les traces se voyaient partout. La main de l'homme seule, et non l'intervention des éléments, avait déterminé la disparition de l'équipage.

Sur les couples du fond était étendue une forme humaine, non seulement sans vie, mais encore défigurée par plusieurs blessures, dont chacune aurait suffi pour occasionner la mort.

La face était balafrée d'une façon effroyable, et le crâne défoncé en plusieurs endroits comme par les coups répétés d'un marteau, tandis que des entailles nombreuses, faites par une lame tranchante, couvraient la poitrine et le corps.

Cette masse informe et mutilée était à demi submergée dans une masse d'eau rougeâtre qui ressemblait à du sang. On ne pouvait supposer que cette eau eût été colorée par ce seul cadavre, tant elle était visqueuse et d'une teinte sombre.

Bien que le visage de ce corps hideux fût méconnaissable, Ben et Boule-de-Neige parvinrent à y mettre un nom. Ils le reconnurent à quelque particularité de ses vêtements maculés. C'était le contre-maître du négrier.

Cette découverte ne jeta pas le moindre jour sur le mystère. Il était évident que l'homme avait été assassiné. Le sang extravasé des blessures indiquait assez qu'il était bien vivant lorsqu'il avait été sans doute surpris et terrassé par le fou. Celui-ci avait dû frapper encore longtemps après que la vie avait déserté l'infortunée victime, pour être arrivé à la charcuter de la sorte. Il était inutile de chercher les motifs de ce meurtre : peut-on trouver une explication justificative aux actions d'un fou ?

Mais que dire de l'absence des quatre autres déserteurs du *Pandore* ? Quelle solution donner à une disparition aussi inexplicable ?

Chacun exprima une opinion plus ou moins raisonnée sur les événements probables de cette triste croisière. Celle de Boule-de-Neige, étant de beaucoup la plus rationnelle, fut celle qui prévalut.

Il supposait que le capitaine et le contre-maître s'étaient entendus pour se défaire de leurs camarades, afin d'accaparer pour eux seuls l'eau et la nourriture, et d'augmenter ainsi leurs chances de salut. Leur atroce projet pouvait avoir reçu son accomplissement de différentes manières, soit par un combat dans lequel ces hommes, beaucoup plus forts que leurs camarades, avaient pu être victorieux, soit par trahison. Ce crime avait peut-être été commis dans la nuit, tandis que leurs compagnons sans défiance étaient endormis, ou encore en plein jour, lorsque ceux-ci se trouvaient sous l'influence de l'ivresse, produite par l'eau-de-vie multipliée avec abondance au milieu des provisions du *Gig*.

En admettant que ces conjectures fussent justes, et l'on conviendra qu'elles étaient en tout cas justifiées, il n'était pas étonnant que le seul survivant à de pareilles scènes d'horreur en eût perdu la raison.

Pendant quelque temps l'équipage du *Catamaran* resta indécis auprès du *Gig*, en proie à une répulsion bien naturelle. Mais ils avaient tant souffert et contemplé la mort de si près, que cette répugnance se dissipa peu à peu. Ils réfléchirent que ce n'était ni le lieu ni l'heure de faire du sentiment. Leur situation précaire pesait trop lourdement sur leur esprit pour qu'ils pussent pendant longtemps en détourner le cours de leurs pensées ; au lieu de perdre leur temps à songer au passé, ils concentrèrent de nouveau toute leur attention vers l'avenir encore si incertain.

Il n'y avait pas à hésiter ; leur ligne de conduite toute tracée était de prendre possession du bateau.

Le *Catamaran*, il est vrai, leur avait rendu de grands services en les maintenant à flot ; et, si le calme continuait, ils pouvaient s'y croire en sûreté aussi longtemps que dureraient leurs provisions ; mais sur une embarcation aussi lourde, et qui répondait mal à l'effort du timonier, le voyage menaçait d'être plus long que le temps de leur approvisionnement, et alors il fallait compter sur une mort certaine. Une fois la nourriture et l'eau épuisées, il ne fallait pas espérer s'en procurer d'autres facilement ; car, avec un gros temps, il serait impossible de recueillir dix litres de la pluie la plus abondante.

En outre, l'ouragan de la nuit précédente leur avait appris combien peu ils devaient compter sur le *Catamaran* en cas de tempête. Le radeau ne pouvait offrir de résistance par un temps véritablement mauvais. A supposer que les couples résistassent à la dureté de la mer, et qu'il restât à flot quand même, grâce à ses tonnes agissant en bouées de sauvetage, la mer devait finir par le couvrir et balayer ceux qui le montaient.

Avec le *Gig*, embarcation petite, mais de premier choix, le cas était bien différent.

Ben Brace le connaissait parfaitement pour l'avoir souvent monté. Avec une voile bien tendue et un bon vent, il lui était possible de filer huit à dix nœuds à l'heure ; ce qui devait en peu de temps les mener à quelque port de l'Amérique du Sud, peut-être à la Guyane ou au Brésil.

La Providence semblait s'être elle-même chargée du soin de

leur fournir une embarcation parfaite. Ils ne devaient pas hésiter à abandonner la leur pour en prendre possession.

Port de l'Amérique du Sud.

Si donc nous les avons vus indécis un moment, c'était par suite du dégoût que leur inspirait le canot. On se mit immédiatement en mesure de l'approprier à ses nouveaux destinataires, peu disposés, comme on l'a vu, à en bénéficier dans les conditions où il était. Le cadavre fut d'abord lancé à la mer, où sans doute il ne s'enfonça pas très profondément, les squales faisant pour cela trop bonne garde autour de l'embarcation. Ensuite on procéda au nettoyage. Il fallut longtemps avant d'avoir fait disparaître toutes traces de la sanglante boucherie. Bien des fois on dut y verser des torrents d'eau de mer et les écoper à nouveau sans obtenir satisfaction.

Enfin on fit l'inventaire des quelques articles trouvés à bord, au nombre desquels ne figurait ni une bouchée de nourriture ni une goutte de liquide. Le seul objet d'une valeur réelle était la boussole, restée en bon état, dont Ben Brace se promit de tirer le meilleur parti. Avec cela, il ne redoutait plus de s'égarer sous le ciel le plus brumeux.

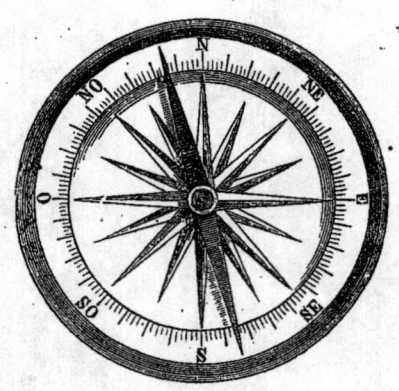

Boussole.

Dès que le *Gig* eut subi une transformation complète, on s'occupa d'y transférer tout ce qui était à bord du *Catamaran*. Comme on le pense, la caisse d'eau y fut transbordée avec les précautions qu'elle méritait, ainsi que le précieux vin des Canaries. Après quoi, se casèrent avec un soin jaloux, les provisions de poisson fumé, la caisse de Ben, les rames, tout ce qui avait eu une utilité quelconque ou pouvait en avoir une un jour.

La place ne manquait pas, le bateau étant aménagé pour recevoir une douzaine d'hommes. L'équipage du *Catamaran* pouvait y prendre ses aises, lui et ses « impedimenta. »

La dernière opération fut celle du transfert du mât et de la voile, qui se trouvèrent parfaitement appropriés à leur nouvelle destination. Le pauvre *Catamaran* était dès lors complètement démantelé.

Au moment où Ben et ses compagnons détachèrent le câble qui avait relié les deux embarcations, une immense tristesse s'empara d'eux. Ils étaient attachés à ces planches frêles et grossières, ils les regrettaient comme une maison aimée; le pauvre radeau avait été leur refuge, leur abri sur le désert de l'Océan.... et ils ne le quittaient pas sans un profond sentiment de reconnaissance et de regret.

Ils replacèrent le mât sur le *Gig* et préparèrent la voile. Pendant ce temps, le vent s'éleva, et ils filèrent bientôt à raison de deux ou trois nœuds à l'heure; mais les deux embarcations ne se trouvèrent pas séparées pour cela; la même brise les emportait, et il y avait à peine une encâblure entre elles. Le *Catamaran* restait en arrière, filant dans le même sillage; on eût dit qu'il ne voulait pas se laisser abandonner.

XXXI.

OÙ L'ON EST MOINS AVANCÉ QU'AUPARAVANT.

Le moment était arrivé où, selon toute apparence, l'équipage du *Catamaran* allait se séparer du fidèle radeau qui les avait emportés à travers tant de dangers. Encore quelques minutes, et leur voile, enflée par la brise, les entraînerait bien loin sur l'Océan. Et le *Catamaran*, glissant péniblement derrière eux, serait perdu à leur vue cette fois pour toujours.

Comme nous l'avons dit, Ben avait tendu la voile; les agrès étaient prêts, il ne restait plus qu'à accoter les huniers. Ces derniers préparatifs demandaient à peine quelques instants. Qui se serait douté qu'ils ne seraient jamais terminés?

Une exclamation de William interrompit le travail de Ben et de Boule-de-Neige.

L'enfant était appuyé contre les plats-bords, les yeux fixes, perdus vers un point de l'Océan, et Lili à côté de lui.

— Qu'y a-t-il, William ? demanda le marin, s'imaginant que le mousse avait aperçu une voile.

William lui-même l'avait cru un instant. Une ombre blanchâtre s'était dressée à l'horizon, présentant toutes les apparences d'une voilure lointaine.... Mais elle s'était évanouie soudain comme jamais voile n'eût pu le faire.

Encore quelques minutes, et leur voile les entraînerait bien loin sur l'Océan.

William était tout confus de s'être laissé aller à cette exclamation intempestive, équivalant à une fausse alerte. Il était sur le point de confesser humblement sa méprise et de présenter ses excuses, quand la même apparition se dessina de nouveau à l'horizon visible aux yeux de l'équipage assemblé.

— Voilà ce que j'avais vu, dit le mousse.

— Si c'est ce que tu as pris pour une voile, mon garçon, tu

étais grandement dans l'erreur : ça c'est le jaillissement d'une baleine.

— Il faudrait alors qu'il y en eût plus d'une, répondit William, se rattachant aux branches, car voilà une demi-douzaine de ces mêmes pseudovoiles blanches.

— En cela tu aurais encore bien plus raison, si tu disais qu'il y en a un demi-cent. Quand tu vois six jets de cette nature s'épanouissant ensemble, tu peux compter sur une cinquantaine de cétacés au moins. C'est ce que nous appelons un banc.

— Providence ! s'écria Boule-de-Neige tout à coup ; voyez, massa Ben, elles viennent sur nous.

— C'est vrai, répondit le vieux baleinier d'un ton qui impliquait peu de satisfaction à cette découverte. Elles émigrent sans doute, et il est dangereux de se trouver sur leur chemin en pareil cas et avec une embarcation aussi légère que la nôtre.

Naturellement on s'interrompit de carguer la voile, car de toute manière, avec ou sans danger, le passage d'une « bande » est un spectacle assez curieux pour valoir la peine d'être vu.

Rien n'est plus grandiose que les jeux de ces vastes léviathans qui avancent à travers les flots, tantôt bondissant à la surface, tantôt se replongeant brusquement. Tourmentée par de si impétueuses secousses, la mer s'élevait en vagues énormes dont les crêtes écumeuses rejaillissaient au loin, portant le trouble dans les couches profondes de l'Océan.

C'était la connaissance des effets possibles de cette rencontre qui rendait le vieux baleinier si inquiet, à mesure que les cachalots avançaient dans leur direction. Il savait que la houle produite par les bonds de ces énormes cétacés est assez violente pour faire sombrer une embarcation plus grande et mieux établie que n'était la leur. Si donc l'un de ceux qui arrivaient sur eux se livrait par malheur à quelques soubresauts en passant près du *Gig*, la barque courait grand risque d'être chavirée.

Ce n'était pas le moment de calculer des probabilités. Les baleines, lorsqu'on les avait d'abord aperçues, n'étaient pas à deux kilomètres, et, avançant comme elles le faisaient à raison de dix nœuds à l'heure, dix minutes ne s'étaient pas écoulées, que la première se trouvait déjà à la hauteur du *Gig* et du radeau abandonné.

Elles ne suivaient pas une ligne absolument régulière. Çà et là on en pouvait compter quatre ou cinq nageant de front. La bande était disséminée sur une longueur de plus d'un mille, et le malheur avait voulu que le *Gig* et son satellite le *Catamaran* se trouvassent au milieu.

C'était un des bancs les plus nombreux que Ben eût jamais vus, composé entièrement de femelles et de leurs petits, et d'un vieux mâle, chef et protecteur du troupeau.

Comme le ci-devant baleinier achevait ses observations, les cachalots arrivaient sur eux, faisant onduler la mer à plusieurs milles à la ronde, comme si une furieuse tempête l'eût agitée, et qu'elle en ressentît le contre-coup. L'un après l'autre, ils défilèrent avec une grâce majestueuse dont on n'eût pas soupçonné capables ces corps massifs, et qui eût conquis l'admiration d'un observateur placé à un poste moins dangereux que celui de nos amis.

Pour eux, tout autre sentiment était absorbé par l'anxiété bien naturelle qu'ils éprouvaient en observant ces mouvements amples et puissants, ces bonds formidables, et en écoutant le bruit de cette respiration semblable à celui du ressac.

Ils avaient presque tous passé, et l'équipage du *Gig* commençait à respirer plus librement quand ils aperçurent, à une certaine distance, le mâle formant l'arrière-garde. Sa tête et une partie de son corps étaient hors de l'eau, qu'il frappait par moments de sa queue, soit pour indiquer aux autres la marche à suivre ou pour les prémunir contre un danger.

Malgré son extérieur et ses fonctions patriarcales, il avait un je ne sais quoi de menaçant et de vicieux qui donnait à penser à un connaisseur. Instinctivement le vieux baleinier laissa échapper un cri d'alarme, hélas! bien inutile.

Que pouvait-on faire en effet pour se garer d'une inévitable rencontre?

A peine le cri avait-il retenti, que la baleine arrivait sur eux, et tous ensemble, sans avoir eu le temps d'agir ni même de penser, se sentirent projetés dans les airs, d'où ils redescendirent à des profondeurs inconnues dans l'Océan.

Tous les quatre remontèrent enfin à la surface, et les deux qui avaient conservé leur présence d'esprit, Ben Brace et Boule-de-Neige, cherchèrent le *Gig* aux alentours. Mais rien ne vint frapper leurs regards, que quelques débris épars des anspects, une ou deux tonnes et des couples brisées, au milieu desquels se débattaient les formes enfantines de William et de Lili.

— Au *Catamaran!* au *Catamaran!*

Tel fut le cri de ralliement qui rapprocha les victimes de cette nouvelle catastrophe; et quelques secondes après, William nageait de conserve avec Ben Brace, tandis que Boule-de-Neige, portant Lili sur son épaule, les suivait vigoureusement.

Une minute plus tard, tous les quatre étaient de nouveau sains et saufs à bord de l'humble embarcation qu'ils avaient cru avoir abandonnée pour toujours.

Ce qui s'était passé n'a pas besoin d'explication.

Etait-ce hasard, esprit de vengeance ou caprice de léviathan désireux de jouer un mauvais tour?

Par un simple mouvement de sa queue, le vieux mâle avait lancé à plusieurs mètres de hauteur le canot et son contenu. Puis, comme si de rien n'était, il avait rejoint sa bande et continué à diriger ses gambades.

Mais, hélas! ce qui n'était rien pour lui était tout pour les malheureux qu'il avait culbutés avec si peu de cérémonie.

Ce ne fut qu'après un certain temps passé à reprendre haleine et à se remettre, qu'ils réalisèrent l'étendue du danger qu'ils avaient couru et de leur infortune présente.

Toutes leurs provisions étaient dispersées au gré des flots; leurs rames dérivaient à une demi-lieue; et ce qui était pire, la grande caisse du marin, qu'on avait si soigneusement remplie de chair de requin, n'était visible nulle part. Entraînée par son propre poids, elle avait dû couler immédiatement.

La tonne d'eau et le petit baril de vin des Canaries se maintenaient à flot, car tous les deux avaient été soigneusement bondonnés. Mais à quoi leur servirait-il de les retrouver, puisque la nourriture faisait désormais absolument défaut?

Pendant quelques minutes, ils restèrent dans l'inaction, contemplant cette ruine plus complète que jamais, et celui qui les eût vus ainsi les eût crus abîmés dans leur désespoir, au point de ne jamais se relever de ce dernier coup.

Il n'en était rien pourtant. Ils n'étaient pas gens à se laisser abattre. Ils attendaient simplement le moment d'agir, ce qu'ils ne pouvaient faire que quand les eaux si profondément troublées par le passage des baleines, auraient retrouvé un calme relatif.

La mer roulait encore des vagues monstrueuses, et leur radeau ainsi ballotté tanguait de telle manière, que c'était tout ce qu'ils pouvaient faire de s'y maintenir accroupis.

Peu à peu l'Océan reprit sa tranquillité ; et comme ils avaient eu le temps de la réflexion, ils étaient de nouveau prêts à agir. Ils n'avaient cependant aucun plan bien arrêté. Ce qu'ils voulaient faire d'abord, c'était de recueillir le plus rapidement possible ce qu'ils retrouveraient de leur matériel épars, et de ragréer le *Catamaran*.

Heureusement, le mât qui avait été arraché du *Gig* fut aperçu à quelque distance. La vergue et la toile y tenaient encore. Comme c'étaient les objets les plus importants pour la reconstitution du radeau, il devint facile de le rétablir dans son intégrité.

Leurs premiers efforts ensuite furent pour ressaisir les rames, ce qui exigea une grande perte de temps et beaucoup de fatigue ; l'embarcation démontée ne possédant plus un seul bâton avec lequel on pût ramer, ils durent y suppléer avec les paumes de leurs mains.

Durant leur intervalle d'inaction forcée, les débris flottants avaient dérivé à une distance considérable; ou pour mieux dire, le radeau, porté par ses tonnes vides, s'était considérablement éloigné, et se trouvait maintenant à plusieurs encâblures sous le vent.

Ils furent donc obligés de remonter contre le vent, et leurs progrès étaient si difficiles, si lents, que c'était à désespérer.

Boule-de-Neige voulait se jeter à la mer et nager vers les rames, mais le marin s'opposa résolument à cette proposition ; il lui démontra le danger de s'exposer aux requins. Le nègre paraissait disposé à faire peu de cas de ce péril ; mais son camarade, plus prudent, parvint à le retenir, et ils continuèrent patiemment à pagayer avec les mains.

Enfin ils arrivèrent à s'emparer d'une paire de rames, et dès lors leur besogne avança plus facilement. Le mât et la voile furent repêchés et tirés à bord ; la tonne d'eau et le baril de vin réintégrés à leur ancienne place. La plupart des objets purent être retrouvés, à l'exception de ceux de métal, tels que la hache et la boussole, qui étaient tombées dans les profondeurs de l'Atlantique. Leur perte la plus irréparable était sans contredit celle de la caisse et de son contenu, et cette perte n'était que le prélude de celle de leurs vies, si courageusement disputées jusqu'alors.

La mort les menaçait de nouveau dans toute son horreur. Comment lui échapper? Pas une bouchée de nourriture ne leur restait. Outre ce que la caisse contenait, quelques tranches de requin étendues sur le radeau avaient été transportées dans le *Gig* et perdues avec lui. Les deux marins, pensant que quelques-unes pourraient avoir surnagé, les avaient cherchées parmi les autres débris ; mais aucune ne put être repêchée. Les requins ou tout autre des innombrables voraces de l'Océan avaient dû en faire leur profit.

S'ils eussent eu la chance de mettre la main sur une épave aussi précieuse, les naufragés, dans ce moment de crise, n'eussent peut-être pas trouvé le courage de les manger immédiatement après leur émersion, à cause de l'insupportable amertume que devrait leur avoir communiquée l'eau de la mer ; mais ils savaient également qu'il viendrait un moment où cette répugnance instinctive serait vaincue par la faim. Depuis leur départ du cachalot, ils n'avaient pas eu le temps de prendre un repas régulier. Jusqu'alors les terribles incidents qui s'étaient succédé, et le travail continu auquel ils s'étaient livrés, les avaient empêchés de satisfaire leur appétit. Ils s'étaient contentés de prendre de temps à autre de quoi soutenir leurs forces. Aussi, au moment de la dernière catastrophe, ils s'apprêtaient à s'asseoir enfin de nouveau devant un repas de cérémonie, comme disaient les enfants.

Hélas ! cet affreux vieux cachalot qui leur avait emporté tant de choses, pourquoi donc ne leur avait-il laissé que leur appétit et la faculté de souffrir ? Leur besoin de nourriture augmentait à mesure que la journée avançait. La fatigue s'y ajoutait comme un stimulant, et bientôt ils virent reparaître le cruel fantôme de la faim, plus hâve, plus blême qu'à aucune autre période de leur périlleuse croisière.

Dans cette condition d'épuisement, tout travail leur devait pénible. Aussi, dès qu'ils eurent réuni toutes les épaves, tinrent-ils conseil sur les moyens de renouveler leurs provisions.

William proposa de suite de se livrer à la pêche qui avait toujours été plus ou moins productive.

Malheureusement les hameçons manquaient à l'appel. Dans la retraite précipitée, les harpons avaient été laissés sur le dos du cachalot, comme supports de la rôtissoire improvisée. Les couteaux que l'on avait jetés à bord du *Gig* avaient eu le sort de tous les articles un peu lourds. Tout était au fond de la mer. Il ne leur restait pas même un anneau de métal dont ils eussent pu par le frottement arriver à tirer un hameçon ; et du reste, qu'eût été un hameçon sans appât ? Où eût-on trouvé de quoi amorcer ? Après avoir retourné le sujet sous toutes ses faces, ils durent l'abandonner. Il fallait renoncer à l'espoir de se procurer du poisson dans leurs conditions nouvelles.

Obligées de se jeter sur une piste différente, leurs pensées se reportèrent vers le cachalot; non pas le léviathan brutal qui avait porté un coup si rude à leurs projets et à leurs espérances, mais celui dont la carcasse leur avait déjà offert protection, chaleur, nourriture. Là, ils retrouveraient de la chair de requin, ou, à défaut, de la chair et de la graisse de baleine, maigres aliments à coup sûr, mais qui, du moins, soutiendraient leur existence. Et là, il n'y avait plus à craindre la disette, car il y avait de quoi fournir à l'équipage d'un vaisseau de guerre, que dis-je ? au personnel d'une escadre.

Leur serait-il encore possible de se diriger vers lui ? Peut-être, car le vent soufflait dans la bonne direction, et ils pouvaient rebrousser chemin facilement. A tout prendre, c'était hasardeux, mais il vaudrait mieux courir une chance favorable que de n'avoir que des cartes mauvaises dans son jeu.

Qu'est-ce qui les retenait donc mornes et inactifs, eux, les hommes d'action et d'énergie par excellence, eux qui n'avaient pas le temps de concevoir un projet sans en avoir tenté l'exécution ? Ah ! ce n'était ni la crainte de s'égarer, ni celle d'avoir à lutter contre les éléments. Ce qui les retenait mornes et inactifs, c'était la certitude de rencontrer là-bas leurs ennemis, occupant leurs positions, profitant de leurs ingénieux procédés, et par-dessus tout guettant avec ardeur si les hasards de la mer ne leur envoyaient pas cette eau tant désirée. Oui, voilà ce qui accablait nos pauvres amis. Le salut était là à quelques quinze ou vingt milles sous le vent ; mais, grâce à la méchanceté de l'homme, ce salut devenait une perte assurée. Aussitôt émise, l'idée fut abandonnée comme impraticable.

Bien sombres étaient les pensées qui remplissaient l'esprit de nos marins à cette heure crépusculaire où l'ombre envahissait l'horizon, les enveloppait par degrés de son manteau noir étendu à la fois sur le ciel et sur les flots.

Jamais ils n'avaient vécu heure plus triste et plus douloureuse. Jamais découragement aussi profond n'avait absorbé leur cœur. C'était la lie après le calice.

Ainsi en est-il dans la nuit. L'heure la plus sombre est celle qui précède le lever du jour.

XXXII.

L'HEURE CRUELLE.

Ils ne cherchèrent point à s'éloigner de l'endroit où le soleil les avait quittés.

Ils n'avaient pas encore dressé leur mât et ne songeaient point à s'imposer la peine superflue de reprendre les rames. Le peu d'avance qu'ils eussent gagnée valait-elle la fatigue qu'il leur faudrait s'imposer ? A quoi du reste leur servirait de poursuivre leur course vers l'ouest ? Ils n'avaient plus une chance sur mille d'atteindre vivants la terre, et mourir pour mourir, n'était-il pas indifférent que ce fût sous un méridien plutôt que sous un autre ? Ne valait-il pas mieux se coucher là et attendre ? Ils ne résistaient plus, ils ne luttaient plus. La stupeur du désespoir remplaçait pour eux le calme de la résignation.

Après que la nuit se fut faite tout à fait noire autour d'eux et en eux, tandis qu'ils s'absorbaient toujours plus profondément dans leurs réflexions les plus sombres, la voix du marin les fit tous tressaillir, car cette voix disait :

— Allons, enfants, soupons !

Cette proposition semblait impliquer un dérangement partiel des facultés mentales de celui qui la faisait; mais nul dans son entourage n'en jugea ainsi. Ils comprirent d'instinct la bienveillante intention du marin, s'arrachant à sa tristesse pour chercher à relever leur moral abattu. Ils saisirent également le sens un peu élargi de ce mot : soupons. S'il ne s'agissait pas d'une restauration complète et substantielle, il s'agissait néanmoins de lutter contre l'affaiblissement, et cela par un cordial puissant : une coupe de vin des Canaries. Nul n'avait oublié le baril qui renfermait la précieuse liqueur, en très petite quantité, il est vrai. On l'avait réservé comme suprême ressource et Ben Brace jugeait que l'heure d'y avoir recours avait sonné, quand il proposa de souper.

Une motion si agréable à tous ne rencontra point d'opposition. Le gobelet de corne que l'on avait retrouvé parmi les débris du *Gig* fut rempli de vin et passé à la ronde, après toutefois que les jolies lèvres de Lili s'y furent trempées les premières.

Après quoi le souper fut déclaré terminé.

La chaleur du généreux liquide réagit-elle sur ces esprits si fortement trempés, ou bien la réaction qui suit presque toujours un accès de découragement s'opéra-t-elle dans leurs esprits ? Je ne saurais le dire. Toutefois l'espérance était rentrée dans les âmes, et le marin et Boule-de-Neige recommencèrent à discuter leurs plans d'avenir.

Leur conversation avait pour but de décider s'il n'était pas sage de rétablir la mâture. La nuit était exceptionnellement obscure, mais peu importait. Ils pouvaient agencer les bâtons, les cordes et les toiles, sans lumière. Ils les connaissaient assez pour cela; et quant aux cintrages nécessaires, ils étaient certains d'en venir à bout, la nuit fût-elle vingt fois plus noire.

L'argument que le marin faisait valoir pour déterminer la marche en avant, était que la fatigue serait nulle une fois la voile tendue, et qu'au moins on aurait conscience d'avoir tenté l'impossible pour se rapprocher de terre.

Naturellement ce raisonnement d'un ordre purement négatif n'eût peut-être pas suffi à contrebalancer les tendances fatalistes qui militaient chez le Coroman en faveur de l'inaction. Mais son camarade trouva moyen de le convaincre par un argument plus positif devant lequel Boule-de-Neige se rendit sans résistance.

— En avançant, lui dit Ben, nous courons la chance de rencontrer quelque chose d'avantageux; tandis qu'en restant là comme une bouée inerte, nous nous exposons à être rejoints par les brigands du grand radeau.... Nous ignorons s'ils ont retrouvé le cachalot; dans ce cas, nous n'aurions rien à craindre d'eux; mais dans le doute où nous sommes, deux précautions valent mieux qu'une, et je suis d'avis de nous éloigner le plus possible. Pour cela, nous mettrons à la voile, si tu veux m'en croire.

— Très bien, massa Ben, répondit le Coroman, dont l'opposition n'avait jamais été bien véhémente. Il y a du vrai dans ce que vous dites, beaucoup, et du moment que c'est votre avis, cela devient le mien. Il y a justement une jolie brise dont il ferait bon profiter. Voulez-vous que nous nous y mettions, sans plus de retard?

— Bravo! j'en suis, répondit le marin. Du cœur à l'ouvrage, mes enfants, et allons-y gaîment. Le plus tôt ce sera fait, le mieux cela vaudra.

Sans plus de pourparlers, on se mit à l'œuvre, et l'on n'entendit plus que les ordres brefs et distincts donnés par le capitaine à son équipage.

Ceci fait, la vergue fut hissée, la voile tendue amarrée à son taquet. La toile encore humide se gonfla sous la brise qui semblait chanter dans les cordages et entraîna légèrement le radeau à travers l'Océan.

Quand l'équipage du *Catamaran* revit son embarcation bien et dûment gréée, et qu'il se fut assuré qu'elle n'avait rien perdu de ses qualités nautiques, il semblait qu'il n'eût fait qu'un mauvais rêve, dont le réveil n'offrait rien de plus redoutable qu'avant la rencontre du cachalot. Malheureusement la situation s'était compliquée de la question des approvisionnements, et le sentiment de leur impuissance à la résoudre pesait bien lourdement sur les esprits.

Malgré le découragement qui ne tarda pas à les assaillir de nouveau, les naufragés durent céder à un irrésistible besoin de dormir. On doit se rappeler que la nuit précédente leur sommeil avait été troublé par les suites de l'ouragan et que les autres nuits ne leur avaient apporté que peu de repos, occupés qu'ils étaient à fumer la viande du requin. La nature, surmenée par des émotions et des efforts inouïs, réclamait impérieusement ses droits, si impérieusement, que personne ne songea à rester au gouvernail. Tous se couchèrent et s'endormirent aussitôt.

Il avait du reste été convenu que le radeau serait abandonné à lui-même et suivrait la direction qu'il plairait à la brise de lui imprimer. L'homme avait été impuissant à sauver l'homme. Au ciel maintenant de diriger sa course et de la guider où il plairait à Dieu.

Combien de chemin fit-il ainsi, livré à lui-même?... Nul livre de bord n'en a tenu compte, et par conséquent nous l'ignorons. Tout ce que les témoins oculaires ont pu nous apprendre, c'est qu'il était plus de minuit quand se passèrent les événements subséquents.

Le jeune mousse fut le premier à s'éveiller. Il n'avait jamais été grand dormeur, et cette nuit en particulier, son sommeil avait été moins profond et plus troublé que jamais. C'est que notre ami William avait un souci tout spécial et bien cuisant. Et ne lui faites pas l'injure de supposer que ce fût une inquiétude personnelle au moins!... Non, c'était un véritable marin en miniature, et le danger qui n'atteignait que lui le laissait plus calme et plus maître de lui que cela.

Ses craintes avaient un autre mobile. Elles se concentraient sur Lili.

Depuis bien des jours, il observait chez l'enfant un dépérissement qui l'effrayait. Il avait remarqué sa pâleur croissante, son amaigrissement rapide, conséquences funestes mais inévitables de si rudes émotions et de tant de privations subies par une créature si frêle, habituée dès sa naissance à tous les raffinements du luxe et du bien-être.

Ce jour-là, surtout après le terrible danger qu'ils avaient tous couru, la jeune Portugaise lui avait paru plus affaiblie, plus languissante encore; et le jeune garçon s'était endormi sous le coup d'un fatal pressentiment. Il sentait que, fleur trop tôt battue par l'orage, elle serait la première à succomber, et cela à bref délai, aux souffrances qui les attendaient.

Et William aimait Lili de toutes les puissances de sa jeune affection, qui n'avait pas beaucoup d'objets sur lesquels se répandre.

Les craintes de William se concentraient sur Lili.

Qui se fût douté que cet amour d'enfant et les appréhensions douloureuses qui en résultaient pour celui qui le ressentait, seraient le salut, la délivrance pour tous ?

Ce fut heureux que William, en proie à sa tristesse, ne pût goûter le repos. Sans cela, les lueurs étranges qui traversèrent le pont du *Catamaran* ne l'eussent point arraché au sommeil; et sans cela, ni lui ni ses trois camarades n'eussent jamais revu la terre.

Une flamme illuminait au loin la surface sombre de la mer et brillait sur l'équipage endormi. Les yeux à demi clos du mousse la distinguèrent vaguement. Il se leva d'un trait et entrevit une apparition qui lui causa autant de surprise que d'alarme.

C'était un navire, sans aucun doute, mais un navire comme il n'en avait jamais vu. Il paraissait en feu. D'épais nuages de fumée s'échappaient de ses ponts. Des colonnes de flamme s'élançaient autour du mât de misaine presque à la hauteur des haubans.

Malheureusement pour William, le spectacle d'un vaisseau en feu n'était pas nouveau pour lui. N'avait-il pas présent à la mémoire l'incendie du *Pandore*? Mais le souvenir de cette conflagration ne l'aidait en rien à s'expliquer le spectacle qu'il avait en ce moment sous les yeux.

Sur les ponts du *Pandore*, il avait vu des hommes affolés, s'évertuant à échapper aux flammes. Sur le navire qu'il contemplait en ce moment, c'était tout le contraire. Il voyait bien des hommes aller et venir autour de ces flammes, mais sans précipitation, sans effroi, plus occupés en apparence à alimenter ce feu qu'à chercher à l'éteindre. C'était un spectacle de nature à troubler un cerveau plus fort que celui de William. Et l'idée lui vint que c'était peut-être un vaisseau fantôme, fantastique apparition qui ne présage rien de bon, au dire des marins superstitieux.

S'il a fallu un certain temps pour consigner ici les impressions du mousse, il ne lui avait pas fallu plus d'une dizaine de secondes pour les éprouver. Et sans perdre de temps à les analyser, il céda à la terreur qu'il ressentait et jeta l'alarme.

Chacun en s'éveillant poussa un cri, mais ces trois cris avaient une intonation bien différente. Celui de l'enfant exprimait simplement un excès d'épouvante; celui de Boule-de-Neige était un composé de surprise et d'effroi, tandis qu'au grand étonnement de William, celui de Ben Brace ne fut que l'expression d'une joie débordante. D'un bond, l'honnête marin fut sur pied; mais le bond fut si violent, que le radeau faillit chavirer.

Sans autre commentaire, il commença à pleins poumons une série d'appels au milieu desquels revenait souvent le traditionnel : Ohé du vaisseau ! qui indiquait la certitude d'avoir affaire à un bâtiment.

— Dieu du ciel ! c'est un navire, mais un navire qui brûle ! s'écria Boule-de-Neige.

— Non, non, répondit impatiemment l'ex-baleinier, ce n'est rien de semblable. C'est une baleinière occupée à extraire son huile. Est-ce que tu ne vois pas les hommes travailler devant les chaudières ? Dieu de miséricorde ! s'ils allaient passer sans nous entendre ! Ohé du vaisseau ! Ohé de la baleinière !

Le marin se remit à héler avec une énergie décuplée par la crainte de n'être pas entendu. Mais Boule-de-Neige avait compris, sa voix de stentor vint s'ajouter à celle de Ben, et cette dualité devait augmenter leurs chances de salut.

Pendant quelques instants, le pont du *Catamaran* retentit d'appels désespérés qui auraient dû porter bien plus loin que l'endroit où se trouvait le navire; mais, à la plus grande consternation de ceux qui les poussaient, aucune réponse ne leur fut faite.

Ils pouvaient maintenant voir distinctement tout ce qui se

passait à bord, car les deux colonnes de flammes s'échappant du double fourneau illuminaient non seulement les ponts du navire, mais encore la mer à plusieurs milles alentour.

De la poupe s'élançaient d'épaisses volutes de fumée que la lumière éclatante des feux teintait de reflets fauves. Les hommes, illuminés par les lueurs fantastiques des flammes, avaient l'air de géants. Quelques-uns se tenaient devant le fourneau, d'autres allaient et venaient, activement occupés on ne savait trop à quoi.

Pour tout autre qu'un baleinier, cette scène devait produire la même impression d'effarement qu'à William et faire rêver à quelque chose de surnaturel bien fait pour déterminer l'effroi.

Malgré la proximité du navire et leurs cris réitérés, les marins ne parvenaient point à se faire entendre. Cette circonstance leur paraissait incompréhensible et contribuait fort à accréditer dans l'esprit du Coroman et des enfants, plus accessibles à la superstition, la supposition de quelque chose d'occulte et tant soit peu infernal.

Mais l'ex-baleinier savait à quoi s'en tenir sur le silence du navire; il n'ignorait pas que le bruit des feux des grands fourneaux suffit d'ordinaire à couvrir tout autre bruit et que les marins chargés de les entretenir ne s'entendent même pas entre eux.

Ben Brace se rappelait toutes ces particularités, et la seule idée que le navire pouvait passer si près d'eux sans les voir ni les entendre le remplissait d'une appréhension mortelle.

C'est en effet ce qui faillit arriver.

Heureusement une circonstance fortuite hâta le denoûment et

rendit favorable au radeau la rencontre de deux embarcations aussi disparates et aussi bizarres l'une que l'autre en leur genre.

La baleinière, occupée, selon toute apparence, à extraire la graisse de quelque baleine harponnée depuis peu, était arrêtée « contre le vent. »

Comme elle arrivait avec lenteur, la proue tournée presque dans « l'œil du vent, » nos amis du radeau pouvaient avec un peu d'effort amener le *Catamaran* près du navire.

Le marin s'aperçut bien vite de leur avantage. Aussitôt qu'il se fut assuré que, vu le bruit des fourneaux, la distance était trop grande pour que leurs appels fussent remarqués, il s'élança au gouvernail et mit le cap sur la baleinière, se dirigeant sur elle comme s'il eût voulu la couler bas.

En quelques secondes, le *Catamaran* arrivait à une encâblure de la baleinière, et le cri de : Ohé du navire ! s'échappait simultanément des deux robustes poitrines de Boule-de-Neige et du marin.

Bien qu'ils eussent été entendus, il ne leur fut pas immédiatement répondu, car l'équipage était muet de surprise à la vue de cette étrange embarcation qui les accostait d'une manière si imprévue.

Dix minutes après, les naufragés du *Catamaran*, débarrassés de leurs vêtements humides, s'asseyaient devant un bon feu et prenaient part à un repas des plus réconfortants. Une vingtaine de rudes matelots grossiers, mais pleins de bienveillance, les entouraient et se disputaient le bonheur de contribuer à qui mieux mieux à leur soulagement et à leur confort.

CONCLUSION.

Ils n'étaient plus des épaves flottantes, le rebut de l'écume des mers !

Les trois hommes furent incorporés dans l'équipage du navire, et la petite passagère trouva dans la cabine du capitaine les soins, les égards et la protection à laquelle ses infortunes et son aimable caractère lui donnaient droit.

Le radeau ne fut pas, à proprement parler, abandonné. Seulement on le démembra, on le hissa à bord pièce par pièce ; cordages, mâture et voile furent mis en réserve pour un cas de besoin. Les couples allèrent enrichir la provision du charpentier, et les tonnes furent confiées au tonnelier, qui les prépara à recevoir l'huile précieuse que l'équipage travaillait à recueillir et à purifier.

Notre ami Ben ne resta pas longtemps à bord avant de s'assurer si, comme il le pensait, le bateau sauveur était bien celui qui avait harponné le cachalot (le mort) rencontré et habité par eux.

Il faisait partie d'un de ces nombreux « pods » de baleines que l'on rencontre sous cette latitude. Les bateaux s'étaient mis à la poursuite d'un de ces « pods » qu'ils pourchassèrent à une grande distance, et dont ils avaient tué plusieurs individus ; mais, entraînés fort loin, ils perdirent la trace de leur première victime.

Leur intention avait toujours été d'aller à sa recherche dès qu'ils en auraient fini avec les autres. Les informations maintenant fournies par Ben Brace au capitaine de la baleinière facilitaient à ce dernier la découverte de la capture perdue. Il ne l'estimait pas à moins de soixante-dix ou quatre-vingts barils d'huile, ce qui valait la peine de se déranger de sa route pour la retrouver.

Le lendemain du jour où les naufragés avaient été recueillis à bord, la baleinière, ayant éteint ses fourneaux, partit à la recherche de la baleine harponnée.

A ce moment, l'équipage du *Catamaran* avait fait le récit de ses aventures et justifié de son identité, ajoutant que les bandits du grand radeau devaient avoir cherché un refuge dans le voisinage du cétacé.

La perspective d'une telle rencontre ne pouvait manquer d'intéresser l'équipage de la baleinière. A mesure que l'on avançait dans la direction où l'on supposait joindre ces misérables, tous les yeux exploraient avidement la mer pour être les premiers à les signaler.

Ils furent heureux dans leurs recherches en ce qui concernait la baleine. Un peu avant le coucher du soleil, ils aperçurent son immense carcasse telle qu'on l'avait laissée, et, avant la tombée du crépuscule, ils avaient mis en panne à peu de distance.

La nuée d'oiseaux de mer perchés sur la masse flottante et qui prirent leur essor à l'approche du navire, proclamaient l'absence d'êtres humains. Le grand radeau n'y était pas, et nul indice n'indiquait qu'il y fût venu. Au contraire, la rôtissoire « type » de Boule-de-Neige était encore debout ; la viande qu'on avait laissée après, était, suivant la place qu'elle occupait, desséchée, brûlée, racornie, et le feu s'était éteint faute de mèche.

Toutefois le sort de l'équipage du négrier ne resta pas longtemps un mystère.

Trois jours plus tard, après que le cachalot eut fourni tout ce qu'il pouvait donner, le navire reprit sa course, et arriva à un endroit où la mer était couverte d'épaves de toutes natures, parmi lesquelles on remarquait des couples de bâtiment et plusieurs tonnes vides. On n'eut point de difficulté à identifier ces restes flottants ; car, à peu de distance, le grand radeau lui-même dérivait au hasard, débarrassé de son funeste équipage.

La conclusion était facile à déduire. L'ouragan qui avait respecté le petit *Catamaran*, soigneusement construit et bien dirigé, avait été fatal à la plus grande embarcation, négligemment assemblée et plus négligemment montée. Aussi avait-elle péri à la première secousse, tandis que les misérables qu'elle portait, n'ayant plus la force de se cramponner à ses débris, s'étaient infailliblement noyés.

Comme William le consigna plus tard dans son journal, ainsi périt l'équipage du négrier ; pas un de ceux qui le montaient, pas plus ceux du *Gig* que ceux du grand radeau, ne revit le rivage, et ils disparurent de la surface des flots sans laisser un regret.......

Cette fin tragique ne semble-t-elle pas un châtiment du ciel, intervenu pour venger les peaux noires si indignement sacrifiées ?

Si nous nous proposions d'écrire la suite de l'histoire de nos amis, notre tâche serait plus agréable et plus facile qu'elle ne l'a été jusqu'ici ; mais nous devons nous contenter d'esquisser à grands traits ce qu'elle fut depuis ce moment.

Le lendemain du jour de leur sauvetage, Boule-de-Neige fut

promu aux fonctions de maître coq, honorable poste qu'il remplit dignement pendant plusieurs années. Il ne le résigna que le jour où lui fut offert un poste semblable à bord d'un beau bâtiment commandé par le capitaine Benjamin Brace, lancé dans le commerce africain.

Africain ? vous écriez-vous avec surprise et un commencement d'indignation.

Non, non, ne craignez rien. Ce n'étaient point des cargaisons humaines que transportait le beau navire tout battant neuf. L'ivoire blanc, les plumes d'autruche, l'huile de palmier, la poudre d'or étaient les seules marchandises dont trafiquât son propriétaire. Et pourtant l'on racontait qu'après chaque tournée à la côte africaine, de fort grosses sommes étaient déposées par lui à la banque d'Angleterre.

Après quelques années passées dans cette profession apparemment lucrative, le ci-devant baleinier, marin de la marine royale, matelot du *Pandore*, ex-capitaine du *Catamaran*, se fixa, pour achever la traversée de la vie, sur un confortable radeau que nous appellerions, nous, une élégante villa, où il savoure sa pipe, son verre de grog et son *otium cum dignitate*.

Quant au *petit* William, il faut désormais retrancher l'adjectif dont on a si souvent fait précéder son nom ; il ne lui était guère plus applicable, le jour de sa nomination au grade de capitaine de première classe. C'est aujourd'hui un bel homme de six pieds au moins, qui sait commander et se faire obéir à son bord, mais qui a su également s'y faire estimer et aimer.

Quant à être aimé, il a su se faire chérir ailleurs qu'à son bord ; et beau garçon, bien pris comme il l'est, il n'a pas eu de peine à être adoré par une femme qui le vaut bien.

Elle est grande, élancée, charmante, avec des yeux magnifiques et de longues boucles d'un noir de jais et un teint de créole. On supposait dans son entourage qu'elle avait du sang oriental dans les veines et que son mari avait dû la ramener de l'Inde ; mais les intimes du jeune couple savaient de source certaine qu'elle était Africaine de naissance, Portugaise d'origine, et se nommait Lili Laly.

Adoré par une femme qui le vaut bien.

Ils affirmaient également que la première rencontre des deux époux remontait assez loin ; qu'ils s'étaient connus à bord d'un négrier, et que leur amitié d'enfants — destinée à s'épanouir en amour — avait été cimentée par des épreuves communes, alors qu'ils erraient à l'aventure sur un chétif radeau et n'étaient autre chose que « des épaves de l'Océan » au milieu de l'Atlantique.

FIN.

TABLE.

		PAGES.
I.	L'albatros.	7
II.	*Pater noster*.	17
III.	L'exocet ou poisson volant.	29
IV.	De l'eau !	35
V.	Sauvés.	45
VI.	Le requin.	51
VII.	Le sucet.	63
VIII.	La voix mystérieuse.	73
IX.	Boule-de-Neige.	81
X.	L'éclair.	95
XI.	L'incertitude.	101
XII.	La réunion.	107
XIII.	Le *Catamaran*.	117
XIV.	Commencement du drame.	129
XV.	Entre la vie et la mort.	137
XVI.	Fausse joie.	143
XVII.	Pire qu'auparavant.	147
XVIII.	Seul sur l'Océan. — Les albaçores.	161
XIX.	L'espadon.	175
XX.	La frégate.	189
XXI.	Terre ! Terre !	207
XXII.	La baleine.	219
XXIII.	Bien près de la mort.	231
XXIV.	Le grand radeau. — Suites de la loterie.	245
XXV.	Duel à mort.	259
XXVI.	Larry O'Gorman. — Amis ou ennemis ?	271
XXVII.	La poursuite.	289
XXVIII.	Larry O'Gorman est vengé.	295
XXIX.	Le *Gig*.	305
XXX.	Conjectures.	317
XXXI.	Où l'on est moins avancé qu'auparavant.	325
XXXII.	L'heure cruelle.	337
	CONCLUSION.	347

Rouen. — Imprimerie MÉGARD et Cie, rue Saint-Hilaire, 436.

www.ingramcontent.com/pod-product-compliance
Lightning Source LLC
Chambersburg PA
CBHW050803170426
43202CB00013B/2541